国际劳工标准案例评析

刘文军　王祎　主编

佘云霞　主审

中国劳动社会保障出版社

图书在版编目(CIP)数据

国际劳工标准案例评析/刘文军,王祎主编. —北京:中国劳动社会保障出版社,2009

劳动与社会保障案例教程

ISBN 978-7-5045-8035-1

Ⅰ. 国… Ⅱ.①刘…②王… Ⅲ. 国际法:劳动法-案例-分析-教材 Ⅳ. D998.2

中国版本图书馆 CIP 数据核字(2009)第 149308 号

中国劳动社会保障出版社出版发行
(北京市惠新东街1号 邮政编码:100029)
出 版 人:张梦欣

*

北京谊兴印刷有限公司印刷装订 新华书店经销
720 毫米×965 毫米 16 开本 17.5 印张 270 千字
2009 年 9 月第 1 版 2009 年 9 月第 1 次印刷

定价:30.00 元

读者服务部电话:010-64929211
发行部电话:010-64927085
出版社网址:http://www.class.com.cn

版权专有 侵权必究
举报电话:010-64954652

前　言

近年来，案例教学颇受学生的欢迎和教师的重视，越来越成为课堂教学的重要形式，尤其对于一些注重体验性知识积累和实践能力培养的学科，如法学、医学、管理学等，案例教学更有不断强化的趋势。作为一门以知识性和操作性为重要特征的课程，《国际劳工标准》也需要案例研究的支持和案例教学的形式，这是我们编写这本教材的根本动因和基本出发点。

● **劳工标准案例的特点**

本书虽然也是讲述案例，但相对于法律类、MBA 或 MPA 类案例写作，又有明显的不同之处，这种差异来源于对国际劳工标准问题相对特殊性的考虑。这种特殊性主要体现在它范围的国际性、制度的软约束性、实施的自觉性和知识的综合性。

在经济全球化背景下，劳工标准不再是一国自身的问题，而是逐渐跨出国界，在国际性的协商框架下来加以解决。在国际劳工组织的推动下，各国国内的劳工权益保护、工作条件改善和工作机会增进等问题逐渐国际化，演变成今天的国际劳工标准问题。考虑到它范围的国际性，我们在考察和理解国际劳工标准时，就有必要建立起国际视野，眼中既要有世界各国各民族共同的价值观和人类的整体利益，又要能看到各国各民族自身的特殊性以及由于全球发展不平衡产生的南

Case study 国际劳工标准案例评析

北冲突和贸易争端背后隐藏的复杂问题。本书案例的编写注意到了这一点,所选案例涉及范围比较广泛,包括各种类型的国家、国际组织、跨国企业及国内企业,也涉及了各种类型的冲突与分歧、合作与妥协。

国际劳工标准是一种规范全球范围劳工事务的制度安排,国际劳工组织自1919年成立以来制定的188项国际公约和199项建议书就是这种制度的具体体现。作为国际组织规范其本身活动及成员行为的规则体系,这种制度安排具有典型的软约束性特征,其实施途径和监督机制清楚地表明了这一点。国际劳工标准的实施主要依靠国际劳工公约得到会员国的批准、采纳并切实执行的途径,并辅之以多种其他方式。这些途径都是基于自觉自愿基础上的,没有强制性。而国际劳工组织对公约执行情况的监督机制从原则上讲也是属于道义性的,既非政治谴责,也不带来经济制裁,不具有强制力量。这也是一般人认为国际劳工组织在实施劳工标准方面软弱无力的原因。人们通常会说国际劳工组织是"缺牙的"(lack of teeth——意即缺乏约束力),而说WTO是"有牙的"(have teeth——意即有约束力的)[①]。这种制度的软约束性及与之相匹配的实施方面的自觉自愿原则是多年形成的结果,虽然近年来以普惠制、双边或多边协议、生产守则等形式将劳工标准的实施与贸易挂钩的趋势日益明显,一定程度上增加了国际劳工标准实施的强制性,但并未从根本上改变其实施主要依靠会员国和有关组织自觉自愿的局面。制度的软约束性和实施的自觉性给试图理解国际劳工标准的人们提供了两方面的暗示:一方面,作为一种制度安排,国际劳工标准是相关利益主体长期复杂博弈的一种动态均衡结果,体

---

① Kimberly Ann Elliott, "The ILO and Enforcement of Core Labor Standards", *International Economics Policy Briefs*, No. 00-6 (July 2000), p. 7.

前言

现着国际关系中的利益因素；另一方面，它又对超越利益关系的诸如正义、同情等人类普世价值有着很强的依赖性，并反过来促进普世价值的和谐腾升。本书的案例编写，尤其是案例评析对国际劳工标准的这种复杂性质极为重视，既不忽视对利益关系的分析，又不忽视对道德价值观的挖掘与评议，力求做到恰到好处、恰如其分。

最后，对国际劳工标准问题有所了解的读者不难得到这样的印象：它规则体系庞大，涵盖内容繁杂，涉及面广，附带信息极为丰富，具有很强的知识性。而且，国际劳工标准问题所要求的知识很难为某一门单独的学科所容纳，而是需要包括国际政治学、世界经济学、国际贸易学、劳动经济学、劳动关系学、国际法学、社会学、管理学、伦理学在内的学科群的共同贡献，具有很强的综合性。这种知识的综合性一方面使得国际劳工标准问题由于暗合现实世界的本来综合性而特别适合于采用案例研究和案例教学的方式来进行探讨和传播，另一方面又对案例研究、案例评析和案例学习提出了更高的要求。本书在案例选编时不局限于某一单独学科的关注对象，在案例评析时也不局限于某一特定的视角，就是出于对现实世界综合性的一种尊重和知识要求综合性的一种遵循。此外，为了有助于读者达到知识的内化和整合，本书在案例评析中坚持发散性思维与定向思维相统一的原则，力求将综合性知识进行辩证地统一，统一于研究对象的本来面目。

● 本书结构安排

本书的每一章在结构上高度一致，都由以下几个部分构成：首先是"阅读提示"，以简略的形式给出每章的主要知识点和重要理论命题，以启发后面的案例阅读和思考、评析。然后是与本章知识相匹配的五个案例，每个案例又由以下几部分构成：其一是"案例介绍"，对

Case study 国际劳工标准案例评析

所选案例进行情境描述或基本情况介绍，提供问题的载体和分析的起点。"案例介绍"部分会尾附3个左右思考题，以提示案例反映的主要问题，这些问题将构成后面案例评析的主线；其二是"关键概念点评"，对案例中涉及的关键概念进行简要解释，以消除读者理解上的障碍，并增加知识含量；其三是"案例评析"，即对所选案例反映的主要问题的评论和分析，以帮助读者知识的内化和分析、解决问题能力的提高；其四是"相关阅读"，给出与案例有密切联系但又不能被案例涵盖的内容，以扩充知识面，扩大分析视野，强化对主要问题的理解，显示事物之间的内在联系。这几个部分合在一起使得案例评析成为内部有机联系的统一体。

国际劳工标准问题在中国的研究才刚刚起步不久，对某些劳工标准问题，学界还存在种种分歧与争议，尚缺乏统一认识和全面理解。在此背景下，我们在参考大量文献资料的基础上，力求博采众家之长，对分散的知识和观点加以总结和融合，编写这本教材，供读者参考。由于编者知识和能力的限制，本书离优秀案例教材的标准一定还存在着较大的差距，其中种种不妥之处，需要使用者在教学或研究的过程中加以弥补。同时，为利于以后的改进，我们也希望学界同行和热心读者就相关问题提出意见、批评指正。

编　者

2009年7月

目　录

第一章　绪　论

1	案例一	"体面劳动"是人的基本权利——关注亚洲劳工权益
7	案例二	中远集团——中国履行"全球契约"的先锋典范
14	案例三	保障外籍劳工的人权
18	案例四	国际社会保障协会简介
24	案例五	2006年《海事劳工公约》的制定与通过

第二章　国际劳工标准的制定

31	案例一	中国政府代表在第97届国际劳工大会上的发言
38	案例二	反对童工世界日
44	案例三	职业安全卫生日的由来
50	案例四	在社会正义的基础上实现世界和平
56	案例五	国际劳工组织都灵培训中心简介

第三章　国际劳工标准的主要内容

62	案例一	消除儿童家佣

68	案例二	破除性别障碍：年轻女性在男性主导的职业中谋求职位
75	案例三	监狱劳动在美国
80	案例四	残疾人就业
87	案例五	ILO称国际金融危机将使失业人口增加2 000万

第四章 国际劳工标准实施的途径及行为主体

95	案例一	国际劳工组织劳工标准数据库使用指南
100	案例二	国际劳工组织《关于工作中基本原则和权利宣言及其后续措施》分析
108	案例三	"消除童工国际计划"中主权国家政府在行动
112	案例四	国际组织在敦促企业实施劳工标准中发挥的作用——孟加拉国制衣业童工问题的解决
117	案例五	诺华公司的企业社会责任

第五章 通过国际劳工组织监督促进国际劳工标准

125	案例一	全球化下国际劳工组织与其他国际组织的积极合作取得良好成效
130	案例二	国际劳工组织协助巴西政府发起一项名为"打击巴西的强迫劳动"的技术合作项目
134	案例三	国际劳工组织应对国际危机的快速反应战略——以2004年南亚海啸为例
139	案例四	国际劳工组织艾滋病毒/艾滋病和劳动世界计划（ILO/AIDS）

144	**案例五**	促进结社自由和有效地承认集体谈判的技术合作——以国际劳工组织有关哥伦比亚的特别计划为例

第六章 通过自由贸易协议方式实施国际劳工标准

151	**案例一**	从美国与其他国家签署的双边投资条约看劳工标准的实施
154	**案例二**	《北美劳工合作协议》下的申诉情况
159	**案例三**	柬埔寨更佳工厂项目
167	**案例四**	普惠制与国际劳工标准的实施
174	**案例五**	从《多米尼加共和国—中美洲—美国自由贸易协议》看国际劳工标准的实施

第七章 通过生产守则实施国际劳工标准

181	**案例一**	反"血汗工厂"运动
187	**案例二**	耐克公司《2008年企业社会责任报告中国补充报告》中有关劳工方面生产守则运作情况报告
193	**案例三**	中国纺织企业社会责任管理体系CSC9000T试点
198	**案例四**	"全球契约"峰会在中国
204	**案例五**	2008年版SA8000剖析

第八章 中国与国际劳工标准

209	**案例一**	"体面劳动"（中国）国别计划
216	**案例二**	"创办和改善你的企业"（SIYB）项目在中国的实施

221	案例三	童工事件不能止步于叹息和谴责
227	案例四	我国重视残疾人就业工作
231	案例五	中国批准国际劳工公约的情况

第九章 中国在劳工标准方面与其主要贸易伙伴间所发生的纠纷

238	案例一	欧盟诉中国彩电企业倾销案
243	案例二	美国劳联—产联起诉中国案
249	案例三	从美国总统竞选看中美贸易关系中的劳工标准问题
256	案例四	中国的市场经济地位与国际劳工标准问题
261	案例五	《中华人民共和国政府和新西兰政府自由贸易协议》——附加《劳动合作谅解备忘录》的签署

269 **后记**

第一章
绪　论

〔阅读提示〕

　　国际劳工组织是处理全球劳工事务的专门机构。自1919年成立以来，一直把制订与监督实施国际劳工标准作为自己基本的和主要的活动。国际劳工组织为各国政府、雇主和工人三方与来自世界各地的专家提供了交流的平台。他们就劳工问题如何在全球层次得到解决达成共识，并把这些经验在全球范围内传播。政府、雇主组织和工人组织、国际机构、跨国公司和非政府组织在其政策、业务目标和日常行动中纳入相关的标准，均可从中受惠。20世纪90年代以来，随着经济全球化进程的加快，国际社会对劳工标准问题的关注也不断加强，其全球化的影响不可忽视。

案例一 "体面劳动"是人的基本权利——关注亚洲劳工权益

 案例介绍

　　进入新世纪以来，亚太地区经济迅猛发展，国内生产总值年均增长率达到了6.3%。然而经济增长是否真能惠及亚洲人口和工人吗？

　　在创造就业方面，与20世纪90年代相比，最近这些年亚洲创造了充足的或接近充足的工作岗位数量。而我们必须面对的另一个问题是亚洲创造的

Case study 国际劳工标准案例评析

工作是否具有足够的质量，以及是否在该地区实现"体面劳动"。在这一背景下产生了一些相关问题，包括是否以积极的方式改善工人的生活和生计；他们的收入是否足以养活自己和家庭；如果生病或丧失工作，他们是否享受正规的社会保护；他们是否受益于更安全的工作场所、扩展权利以及工作中更强硬的声音？这些方面的前景很不容乐观。估计该地区61.9%的劳动力仍然在非正规经济中工作，几乎没有社会保护，常常从事低生产率工作且不能保证体面收入。该比例比十年前的67.2%有所减少，但该地区还有十亿多的工人在非正规经济中参加工作。

在贫困方面，该地区9.08亿左右的工人（占该地区劳动力总人数的51.9%）每天靠不到两美元过活，其中3.08亿人生活在低于每天1美元的赤贫之中。但1996年以来，贫困已经减少，每天靠2美元过活的工作中穷人数量减少了1.23亿。虽然取得这样的进步，工作中穷人数量仍然庞大，表明了数以百万的工人显然不能从该地区良好的经济表现中获得切实的利益。原因之一在于许多国家，目前的增长是由数个活跃部门促成的，比如高附加值的服务和出口产业，而不是依靠整个经济的良好形式。这就造成了消费增长（衡量生活标准改善方面的关键标准）在大多数国家都落后于国内生产总值的增长。因此，我们仍需付出许多努力，以确保对亚洲未来经济增长所带来的好处进行更平等的分配。

正如国际劳工组织所关注的那样，亚洲创造的工作还需要提高质量。

资料来源：作者根据国际劳工组织报告《展望亚洲体面劳动十年计划：到2015年的可持续增长和工作》内容节选。http://www.ilo.org/wcmsp5/groups/public/---ed_norm/---relconf/documents/meetingdocument/wcms_ilc_96_rep-i-a_zh.pdf（last visited Dec. 29, 2008）。

问题与思考

1. 简述"体面劳动"的由来。
2. 国际劳工问题研究所设立的"体面劳动研究奖"历届获奖者是谁？
3. 中国应该如何为实现"体面劳动"创造条件？

关键概念点评

1. "体面劳动"（Decent Work）：体面劳动是国际劳工组织1999年提出

的概念，意指劳动者的权利得到保护、有足够的收入、充分的社会保护和足够的工作岗位。

2. 劳工权利（Labour Right）：劳工权利又称为工人权利（workers' rights）或劳工权益（labor interests），是指法律所规定的处于现代劳动关系中劳动者在履行劳动义务的同时所享有的与劳动有关的社会权益，是一种受到法律保护的权利。每一个工人都要确信他/她可以受到公平的对待，并检查在工作场所的影响其他人权利的滥用权利。

案例评析

1. 简述"体面劳动"的由来

1999年6月，国际劳工组织新任局长胡安·索马维亚（Huan Somavia）在第87届国际劳工大会上首次提出了"体面劳动"新概念，明确指出，"体面劳动"，意味着生产性的劳动，包括劳动者的权利得到保护、有足够的收入、充分的社会保护和足够的工作岗位。为了保证"体面劳动"这一战略目标的实现，必须从整体上平衡而统一地推进"促进工作中的权利""就业""社会保护""社会对话"四个目标。

第一个目标涉及工作中的基本原则和权利。国际劳工组织要求各会员国切实实施《关于工作中基本原则和权利宣言及其后续措施》的四项基本权利，即有效承认结社自由和集体谈判，废除所有形式的强制或强迫劳动，禁止童工劳动，消除就业和职业歧视。

第二个目标是促进就业。创造就业机会已经是世界范围内首要考虑的政治任务；它也是世界范围内首要考虑的经济问题。国际劳工组织认为，没有生产性就业，体面的生活标准、社会和经济的发展以及个人成功等目标都将是虚无缥缈的。国际劳工组织强调要从三个方面促进就业：第一，使就业成为国家宏观经济政策的一个核心目标；第二，强调终身教育和技能开发是促进就业战略的关键；第三，促进劳动力市场上的机会均等，要特别关注就业中的性别平等。

第三个目标涉及社会保护。国际劳工组织认为，每个人都有权利享有社会保护。要通过调整现有社会保障制度和采用多元化的办法，扩大社会保障的覆盖面；要改进对社会保护的管理；要把劳动力市场、就业政策和社会保护政策联系起来统筹考虑。国际劳工组织还强调要改进工作场所的保护，强化职业安全卫生，把重点放在有毒有害工种和职业伤害的行业、部门，针对直接受到工伤和职业病危害的工人群体。国际劳工组织的研究报告表明，发展中国家的社会保护制度可以维护社会稳定，最大限度地减少社会不安定，并有助于各国根据经济、社会和政治变化进行调整。

第四个目标是促进劳工、雇主和政府之间的社会对话。国际劳工组织认为现在更需要加强社会对话和集体谈判，目的是在企业、产业和国家一级保证实现体面的劳动。"体面劳动"的目标不仅只是国际劳工组织、各国劳动部门的工作，它是国际劳工组织三方成员及其伙伴单独或集体的职责。国家是主要行动者，整个政府必须参与，但是，"体面劳动"议程只有当雇主、工人和政府解决主要障碍并作出均衡的反应时，它才能得到最好的执行。

2. 国际劳工问题研究所设立"体面劳动研究奖"历届获奖者是谁？

国际劳工组织所属的国际劳工问题研究所于2006年设立了一项"体面劳动研究奖"，每年奖励在宣传国际劳工组织"为所有人提供体面劳动"这一核心目标的先进知识方面作出杰出贡献的个人。获奖者可以获得1万美元的奖金，同时被授予年度"国际劳工研究所荣誉研究员"的称号。

该奖项获得者将由评审委员会遴选而出，该评审委员会由五名在劳动和社会政策问题方面享有国际声誉和专业成就的专家组成。这一奖项为研究性奖励，评审委员会将全面考察候选者的公开发表的著作情况。

只有个人才有资格作为候选人，但国际劳工组织的现任和前任全体职员均不能作为候选人。每一个候选人必须至少获得国际劳工组织三方成员中的一个组织的推荐和一个来自世界不同地区的劳动和社会政策领域的重要学术机构的推荐。

2007年，首届"体面劳动研究奖"的获奖者是纳尔逊·罗利拉拉·曼德拉（Nelson Rolihlahla Mandela）和卡梅隆·梅萨－拉戈（Carmelo Mesa-Lago）教授。

国际劳工组织发言人称，曼德拉一直致力于推动南非乃至全世界制定"体面劳动"的相关政策，消除工作场所的歧视和压迫促进社会公正和对话。梅萨－拉戈教授在研究推动"体面劳动"的社会经济关系和政策措施方面作出了杰出贡献。他在社会保障以及抚恤金改革方面的研究对拉美地区的改革产生了长远影响。

第一章 绪论

2008年的国际劳工组织"体面劳动研究奖"被授予给经济学家约瑟夫·斯蒂格利茨（Joseph Stiglitz）和加拿大劳工研究员哈里·阿瑟斯（Harry Arthurs）。国际劳工组织表示由于施蒂格利茨毕生对劳工组织所关注的领域，包括"体面劳动"内涵与外延知识的贡献而获奖。阿瑟斯由于在促进"体面劳动"的过程中帮助人们更多地了解了社会与经济之间的关系和政策工具而获此殊荣。

3. 中国应该如何为实现"体面劳动"创造条件？

中国当前就业政策与国际劳工组织倡导的"体面劳动"理念是一致的。"体面劳动"是把开放经济下的经济增长策略和人们的日常生活和渴望联系起来，为没有工作的人提供保护，为有工作的人提供职业安全和卫生。"体面劳动"还关系到联合国宪章中所涉及的对话、权利和共同价值。"体面劳动"让个人和团体可以抓住变革的机会，并解决随之而来的压力和紧张。"体面劳动"作为一种社会稳定性机制，通过该机制可以将冲突变为对话和社会共识。中国政府制定就业政策时，要正确把握世界发展潮流，体现以人为本、保障人权的时代精神，加强国际合作，更充分地维护劳动者合法权益，为劳动者谋求更大的福祉。胡锦涛总书记强调，让广大劳动者实现"体面劳动"，最根本的是要保障他们的权益，特别是要致力于改善广大劳动者的劳动条件、劳动收入、劳动保障、生活质量，让广大劳动者更多分享经济社会发展成果。中国应该在以下三个方面为"体面劳动"开创条件：

第一，三方成员应致力于为劳动者创造更多的、生产性的、体面的工作岗位。"工作是人们生活的核心"，中国政府认为，就业是民生之本。努力促进就业，消除贫困，使更多的失业者能够进入或重返劳动过程，应该是国际劳工组织工作任务的重点。

第二，加强国际劳工组织的能力建设，切实帮助成员国实现"体面劳动"的目标。应加强国际劳工组织自身的三方机制建设，激发国际劳工组织的生机与活力。应特别加强和提高劳工组织帮助成员国尤其是发展中国家促进就业、完善社会保障体系的能力；同时提高国际劳工组织与其他国际组织沟通与合作的能力，以便动员更多的资源，开展更广泛深入的技术合作。

第三，为应对全球化背景下产业结构变化的趋势，要努力提高劳动者的技能和素质。这需要三方成员共同努力，为劳动者提供更多的职业教育和培训机会，以便适应全球化和技术进步对劳动者提出的要求。

Case study 国际劳工标准案例评析

相关阅读

"体面劳动"：深入了解国际劳工组织的战略目标

对于每个人来说，工作具有确定人类存在的特征，它是维持生命和满足基本需求的手段。但工作也是一种活动，通过这种活动，每个人都向自己及其周围的人们确认自己的身份。这种复杂的现实是国际劳工组织职责的核心。

正如《费城宣言》所述，国际劳工组织的责任包括进一步推动实现旨在"使工人受雇于他们能够最充分地发挥其技能与成就，并得以对共同福利作出最大贡献的职业"。该宣言还重申每个人享有"自由和尊严、经济保障和机会均等"的权利。它强调确保"将社会进步的成果公平的分配给所有人"的重要性。这是"体面劳动"的基础。

在这种情况下，人们希望的显然是一个在一种可持续发展的环境中能够提供"体面劳动"的未来。但是要连接现实与愿望，我们应该以克服"体面劳动"所面临的缺陷为起点。"体面劳动"面临的缺陷体现为缺乏充分的就业机会、不完善的社会保护、剥夺工人权利以及社会对话不健全。它是衡量我们工作的现实世界与人们的美好愿望之间差距的尺度。"体面劳动"的理念着眼于四个方面，即国际劳工标准、就业、社会保护、社会对话。

- 促进和实现国际劳工标准以及工作中的基本原则和权利。
- 国际劳工标准以及工作中的基本原则和权利。
- 童工劳动。
- 基于劳工标准的行动。
- 为男人和女人创造更多的机会以获得体面的就业与收入。
- 就业政策支持。
- 知识、技能和就业能力。
- 青年人就业。
- 残疾与工作。
- 老年工人。
- 非正规就业。
- 就业创造。
- 扩大社会保护的覆盖面和增强社会保护的有效性，对所有人提供社会保护。

第一章 绪论

- 社会保障。
- 保护移民工人。
- 工作和就业条件。
- 艾滋病毒/艾滋病。
- 职业安全卫生加强三方性和社会对话。

加强社会对话重点计划旨在提高社会对话的益处,并以此作为实现人人获得"体面劳动"的重要手段。该项目致力于促进国际劳工组织的各成员及其他人员在各个层面通过社会对话解决社会和经济发展问题。

国际劳工组织在其网站上制作了一个有关"体面劳动"宣传片。该视频被翻译成30种语言。请登录 http://www.ilo.org/public/english/dw/index.html,点击观看。

资料来源:作者根据国际劳工组织网站资料整理,http://www.ilo.org/global/About_the_ILO/Mainpillars/WhatisDecentWork/lang--en/index.htm(last visited Dec. 29,2008)。

案例二 中远集团——中国履行"全球契约"的先锋典范

案例介绍

中远集团全称中国远洋运输(集团)总公司,其前身是成立于1961年的中国远洋运输公司。中远在全球拥有近千家成员单位、8万余名员工。在中国本土,中远集团分布在广州、上海、天津、青岛、大连、厦门、香港等地的全资船公司经营管理着集装箱、散装、特种运输和油轮等各类型远洋运输船队;在海外,以日本、韩国、新加坡、北美、欧洲、澳大利亚、南非和西亚8大区域为辐射点,以船舶航线为纽带,形成遍及世界各主要地区的跨国经营网络。

2004年,中远集团成为中国第一个加入"全球契约"的企业,实现了中国企业在履行企业社会责任上与国际接轨。

2005年12月,中远集团发布了《中远集团2005年度可持续发展报告》[①],向世界宣布中远集团成功进行了管理创新,建立"全球契约"社会责任和可

---

① 该报告全文可在中远集团网站浏览,《中远集团——中国履行全球契约的先锋典范》,http://www.cosco.com/GC_report/GC_report2006/index.htm(last visited Dec. 29,2008)。

持续发展报告管理体系。

参加中远集团管理体系和可持续发展报告审核的专家们指出：中远集团可持续报告创造了五个第一：①第一个按照全球报告倡议组织指南要求的编制要求编写可持续发展报告的国有企业；②世界第一个按照GRI2006版要求编写的企业；③第一个实施"全球契约"，建立可持续发展管理体系并经过认证的中国企业；④第一个对可持续发展报告进行审核的中国企业；⑤亚洲第一个按照挪威船级社审核规范对可持续发展报告进行审核的企业。

联合国"全球契约"办公室高级官员杜比（Frederick C. Dubee）评价说，这不是一份简单的报告，这是中远集团与社会沟通的工具，是中远集团对社会的坦诚和接受监督的愿望，也是中远集团敢于面对全世界的信心、胆量和力量。

中远集团总裁魏家福在可持续发展报告发布会上说："尽管我们在实现可持续发展的道路上还会有很多挑战，还存在这样那样的问题，但是我们相信中远集团已经有资格与世界顶尖企业站在同一舞台上扮演重要角色了。"他还说："中远集团作为中国企业实施社会责任的代表，受到各国政府和社会各界的欢迎。"

透过可持续发展报告可以看出，中远集团是一个公正性、公开性、透明度极强的企业。报告中将目前中远集团没有或做不到的指标，提出了增加和改进的时间表，以保证可持续发展报告的平衡性和公司运作的透明度；同时为保证可持续发展数据的精确性、真实性、可比性和可靠性的要求，中远集团开发了可持续发展报告数据收集和处理信息系统，将实现可持续发展报告数据程序上的科学化管理。

中远集团已经按照《"全球契约"企业社会责任管理体系导则》和《全球报告倡议组织可持续发展指南》，进行业务流程再造，将"全球契约"的条款要求融入中远集团管理决策和业务程序，建立《社会责任和和谐企业管理程序》《可持续发展报告程序》，并将"全球契约"社会责任的要求通过工作标准和授权，落实到每位中远人的实际行动中。中远集团紧紧围绕科学发展观的四项主要内容：人本、全面、协调、可持续去审视企业的发展，以科学发展观引领管理创新，建立节约型企业和和谐企业，实现中远集团的可持续发展。

2007年，联合国"全球契约"认为中远集团所提交的年度报告非常出色，在联合国"全球契约"网站 Notable Communications on Progress 典范报告榜中展示。中远集团又创造了两个第一:既是第一个中国企业入选,也是世界上第一个航运企业入选。

　　这一切说明,中国企业在承担社会责任方面迈出了坚实的一步,也获得了国际上的认可与好评。中远集团积极践行科学发展观,在国际舞台上成功树立社会责任承担者的形象,必将会提高中远集团的核心竞争力,实现企业的可持续发展。相信在中远集团的带动下,必将有更多的企业参加"全球契约"。

　　资料来源:作者根据中远集团网站和"全球契约"网站相关资料整理,http://www.cosco.com/cn/safety_environment/policy.jsp?leftnav=/3/1(last visited Dec. 29, 2008);http://www.unglobalcompact.org/(last visited Dec. 29, 2008)

问题与思考

1. "全球契约"的由来以及主要内容是什么?
2. 企业加入"全球契约"有哪些好处?
3. 加入"全球契约"是否为终身有效?
4. 公司加入"全球契约"需要缴费吗?

关键概念点评

　　1. "全球契约"(Global Compact):2000 年由联合国秘书长科菲·安南(Kofi A. Annan)提出。旨在呼吁全世界的企业界"在人权、劳动权和环境方面通过、坚持和实施一整套必要的社会规则",以给全球化带来一张"富有人情味的面孔"。该契约要求跨国公司(multinational companies, MNCs)重视劳工标准、人权和环境保护,以克服全球化进程带来的负面影响。并提出了包括尊重人权、支持结社自由和集体谈判权、禁用童工、反对强迫劳动、消除工作场所歧视以及发展与采用环保科技等内容的关于社会责任的原则和核心内容。

　　2. 全球报告倡议组织(Global Reporting Initiative, GRI):全球报告倡议组织是一个由众多利益相关者组成的非营利组织,旨在制定和发布有关经济、环境及社会可持续发展绩效的报告指南。该组织的可持续发展报告指南已被全球 1 000 多家组织采用，还有许多组织在编制其公开报告的过程中参考该指南的内容。

3. 挪威船级社（Det Norske Veritas，DNV）：挪威船级社成立于 1864 年，总部位于挪威首都奥斯陆，是一个权威、专业、独立的非营利性基金组织。在"保护生命、财产与环境"的宗旨下，DNV 为客户提供全面的风险管理和各类评估认证服务，主要涉及船级服务、认证服务、技术服务等方面。DNV 在全球 130 个国家中设立了 330 多个分支机构，目前员工数目已超过 6 500 人。DNV 是世界最知名的船级社和国际权威认证机构，为各类组织提供高质量的专业服务。

案例评析

1. "全球契约"的由来以及主要内容是什么？

"全球契约"是联合国前秘书长科菲·安南在 1999 年达沃斯世界经济论坛上提议制定的，安南要求企业界发挥作用，无论在何处开展业务都表现出良好的全球公司精神。该契约的两个主要目标为：

（1）使十项原则在世界各地的企业活动中主流化；

（2）催化支持更广泛的联合国发展目标的行动，包括千年发展目标。

"全球契约"涉及人权、劳工、环境和反腐败等方面，依据《世界人权宣言》《国际劳工组织关于工作中的基本原则和权利宣言》《关于环境与发展的里约宣言》和《联合国反腐败公约》制定的十项原则包括：

"全球契约"要求公司在其可以影响的范围内拥护和支持人权、劳动标准、环境和反腐败领域内的一系列核心价值观并采取行动。

人权方面

原则一：企业应该尊重和维护国际公认的各项人权。

原则二：企业应保证绝不参与任何漠视与践踏人权的行为。

劳工标准方面

原则三：企业应维护结社自由，承认劳资集体谈判的权利。

原则四：彻底消除一切形式的强制性劳动。

原则五：切实废除童工现象。

原则六：消除就业和职业方面的歧视。

第一章 绪论

环境方面

原则七：企业应支持采用预防性方法来应付环境挑战。

原则八：采取主动行动，促进在环境方面采取更负责任的做法。

原则九：鼓励开发和推广无害环境的技术。

反腐败方面

原则十：企业应反对商业活动中的腐败行为。

2. 企业加入"全球契约"有哪些好处？

"全球契约"的提出为企业成为对社会负责的公司，为企业参与经济全球化条件下国际事务提供了一个机会，同时，也是企业扩大国际知名度、建立国际联系、寻找商业机会的一个机遇。"全球契约"的创立就是帮助各组织制定新的发展战略及实施措施，以使全人类而非极少数人获益。

公司参与"全球契约"获得的好处包括：①体现作为负责任的公民的表率；②与有共识的公司及组织交流经验，相互学习；③与其他公司、政府组织、劳工组织、非政府组织、国际组织建立合作关系；④与联合国各机构，包括国际劳工组织、联合国人权事务高级专员办公室、联合国环境计划署、联合国发展计划署等建立合作伙伴关系；⑤通过实施一系列负责的管理计划与措施并将公司发展视野扩大到社会范畴，从而使商业机会最大化；⑥参与旨在寻找解决世界重大问题的方法的对话。

3. 加入"全球契约"是否为终身有效？

加入"全球契约"并不意味着公司将永远是其中一员。事实上，公司面临着随时被"全球契约"组织除名。截至2008年7月，就有包括22家中国公司在内的630家企业由于未及时发布进展报告而被除名。

这22家中国公司包括安徽省畜产进出口公司、北京先导投资有限公司、中国航空器材进出口总公司、中国一拖集团、中国统一集团、美中商务中心、中国一拖工程机械公司、E & C Solutions (Shanghai)，Inc、福建省电子信息集团、H. Cheong-Leen & Company、安徽省路桥建设公司、安徽公路勘测设计院、华泰集团、吉林市华达科工贸公司、吉林通田汽车公司、Rich Management Group、山东鲁北化学工业公司、北京实华开电子商务有限公司、Suntek集团广东信用风险管理公司、万达集团股份有限公司、一拖（洛阳）机械工程有限公司。

这是联合国"全球契约"办公室为保证其可信度而作出的努力。完整性措施于 2004 年开始实施,对联合国"全球契约"的约束力进行了全面的说明。按照完整性措施的规定,参与者应每年向所有利益相关者报告在执行"全球契约"原则方面取得的进展。如参与者连续两年未能照此办理,将被"全球契约"网站列入"非交流"类。

4. 公司加入"全球契约"需要缴费吗?

公司加入"全球契约"不需要缴费。"全球契约"是一项完全自愿的举措,不是一种正式的成员制组织,因此并不通过收费的方式筹措核心资金。"全球契约"只接受政府捐助方提供的核心资金。但是,"全球契约"鼓励为支持非核心活动提供财政捐助和赞助。这可以通过联合国"全球契约"基金会进行。

需要注意的是微型企业和附属企业不能提出加入申请。限于行政管理能力,直接雇员少于 10 人的公司(微型企业)将不登记在参加公司的数据库中。"全球契约"运用领导原则。如果一家公司的全球母公司(如控股、集团等)的首席执行官致函联合国秘书长接受"全球契约","全球契约"将只在全球名单上公布该母公司的名称,并认为其所有附属公司也都已参加。希望直接致函秘书长,以强调其承诺的附属公司将被列名为参加者,并被邀请在他们东道国的"全球契约"国家网络中参加活动。

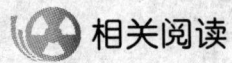
相关阅读

中远集团与"全球契约"

中远集团将"全球契约"的条款要求融入管理决策和业务程序中

● 中远(集团)总公司环境保护规范

"全面管理　珍爱资源　保护环境　员工有责"

中远集团致力环境保护,珍惜地球资源,以"社会责任承担者"的身份,支持和参与生态保护活动,主动改善企业的环境保护系统。

● 中远集团质量方针

"安全　快捷　优质　高效"

● 中远(集团)总公司方针

"正确决策、科学管理、优质服务,建设和谐企业,实施全面风险管理和全球协议,实现企业价值与人文环境和自然资源的协调与可持续发展。"

第一章 绪论

● 安全工作指导思想

"认真贯彻党的十六大精神,以'三个代表'重要思想为指导,以持续改善的安全管理体系为载体,以提高劳动者素质和技能为重点,以坚决杜绝沉船和重大人身伤亡事故、减少和避免其他事故为目标,坚持'安全第一,预防为主'的方针,强化监督,落实责任;消除隐患,立足防范;健全制度,完善机制;拓宽思路,创新方法,促进全集团安全形势的稳定好转。"

● 运输安全计划

"中远集团通过推行 ISO 9000 质量管理体系、ISO 14001 环境管理体系、OHSAS 18001 职业安全卫生管理体系,建立起了中远集团的综合管理体系,1998年开始,中远集团全面实施国际安全管理规则,按照综合管理体系的标准和要求,集团决策、经营的各个环节都严格遵循管理体系的程序,其中在保障运输安全方面,集团总公司各部门和各下属单位,通过决策方案设计程序、发展战略和规划管理程序、船舶购置与退役管理程序、运输管理程序、应急处置程序、计算机管理程序、综合管理体系过程控制程序、风险评估程序等,保证了有关物流、运输生产、船舶调度、商务、码头、安全、船舶技术、通信导航、船员、船舶保卫的管理工作,形成了有序的安全运输生产闭环,确保了客户和集团的利益。"

● 安全工作目标

"杜绝沉船事故和重大人身伤亡、机损、污染、火灾事故,遏止一切大的责任事故,减少各类一般事故。船舶安全面控制在98%以上;员工因工伤死亡率控制在万分之一以内;汽车运输百万公里肇事率控制在1起以内;承运重大工程运输项目安全率达到100%;船舶滞留率控制在0.3%以内。最终实现'零事故、零伤害、零污染'的理想目标。"

● 中远集团四大认证体系

▲ ISO 9000 质量管理体系
▲ ISO 14001 环境管理体系
▲ ISM 国际安全管理规则
▲ OHSAS 18001 职业安全卫生管理体系

资料来源:作者根据中远集团网站《"全球契约"与运输安全计划》整理,http://www.cosco.com/cn/safety_environment/safePlan.jsp?catName=1&leftnav=/3/2(last visited Dec. 29, 2008)。

Case study 国际劳工标准案例评析

案例三 保障外籍劳工的人权

 案例介绍

2002年12月17日,众多外籍劳工聚集在韩国首尔的塔洞公园,为了推进"废止研修生制度和允许雇佣外国人"而举行示威游行。在游行活动的背后隐藏着对"废止歧视外国人的制度"和"保障人权"的美好希望。

1993年年底,韩国政府以整顿非法滞留的外籍劳工用工秩序为由,采取了外国人研修生政策。由于外籍劳工大多数人从事本国人回避的工种(最脏、最危险、工资最低),导致他们的劳动条件和人权情况日趋恶化。政府置众多市民团体的努力于不顾,人权蹂躏状况得不到改善的情况持续存在,不能不说是因为韩国社会存在着歧视低收入国家劳工的弊病。外籍劳工因无法忍受残酷的剥削虐待而走上街头,用生硬的国语凄惨地高呼"千万不要打我们"的口号。

韩国中小企业厅有关人士表示,对外籍劳工采取延付工资、殴打、监禁及性侵犯等人权伤害行为的企业,政府将实行特别管理,并将中断政府对其政策资金的支援,其所享受的产业研修生分配、兵役特惠等政策也将受到限制。政府将利用中小企业厅下设的11家"研修解难中心"和法务部下属的30家"外国人苦衷商谈室"开展工作,一旦接到人权侵犯申诉,将在7天之内进行现场调查,必要时将提交国家人权委员会审议。对于那些被确定为有殴打、监禁、性侵犯等人权伤害行为的企业,将实行司法处理;对于延付工资等行为,先下达改正命令,对不执行的企业主将实行司法处理。

资料来源:作者根据朝鲜日报社论《保障外籍劳工的人权》整理 http://chn.chosun.com/site/data/html_dir/2000/12/19/20001219000021.html (last visited May. 22, 2009)。

 **问题与思考**

1. 劳工权利是不是人权?核心劳工标准与人权有怎样的关系?
2. 联合国人权理事会与人权委员会有什么区别?

第一章　绪论

关键概念点评

1. 人权（human rights）：人权是指在一定的社会历史条件下每个人按其本质和尊严享有或应该享有的基本权利。人权的本质特征和要求是自由和平等。人权的实质内容和目标是人的生存和发展。人权的范围非常广泛：哪里有人存在，哪里就有人权问题。

2. 联合国人权委员会（United Nations Commission on Human Rights, UNCHR）：联合国人权委员会是联合国系统框架下的功能委员会。它是联合国经济社会理事会的职司委员会，它也帮助联合国人权事务高级专员办事处开展工作。人权委员会是联合国系统审议人权问题的最主要机构之一，它的主要职责是：根据《联合国宪章》宗旨和原则，在人权领域进行专题研究、提出建议和起草国际人权文书并提交联合国大会。它成立于1946年，在2006年被联合国人权理事会所取代。

3. 联合国人权理事会（United Nations Human Rights Council, UNHRC）：2006年3月15日，第60届联合国大会以170票赞成、4票反对、3票弃权的表决结果通过一项决议，决定设立共有47个席位的人权理事会，以取代总部设在瑞士日内瓦的人权委员会。人权理事会是联合国大会的下属机构，联大将在5年后对该理事会的地位进行审查。联合国经济和社会理事会于2006年6月16日废除人权委员会，人权理事会于6月19日举行首次会议。

4. 外籍劳工（foreign worker）：外籍劳工是指不具其工作国家国籍的劳工。

案例评析

1. 劳工权利是不是人权？核心劳工标准与人权有怎样的关系？

劳工权利是人权，它可以被看做是工作中的人权。对国际劳工组织来说，联合国尊重它根据其章程确定的宗旨、对劳动事务采取国际行动的职权。西方国家有些学者将核心劳工标准建议称为全球工人的基本劳工权利。享有充分的人权，是长期以来人类追求的理想。当前，人权已成为国际社会普遍关心的重大问题之一。联合国通过的有关人权的宣言和一些公约，受到许多国家的拥护和尊重。关于人权最重要的声明是《世界人权宣言》，它于1948年

12月10日被联合国大会决议采用并宣布。其中，与劳工权利相关的条款包括：

● 任何人不得使用奴隶或奴役；一切形式的奴隶制度和奴隶买卖，均应予以禁止（第4条）。

● 人人有权享有和平集会和结社的自由（第20条）。

● 人人有权工作、自由选择职业、享受公正和合适的工作条件并享受免于失业的保障（第23条）。

● 人人有同工同酬的权利，不受任何歧视（第23条）。

● 每一个工作的人有权享受公正和合适的报酬，保证使他本人和家属有一个符合人的尊严的生活条件，必要时并辅以其他方式的社会保障（第23条）。

● 人人有为维护其利益而组织和参加工会的权利（第23条）。

● 人人有享受闲暇和休息的权利，包括工作时间有合理限制和定期给薪休假的权利（第24条）。

该宣言是具有普遍性的宣言，这是由于它对每个国家都有约束力，不管批准与否。《公民权利和政治权利国际公约》和《经济、社会和文化权利国际公约》被看做是人权宣言的补充公约。

"人权"这个词在《国际劳工组织章程》里并没有出现，但是，"人权"这个概念渗透在章程所载的国际劳工组织的宗旨和它所遵循的原则之中。最明显的体现是《费城宣言》要求"全人类不分种族、信仰和性别都有权在自由和尊严、经济保障和机会均等的条件下谋求其物质福利和精神发展"。在国际劳工大会、国际劳工组织地区会议通过的许多决议中，多次强调保障人权对实现国际劳工组织目标的重要性。1969年第35届国际劳工大会曾确定国际劳工组织在人权问题上的活动范围包括：结社自由、劳动自由、消除歧视和促进就业机会均等、取得劳动权利、取得最低收入的权利、取得社会保障的权利、取得适当的劳动条件和生活条件的权利，以及对目的在于促进和保障人权的措施有参与的权利。把人权内容和核心劳工标准内容作比较，核心劳工标准充分体现了人权的内容。

2. 联合国人权理事会与人权委员会有什么区别？

联合国人权理事会与人权委员会的区别主要在以下几个方面：

（1）人权理事会是联合国大会的下属机构；人权委员会则归联合国经济

和社会理事会管辖。

（2）人权理事会由 47 个成员组成，成员构成以公平地域分配为基础，其中非洲 13 席，亚洲 13 席，东欧 6 席，拉美和加勒比 8 席，西欧和其他国家 7 席（包括北美和大洋洲）；人权委员会则由 53 个成员组成，成员构成按区域分配原则产生，其中非洲 15 席、亚洲 12 席、东欧 5 席、拉美和加勒比 11 席、西欧和其他国家 10 席。

（3）人权理事会成员由联大无记名投票直接选举产生，当选成员必须获得联大 191 个成员国半数以上票支持，即至少 96 票，对于严重并有计划侵犯人权的理事会成员，联大可经 2/3 成员国同意中止其成员资格；人权委员会则由各地区组织推荐，并经联合国经社理事会批准产生。

（4）人权理事会成员任期 2 年，在连续两任后不能连任；人权委员会成员任期虽同为 3 年，但可多次连选连任。

（5）人权理事会每年举行会议不少于 3 次，总会期不少于 10 周，并可召开特别会议；人权委员会则在每年春季举行为期 6 周的会议。

（6）人权理事会负责对联合国所有成员国作出阶段性人权状况回顾报告，理事会成员在任期内必须接受定期普遍审查机制的审查；人权委员会则没有这类规定。

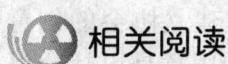
相关阅读

国际劳工组织有关的外籍劳工的劳工标准

国际劳工组织自 1919 年成立以来，通过了许多有关外籍劳工人权保障的公约与建议书，其中最著名者为 1949 年《移民就业公约（修订）》（第 97 号）和 1975 年《移民工人公约（补充规定）》（第 143 号），后者是前者的补充条款。这两个公约系统且详尽地规范了外国人到他国就业的行为。在联合国《移民公约》颁布之前，上述两个公约是最重要的外籍劳工权益保护参考。

1949 年《移民就业公约（修订）》（第 97 号）以规范外籍劳工迁移过程和就业过程中相关权利之保障与平等对待。在有关劳动条件方面，如外籍劳工的报酬、工时、带薪休假、最低就业年龄、职业训练和学徒期待遇等，均不得低于本国国民；在有关参与工会权方面，保障外籍劳工工会会员资格并享有集体协商权；在有关健康方面，应维持适当的医疗服务机构，以确保外籍

Case study 国际劳工标准案例评析

劳工及其眷属在移入、移出及旅途过程中皆获得适当的医疗；在有关社会安全方面，提供适当措施以继续维持外籍劳工已享有之权利，同时外籍劳工职业伤害、生育、疾病、残废、老年、死亡、失业等与本国所规定项目皆平等享有。

1975年《移民工人公约（补充规定）》（第143号）更进一步提供外籍劳工在就业安全、转业规定、失业救济及再就业等方面与本国劳工相同待遇，尤其是在限定外籍劳工工作一定期间（不得多于两年）以后，得享有工作选择自由，并允许固定契约的外籍劳工得完成本身第一份契约工作。

资料来源：作者根据国际劳工组织网站资料翻译整理，http://www.ilo.org/ilolex/english/convdisp1.htm (last visited May. 22, 2009)。

案例四 国际社会保障协会简介

 案例介绍

国际社会保障协会（International Social Security Association，ISSA）是国际社会保障领域规模最大、最具代表性的国际组织。于1927年10月4日在布鲁塞尔成立，其旧名叫"国际社会保险大会"（法文名称是"国际社会互助和保险大会"，简称CIMAS），此名称一直用到1947年。建立协会的创意与国际劳工组织当时采取的步骤直接相关，采取这些步骤的用意是以社会保险计划的方式将国际规章引用到经济和健康保护方面。

事实上，在1927年5月至6月举行的日内瓦国际劳工第十次大会的影响下，一批代表着各国互利社团和疾病保险机构的人士决定成立一个国际协会在世界范围内推进和加强疾病保险事业。

国际劳工局创始人阿尔贝特·托马斯（Albert Thomas）局长立即兴致勃勃地接受了这一建议。他认识到国际劳工组织主张的社会政策争取广泛支持的重要性，当时这一政策遇到相当强烈的反对。几年之后由于经济大萧条，反对的意见又逐步升级。

这些支持者认为，利用这个协会作为讲坛将各国在管理社会保险计划方面的经验做些对比也具有同等重要的意义。国际劳工组织从自身未来的活动考虑，已经清楚地认识到从这个新协会的酝酿中汲取教训具有实际价值。

欧洲地区的号召一发出，国际社会保障协会就迅速将其活动地盘扩展到

第一章 绪论

世界其他地区，扩展到其他社会保险事业之中。

在战后数十年期间里，国际社会保障协会得到持续的相当大的发展，究其源有两件大事：

一是新的社会保障概念产生在20世纪30年代末期，之后特别由于1942年贝弗里奇报告而飞速传播开来；二是1944年在费城召开的国际劳工大会是一个历史性的事件。该会提出的建议构成这个新概念的现实基础，该会的一项决议实际上构成了国际社会保障协会的行动纲领。这项决议宣称的目标是在国际和地区的基础上促进社会保障机构之间的系统和直接合作，加强在管理社会保障方面定期交流情况和共性问题的研究。

因此，从1947年起国际社会保障协会就在自身结构和能力方面普遍性迅速发展，包括社会保障的所有行政管理和财务问题。它已经能够保证专家们参与世界各地的社会政策和社会保障，国际社会保障协会的这一成就可由两方面来解释，一是由于人民对于持续地深化知识有着恒久而强烈的要求，二是国际社会保障协会在顺应这一要求方面做得卓有成效。

资料来源：作者根据国际社会保障协会网站资料整理，http://www.issa.int/（last visited Dec. 29，2008）。

问题与思考

1. 国际社会保障协会的目标和使命是什么？
2. 如何加入国际社会保障协会？目前该协会有多少会员？
3. 中国的哪些组织加入了国际社会保障协会？

关键概念点评

1. 社会保障（Social Security）：社会保障是指以国家或政府为主体，通过立法或其他强制性的安排，为个人在遭遇死亡、伤残、生病、失业等风险时造成永久或暂时丧失劳动能力以及由于各种原因生活发生困难时，提供物质帮助的制度。国际社会保障协会界定的社会保障包括社会保险方案、社会援助方案、普遍的方案、互利计划、全国公积金和其他安排等。

2. 贝弗里奇报告（Beveridge Report）：贝弗里奇报告又称《关于社会保险及其相关服务的报告》。1942年由英国政府以威廉·贝弗里奇（William

Beveridge)为主席的专家委员会撰写而得名。强调要为英国公民提供一个"从摇篮到坟墓"的全面社会保险制度,给予失业者、残疾人、退休和军队转业者、孕产妇、儿童和孤寡以津贴,并实行全民保健服务。报告对加强英国人民的必胜的信念发生作用,并成为战后英国建立福利国家的设计蓝图。

3. 经济大萧条(economic recession):经济大萧条是指1929年至1933年之间全球性的经济大衰退。1929年经济大萧条的影响比历史上任何一次经济衰退都更深远。在所有国家中,经济衰退的后果是大规模失业:美国1 370万,德国560万,英国280万。大萧条对拉丁美洲也有重大影响,使在一个几乎被欧美银行家和商人企业家完全支配的地区失去了外资和商品出口。据估计,在大萧条时,世界的钱财损失达2 500亿美元。

案例评析

1. 国际社会保障协会的目标和使命是什么?

国际社会保障协会的目标是:号召全世界为促进和发展社会保障而进行合作。在社会正义的基础上,通过改进自身的技术和管理手段,推动社会和经济条件的改善。

这个总目标确定了国际社会保障协会的三个根本性的、相互补充的使命:

(1) 国际社会保障协会是全世界对社会保障有不同想法人们的聚焦点,也是个国际论坛,各国的项目管理者可以在这里比较他们的经验,交流信息并讨论他们各自的问题。

(2) 国际社会保障协会是一个卓越的全球性的中心机构,他收集并传播的信息涉及社会保障的进展、新的经验、对它自身进展产生影响的重大研讨活动以及全世界在这一领域里进行研究的成果。

(3) 国际社会保障协会是其会员的一个工具,用来增强他们的力量,以改善他们人民的社会保护情况,促进他们的合作和技术互助,特别是通过他们人力资源的品质改善,提高他们的管理能力。

2. 如何加入国际社会保障协会?目前该协会有多少会员?

国际社会保障协会只接纳团体会员,不接纳个人会员。

国际社会保障协会从1955年起就存在着两种会员组织,正式会员和联系会员。正式会员:其成员是直接负责管理社会保障一个或更多方面事物的机构，此外，也可是这些机构的联合体（不包括国际组织）。联系会员：其成员是那些宗旨与本协会章程所确定的宗旨相容但又无资格成为正式会员的组织。

为了加入国际社会保障协会，机构团体或组织必须首先向协会秘书处提交一份申请书，明确地陈述自己所在组织的宗旨及开展的主要活动，作为办理入会手续的情况介绍。收到申请书后，协会秘书处会发给申请团体一份详细的文件，帮助申请团体从更多方面了解国际社会保障协会的运作和活动情况，如章程、财务规章、会员名单、有关近期主要出版物的信息、将要召开的会议等。当然也包括提供交纳会费数额和计算方法的细节。同时还提供一份问题调查表和用于确认申请团体符合国际社会保障协会章程的表格。如果申请成为正式会员，还必须填写一份单独的调查表。

这些表格填妥以后，协会秘书处会根据上面的信息审核申请团体的资格。并将符合资格的申请资料提交执行局讨论决定。执行局开会讨论了申请资料以后，秘书处会立即将所做的决定通知申请团体。如被接纳，只有从第一笔会费交到协会之日起才能获得会员资格。

截至2009年3月10日，国际社会保障协会共有来自147个国家的271个正式会员和来自43个国家的84个联系会员，共计分布在153个国家的355个会员组织。

3. 中国的哪些组织加入了国际社会保障协会？

中国政府十分重视国际社会保障协会在世界社会保障领域的作用。中国在国际社会保障协会中具有一名正式会员和五名联系会员资格。

1994年，经中国政府批准，原劳动部代表中国加入该协会，成为正式会员。加入国际社会保障协会后，中国作为亚太地区最大的正式会员机构，与国际社会保障协会及各有关会员组织保持密切的关系，建立了相互了解和相互信任的良好氛围，加强了与世界各国社会保障界的交流，扩大了中国在国际社会保障界的影响。

1994年，中国老龄协会（China National Committee on Aging）成为国际社会保障协会的联系会员。中国老龄协会的前身老龄问题世界大会中国委员会成立于1982年，1985年正式更名为中国老龄协会。中国老龄协会的职责任务是：对我国老龄事业发展的方针、政策、规划等重大问题和老龄工作中的问题，进行调查研究，提出建议；开展信息交流、咨询服务等与老龄问题有关的社会活动，参与有关国际活动；承办国务院交办的其他事项和有关部门委托的工作。

1996年,香港职业安全健康局(Occupational Safety and Health Council)成为国际社会保障协会的联系会员。职业安全健康局于1988年根据《职业安全健康局条例》成立。作为一个法定机构,职业安全健康局致力于改善工作环境,提高企业安全管理水平,从而保障香港宝贵的人力资源。工作包括推广宣传、教育及训练、顾问服务、调查及策略研究、提供资讯,以及促进政府、雇主、雇员和专业及学术团体之间的交流合作。

2003年,国家安全生产监督管理局(State Administration of Work Safety)成为国际社会保障协会的联系会员。

2003年,中国社会保险学会(China Social Insurance Association)成为国际社会保障协会的联系会员。中国社会保险学会成立于2002年6月,是全国性、学术性社会团体。其成立宗旨是,以马列主义、毛泽东思想、邓小平理论和"三个代表"的思想为指导,坚持四项基本原则,贯彻百花齐放、百家争鸣的方针,发扬理论联系实际的学风,组织会员开展社会保险的基本理论和实际问题的研究,为推动社会保险各项制度改革,促进社会保险事业发展,建立健全我国社会保险理论体系和科学的社会保险体系服务。

2007年,中国医疗保险研究会(China Health Insurance Research Association)成为国际社会保障协会的联系会员。中国医疗保险研究会成立于2007年3月,是全国性、学术性社会团体。其成立宗旨是围绕建立多层医疗保障体系、推动其稳健运行和可持续发展,聚集有关人才,开展学术研究,提供政策建议,促进我国医疗保险事业发展,让更多的人享有基本医疗保险。

相关阅读

国际社会保障协会第28届全球大会宣言

2004年,北京

2004年9月12—18日,第28届国际社会保障协会全球大会在中国北京召开。国际社会保障协会151个国家377个会员组织的社会保障主管、决策人员和经办人员参加了大会。

大会集中讨论了社会保障在经济和社会发展中的作用,以及确保良好管

第一章 绪论

理和维护社会保障权利的必要性。大会强调了世界各国完善社会保障体系所进行的改革。大会深切关注如下问题：

- 世界上多数人在年老、残疾、死亡、疾病、工伤事故和失业等方面没有任何正规社会保障的保护，近年来世界上某些地区的社会保障覆盖率甚至在下降。
- 公共讨论主要限于社会保障的费用问题，而社会保障在全球化世界中为经济和社会发展所带来的利益却大多被忽略。
- 人口老龄化往往被视为对社会保障保护的挑战。
- 为确保社会保障计划在财务方面具有可持续性而作出的努力，可能忽视待遇水平是否充分，从而也就忽视了为个人提供的保障水平。
- 这些倾向结合在一起，导致公众对社会保障计划未来的活力缺乏信心，许多公民感到困惑和担忧，不清楚在他们及家人出现困难时能够获得什么保护。

全球大会的主席和副主席宣布，全球大会的发言反映了在以下主要方面达成国际共识：

经济和社会发展之间存在基本联系

社会保障通过支持经济增长和增进社会凝聚力，在促进经济和社会发展中发挥着重要作用。社会与经济发展必须同步进行，而社会保障是实现经济和社会发展的重要因素。

扩大覆盖面

为了减少贫困和实现社会融合，必须将社会保障的覆盖面扩大到那些尚未从任何正规社会保障计划中受益的群体。社会保障是所有减贫战略的核心，必须寻找扩大覆盖面的新方法。

良好的管理与公众的理解

良好的管理是有效社会保障计划的基础。就社会保障进行明确有效的沟通，展开各抒己见的讨论，可以建立公众信心，并使他们作出知情的选择。社会保障计划的管理必须做到诚信，并遵守其所依据的法律。

社会保障权利

政府负责对社会保障权利提供适当保证。这一责任包括建立有效的监督和监管机制,从而保护私营社会保障计划参与者获得待遇的权利。

人口老龄化

人口老龄化对于改革劳动力市场来说,以适应不断发展的全球经济、确保社会保障计划的长期可持续性既是机遇,也是挑战。政府可以在如下领域发挥关键作用:通过改变退休模式延长人们的工作生命,通过技能开发和学习提高人们适应劳动力市场的能力。

结论

社会保障在经济和社会发展中发挥重要的作用。因此,所有国家需要继续努力应对社会保障面临的挑战,并立即采取行动将社会保障扩大覆盖到那些生活在社会边缘的人,使更多的人享有社会保障。

每个国家必须确定其期望并有能力承受的社会保障制度,建立完全反映人民价值观的制度。这并不是由政府单独作出的决定,也不是由社会保障管理部门或者社会伙伴单方面作出的决定。政府对社会保障坚定的支持,对保证社会保障在社会和财政方面的长期可持续性是至关重要的。

国际社会保障协会处于独特的地位,可以帮助全球社会保障机构扩大社会保障覆盖面,提高管理能力和公共服务水平,提高保障水平,并推动各国就社会保障未来发展问题开展更理性的讨论。

因此,国际社会保障协会必须加强并改进其工作,以实现其章程确立的目标:"……在国际上,为促进和发展世界各地的社会保障而进行合作……以便在社会正义的基础上改善人类的社会和经济条件。"

资料来源:国际社会保障协会第 28 届全球大会中国国家组委会提供《国际社会保障协会第 28 届全球大会宣言》,http://www.28issa-china.org.cn/gb/chinese/2004-09/17/content_47639.htm(last visited Dec. 30,2008)。

案例五　2006 年《海事劳工公约》的制定与通过

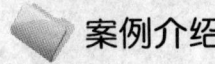

案例介绍

国际劳工组织自 2001 年以来,经过近五年的努力,整合并修订了自 20 世纪 20 年代以来的现有 60 多项公约及建议书,形成了一项综合海事劳工公

第一章 绪论

约,并于 2006 年 2 月 23 日在日内瓦举行了第 94 届大会暨第十届海事大会上以 314 票赞成、0 票反对、4 票弃权的绝对多数通过了该综合《海事劳工公约》。该公约将在达到至少 30 个国家批准且这些国家的商船总吨位占世界商船总吨位的 33% 之日起 12 个月后生效。

《海事劳工公约》在构架上分为三个层次,即正文条款、规则和技术守则,其中守则分为 A 部分的强制性标准和 B 部分的建议性导则。规则和守则在内容上分为五个标题,标题一为"海员上船工作的最低要求",包括最低年龄、体检证书、培训和资格、招募与安置等方面的内容;标题二为"就业条件",包括海员就业协议、工资、工作或休息时间、休假的权利、遣返、船舶灭失或沉没时对海员的赔偿、配员水平、职业和技能发展和海员就业机会等;标题三为"船上居住、娱乐设施、食品和膳食",包括居住舱室和娱乐设施、食品和膳食等;标题四为"健康保护、医疗、福利及社会保障",包括船上和岸上医疗、船东的责任、保护健康和安全保护及防止事故、获得使用岸上福利设施和社会保障等;标题五为"符合与执行",包括检查与发证、港口国控制、船上及岸上投诉程序及船员提供国的应尽的义务等。

《海事劳工公约》适用于任何吨位的通常从事商业活动的所有海船,但专门在内河或在遮蔽的水域或与其紧邻水域或在港口规定适用水域航行的船舶、军船或军辅船、从事捕鱼或类似捕捞的船舶、用传统方法制造的船舶(例如独桅三角帆船和舢板)除外;200 总吨以下国内航行船舶可免除守则中的有关要求。按《海事劳工公约》规定,该公约生效后,舱室标准对现有船舶将不进行追溯。

《海事劳工公约》要求 500 总吨及以上国际航行船舶应持有"海事劳工证书"和"符合声明",并规定公约生效后,缔约国可对非缔约国的到港船舶进行港口国监督检查。

问题与思考

1. 第一个批准《海事劳工公约》的是哪个国家?国际劳工组织采取哪些行动来促进该公约的批准?
2. 《海事劳工公约》的通过有何意义?
3. 《海事劳工公约》的通过对海员维权产生了哪些影响?

Case study 国际劳工标准案例评析

关键概念点评

1. 港口国监督（Port State Control，PSC）：港口国监督是指每个国家都有主权对在其领土管辖区域内作业的外国船舶进行监督。此外，国际海事组织和国际劳工组织在制定的一些国际海事公约中亦规定，各国对到访其港口的外国船舶进行监督检查。港口国监督检查的目的是为了保证外国船舶是适航的，不会造成污染危险，提供健康和安全工作环境和符合有关国际公约。

2. 船旗国（vessel flag nation）：船旗国又称为船舶登记国。国际航行船舶，应向本国或他国政府登记取得国籍并在船尾旗杆上悬挂该登记国的国旗。船舶在登记国政府登记后，应遵守登记国政府的法令和条例，并受登记国的保护。国际航行船舶除了在本国登记，还可根据政治、军事和经济上的需要，选择在他国登记。

3. 国际运输工人联盟（International Transport Workers Federation，ITF）：国际运输工人联盟1896年成立于伦敦，后来移到汉堡。该组织曾因战争停止活动一段时间。1919年在荷兰鹿特丹重新组建，并于1939年迁回伦敦。ITF是国际运输工人工会的联盟。其成立的目的是：①提高工会和人权在世界上的地位，改善运输工人的工作和生活条件。②在社会公正和经济发展的基础上为和平而工作。③保护其成员利益，帮助其成员工会开展活动。④为其成员提供研究和信息服务。⑤向有困难、遇到麻烦的运输工人提供帮助。

4. 国际航运公会（International Chamber of Shipping，ICS）：国际航运公会成立于1921年（当时称为International Shipping Conference，1948年改为现名），主要是由英、美、日等23个国家有影响力的私人船东所组成的协会，协会成员大约拥有50%的世界商船总吨位。国际航运公会成立的宗旨是为了保护本协会内所有成员的利益，就互相关心的技术、工业或商业等问题交流思想，通过协商达成一致意见，共同合作。

5. 国际海事组织（Intergovernmental Maritime Consultative Organization，IMCO）：国际海事组织是根据1948年3月6日在日内瓦举行的联合国海运会议上通过的"政府间海事协商组织公约"（1958年3月17日生效），于1959年1月6日至19日在伦敦召开的第一届公约国全体会议上正式成立的，是联合国在海事方面的一个专门机构，负责海事技术咨询和立法。1975年11

第一章 绪论

月,第9届大会通过了修改的组织公约决定,并于1982年5月22日起改为现名国际海事组织,以加强该组织在国际海事方面的法律地位,使其在海事和海运技术领域起到更大的作用。

案例评析

1. 第一个批准《海事劳工公约》的是哪个国家?国际劳工组织采取哪些行动来促进该公约的批准?

利比里亚于2006年6月批准《海事劳工公约》,成为批准该公约的第一个国家,利比里亚是全球第二大船旗国(总吨计),这是对《海事劳工公约》批准进程的重要支持。为使该公约得到更快和更广泛国家的批准和有效实施,国际劳工组织制定了一个五年行动计划,该计划于2006年9月启动,预计耗资500万美元。在此行动计划下,国际劳工组织将与国际运输工人联盟、国际航运公会、国际海事组织等国际组织和其他政府间组织及非政府间组织进行合作,五年期计划拟达到如下目标:一是使《海事劳工公约》得到多数国家的批准,从而尽快生效;二是为《海事劳工公约》在各国的实施提供基础和制度上的保障。

2. 《海事劳工公约》的通过有何意义?

国际海事界普遍认为,《海事劳工公约》的通过,在世界劳工史和海运史上具有划时代的意义,必将对海事界产生深远的影响,并将构成今后全球质量航运的重要内容。这项被称为全球120万海员的"权利法案",将与国际海事组织的国际海上人命安全公约、国际防止船舶造成污染公约、海员培训、发证和值班标准国际公约一起,构成世界海事法规体系的四大支柱。公约一旦生效也将会对我国船公司的船员管理运作、船员福利待遇、船员职业安全与健康、船员招募与安置、船舶设计与建造等诸方面带来一系列较大的影响。虽然按公约规定的程序,公约生效尚需一定的时间,但造船界和航运界等有关单位应给予高度重视,尽早研究公约的有关要求,以人为本,不断改善船员在船上工作和生活的条件,为公约生效后的实施提前做好准备。

3. 《海事劳工公约》的通过对海员维权产生了哪些影响?

航运业对全球经济作出重大贡献,保障海员享有正当权益已成为国际劳工组织及航运国政府、航运界的共识,也是维护社会稳定构建和谐社会的需要。

(1) 有利于规范招募和安置机构的设置及管理

一是确立招募和安置机构的标准,海员能够利用不向海员收费的高效可靠的系统寻找上船就业的机会,在成员国领土内开办的海员招募和安置服务机构应符合《海事劳工公约》所规定的标准。二是实现海员就业途径的规范简化。三是制止和控制乱收费行为。四是投诉处理机制和补偿机制的完善。

(2) 有利于提高海员的就业条件

《海事劳工公约》标准 A2.1 就业协议 4 条款对就业协议所包含的细节内容,如海员休假、遣返、职业发展、技能培训及就业机会等做了具体明确的规定,为海员的体面就业条件提供了保障。

(3) 有利于提高海员的工资收入和社会福利待遇

一是规定海员的最低工资。公约规定,各成员国应在不损害自由集体谈判原则的前提下,与船东和海员的代表组织协商后,建立确定最低工资的程序并结合生活费用和需求的变化进行调整。为确保最低工资标准的有效性,《海事劳工公约》的通过要求应将船东和海员的代表组织纳入此类程序的制定和运作过程中。二是规定的社会福利待遇。该公约对健康保护、医疗、福利尤其是社会保障等方面做了具体明确的规定,确保各成员国采取切实有效措施为海员的人身、医疗及养老提供更全面、完善的保障。

(4) 有利于促进申诉机制的健全完善

《海事劳工公约》的通过标准 A5.15 船上投诉程序规定海员可通过船上规定程序对违反该公约要求(包括违反权利)的事项提出投诉,并在船长认为必要时,向适当的外部当局进行投诉。

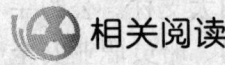

相关阅读

交通部副部长徐祖远在国际劳工(海事)大会上讲话(节选)

以人为本,发展可持续海运

……我今天发言的题目是"以人为本,发展可持续海运"。我想阐明一种观点,那就是,可持续海运体现在它的安全、环保、高效和发展潜力,而一支得到妥善社会保护的高素质海员队伍则是海运可持续发展的前提。

第一章 绪论

一、海运业和海员在世界经济发展中的重要作用

……海运对于国际贸易正发挥着前所未有的重要作用,承担着90%的国际贸易量。在保障国际贸易顺利进行的同时,海运业作为一种服务贸易,其自身也以运费的形式为全球经济增加了不小的份额。随着国际海运市场结构和重心的调整,海运业对于发展中国家经济发展的贡献也越来越大。通过发展国家船队以及海运相关行业,如修造船、港口服务、海员劳务外派等活动,许多发展中国家获得了实际的经济利益。在一些国家和地区,海运及相关服务业已成为经济发展的重要支柱。

……

正是通过这些来自世界各地的海员的贡献和付出,保障着船舶和船上旅客生命的安全,防止船舶造成海洋环境污染,实现着公司的商业利益,推动着经济全球化的实现。我很欣赏近来关于海员作用的一种流行说法:"没有海员的贡献,有一半世界在受冻,另一半世界在受饿"。作为一名在海上工作了12年的老海员,我感到非常自豪。

二、海员职业所面临的问题

但我们也不能回避这个职业所面临的问题。海员曾经是个很有吸引力的职业,高工资、长休假的待遇,周游世界、海上冒险的感觉和受人尊重的社会地位掩盖了这个职业的自然艰辛,如工作强度高、远离家人、伤病风险大等,以及一些长期存在的人为困苦,如一旦被个别不负责任的船东雇用后权利受到侵害、没有健康卫生的船上环境、工资得不到支付、病伤得不到医治、甚至被虐待和被遗弃等。

近年来,由于技术进步和海运业不断进行的结构调整,船舶运营周转越来越快,靠港时间越来越短,海上安全、环保、和保安等方面的法律法规为船员规定了更多的职责和任务,使海员职业的传统吸引力受到了很大的冲击。另外有些船东为了片面追求商业利益,不能为海员提供体面的生活和工作条件,海员的待遇与岸上工人相比已经失去了优势。另外,一些国家出于加强保安的需要,海员在港口上岸休息受到很大的影响,几起重大油污事故的发生又引发了对海员追究刑事责任的势头。这种趋势对于航运业将产生深层次的影响,包括挫伤现有海员的工作士气,也非常不利于吸引有才华的青年人

上船工作。不难预料,这些海员职业面临的新问题会对未来航运的发展产生致命的影响。

三、保护海员与发展可持续航运

现代船舶技术更先进,航行更安全,承载能力更强,对环境保护的力度更大。但是,海上航行仍是个高风险的职业。尽管海上事故数量近年来呈下降的趋势,但每年仍有很多海员在海上事故中伤亡,造成了大量的财产损失,海洋环境受到破坏。海上事故造成的生命财产损失和环境污染是判断海运活动可持续性的核心指标,而是否能够不断减少海上事故的核心因素是海员队伍的整体素质。只有经过严格的教育和培训的有经验、有才能、有士气的海员,才是海运业能够可持续性发展的基本前提。为此,我们必须正视海运业,特别是涉及海员的有关问题,并把它提到行业的发展政策和经济运行方针的高度上来分析和解决。

我们高兴地注意到,多年来,国际劳工组织在保护海员的基本权利、改进海员的工作和生活条件方面作出了不懈的努力。国际劳工组织通过的大量海事劳工公约和建议书有力地促进了海员权利的维护,对海运业产生了深远的影响。劳工局关于"海运业中的体面劳动"计划,有效地推动了各国对海员社会保护问题的重视和对海事劳工标准的实施,同时也为海运业吸引和留住优秀人才作出了积极贡献。我深信,经过多年努力而即将形成的《海事劳工公约》的通过的实施,将会有效地统一全球海员劳动保护和管理的法律与实践,必将对海运业的可持续发展带来革命性的进步……

资料来源:交通部副部长徐祖远在国际劳工(海事)大会上讲话,http://www.gov.cn/gzdt/2006-03/01/content_214710.htm (last visited Dec. 30, 2008)。

第二章
国际劳工标准的制定

〔阅读提示〕

国际劳工组织成立于1919年,是联合国机构中历史最悠久、地位十分重要的一个专门机构。国际劳工组织的总部设在瑞士的日内瓦。国际劳工组织的正式成员必须是独立的国家,即拥有主权的国家。国际劳工组织的主要机构包括国际劳工大会、理事会、国际劳工局、地区会议、部门会议。本章的案例选取了国际劳工大会的议程,强调了国际劳工组织的目标与宗旨,介绍了国际劳工组织的主要活动以及介绍了国际劳工组织的独立机构——都灵国际培训中心的运作情况。

案例一　中国政府代表在第97届国际劳工大会上的发言

 案例介绍

第97届国际劳工大会于2008年5月27日至6月13日在瑞士日内瓦举行,来自国际劳工组织182个会员国政府、工人和雇主代表4 000多人参加会议。

6月10日下午,人力资源和社会保障部副部长胡晓义代表中国政府发言,阐述对全球化背景下劳动保障领域面临挑战的看法,强调国际劳工组织中政府、工人和雇主三方成员加强交流与合作,关注社会公正与正义,为实现全球化背景下发展经济、消除贫困和体面劳动的目标而共同努力。胡晓义在发言中还介绍了中国抗震救灾和灾后重建采取的一系列维护和保障劳动者权益的紧急措施,彰显中国政府以人为本、构建和谐社会的执政理念。内容如下:

加强国际合作:消除贫困实现体面劳动

主席先生:

　　首先祝贺您当选本届大会主席。中国政府认为,国际劳工组织多年来为推动实现体面劳动作出了积极努力,总干事向本届大会提交的《体面劳动:面临的战略挑战》的报告是这一努力的又一体现,报告提出了体面劳动议程面临的众多挑战和本组织今后的工作方向。

　　主席先生、各位同行:

　　当我站在这个讲台上发言的时候,我的祖国正处于历史罕见的特大地震所造成的巨大灾害和痛苦之中。几万人死亡,几十万人受伤,几百万人失去自己的家,上千万人受到灾害影响。但是,中国没有被艰难困苦压倒。全国人民万众一心,相互支援,正在有力、有序、有效的组织下,进行着抗击灾害、重建家园的英勇顽强的战斗。我为我的祖国感到骄傲!我为我伟大的13亿同胞感到骄傲!同时,我也对近一个月来国际社会、各国政府和人民对处于灾害中的中国人民的关怀、支持和援助表示衷心的感谢。你们的同情、慰问和支援让我们深深感到:在巨大的天灾面前,有无数的人与我们在一起,让我们感受到温暖和鼓舞。

　　在巨大的灾难中,中国在继续发展前进,中国的劳动就业和社会保障工作也承担起新的责任。当强烈余震还在持续的时候,政府各级人力资源和社会保障部门已经积极行动起来,采取了一系列维护和保障劳动者权益的紧急措施:

　　第一,紧急安排政府资金和社会保障资金,保证灾区受伤民众的医疗救治。

　　第二,对在抢险救灾中和在工作岗位上因灾伤亡的职工及时进行工伤认定、抚恤和赔付。

　　第三,对灾区劳动者在外地工作的,进行慰问和安抚,提供通讯渠道帮助他们与家人联系;要求回乡救灾和探寻亲人的,提供交通便利,并尽可能安排带薪休假,而不允许扣减工资和解除劳动关系。

第二章　国际劳工标准的制定

第四，组织国家重点技工院校积极接收灾区技校学生转校继续完成学业，并优先招收灾区孤儿中的初、高中毕业生。

第五，大力开展灾区就业援助。广泛收集适合灾民的就业信息，开展有组织的劳务输出；将救灾的相关工作纳入公益型岗位范围，通过提供岗位补贴和社保补贴等，鼓励受灾企业重建中吸收灾民就业；通过提供小额担保贷款等优惠政策鼓励灾民自主创业。

第六，及时抢救和恢复因灾受损的社会保障数据信息，统筹使用风险调剂基金，保证灾后的养老金等社保待遇的及时足额发放。

第七，组织对口支援，全国的人力资源和社会保障部门帮助灾区的同类部门重建面向公众的服务窗口，如人力资源市场和社保经办系统。

以上这些举措，是中国政府以人为本、构建和谐社会的执政理念的体现，我们相信，它的成功实施，也将为体面劳动的实现提供新的范例和经验。

主席先生、各位同行：

灾难终将过去，生活还要继续。中国政府愿意继续加强与国际劳工组织和各成员的交流与合作，分享经验和信息，推动本组织加强能力建设，促进体面劳动由共识变为更加积极的行动，为实现全球化背景下发展经济、消除贫困和体面劳动的目标而共同努力。

谢谢主席先生。

资料来源：作者根据人力资源和社会保障部网站《胡晓义副部长在第 97 届国际劳工大会上发言》整理，http://www.mohrss.gov.cn/mohrss/index.html（last visited Dec. 20，2008）。

问题与思考

1. 国际劳工大会由哪些成员构成？
2. 国际劳工大会的主要任务有哪些？
3. 1999 年以来历届国际劳工大会的主要议题是什么？
4. 第 97 届国际劳工大会进行了国际劳工组织理事会的改选，我国在这次改选中成绩如何？

关键概念点评

1. 国际劳工大会（International Labor Conference）：国际劳工大会又称

Case study 国际劳工标准案例评析

为"国际劳工议会"(International Parliament of Labour),是国际劳工组织的最高权力机关,在正常情况下,每年6月在瑞士日内瓦召开大会。

2. 人力资源和社会保障部(Ministry of Human Resources and Social Security,MHRSS):中华人民共和国人力资源和社会保障部是依据2008年第十一届全国人民代表大会的决议在人事部、劳动和社会保障部的基础上建立的,其职责主要履行原属人事部的职责和原属劳动和社会保障部的职责。

3. 中华全国总工会(All China Federation of Trade Unions,ACFTU):中华全国总工会是中华人民共和国境内唯一全国性工会联合会。中华全国总工会是各级地方工会和产业工会的领导机关,其下有中国内地31个省级总工会和多个全国性产业工会。

4. 中国企业联合会(China Enterpris Confederation,CEC,或称中国企联):中国企业联合会是经中华人民共和国民政部注册登记、非营利的全国性社会团体法人。中国企业联合会是企业和企业团体的联合组织,代表企业参加由中华人民共和国人力资源和社会保障部、中华全国总工会和中国企业联合会组成的国家协调劳动关系三方会议。

案例评析

1. 国际劳工大会由哪些成员构成?

在正常情况下,国际劳工大会每年6月在瑞士日内瓦召开一次大会。由各会员国派三方代表团参加。其三方成员的比例与大会相同,即政府代表等于工人代表和雇主代表之和。每个代表团由2名政府代表、1名雇主代表、1名工人代表和若干名顾问组成。通常由各国负责劳工事务的内阁部长担任团长,并代表其政府在大会上发言,阐述其政府的观点。每名代表对大会所审议的一切事项享有单独表决的权利。顾问有发言权,但没有表决权。

2. 国际劳工大会的主要任务有哪些?

国际劳工大会担负以下几项主要任务:

(1) 制定和修订以国际劳工公约和建议书为形式的国际劳工标准。

(2) 监督国际劳工公约和建议书在各会员国的执行情况。审查所有会员国政府按要求提交的执行公约情况的报告。

(3) 自国际劳工组织通过了1998年的《关于工作中基本原则和权利宣言

第二章 国际劳工标准的制定

及其后续措施》后，国际劳工大会的又一项重要职能是按照该文件的后续活动所要求的检查由国际劳工局准备的总报告，以每4年作为一个循环期，国际劳工大会将依次检查总报告所涉及的四项基本权利：结社自由和有效地承认集体谈判的权利；消除一切形式的强迫或强制劳动；有效地废除童工劳动；消除就业和职业歧视。

（4）大会同时也是一个论坛，对全世界至关重要的社会问题和劳工问题可以自由地、积极地进行讨论。但讨论的中心议题每年都是由国际劳工局局长决定的。

（5）大会通过相关决议，为国际劳工组织的总决策和未来活动提出指导性的方针。

（6）每两年审议国际劳工组织的两年工作计划和预算。

3. 1999年以来历届国际劳工大会的主要议题是什么？

历届国际劳工大会主要议题见表2—1。

表2—1　　　　　　历届国际劳工大会主要议题一览表

年份	届数	主题报告
1999	88届	体面的劳动
2000	89届	反对强迫劳动
2001	90届	减少体面劳动方面的缺陷：全球性挑战
2002	91届	努力消除贫困
2003	92届	一个公平的全球化：国际劳工组织的作用
2004	93届	一个公平的全球化：为所有人创造机会
2005	94届	创造体面劳动
2006	95届	变化中的劳动世界
2007	96届	体面劳动：工作中的平等
2008	97届	体面劳动：未来战略挑战

4. 第97届大会进行了国际劳工组织理事会的改选，我国在这次改选中成绩如何？

中国雇主组代表——中国企联执行副会长兼理事长陈兰通再次高票当选雇主组副理事。此次当选是国际雇主组织和各国雇主组织对中国企联上届担任雇主组副理事以来，在国际劳工领域所作出贡献的充分肯定和高度赞赏，显示了对中国雇主代表在国际劳工组织内捍卫和维护雇主利益能力的信心，为中国企联增进与各国雇主组织的交流与合作、参与国际劳工事务的讨论和决策,提供了更为广阔的空间。

中国工人组代表——中华全国总工会国际部部长江广平成功高票当选工人组副理事。中国工人代表的成功当选扩大了国际劳工组织理事会工人组的代表性、广泛性和包容性,体现了世界上绝大多数国家特别是发展中国家工会对中国工会在国际劳工事务中发挥更大作用的信任与期待,有利于中国工会在国际劳工组织决策机构中发挥作用、参与决策,有利于中国工会更好地代表和维护包括中国在内的广大发展中国家工人的利益,有利于为我国社会主义现代化建设创造良好的外部环境多做工作。

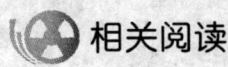相关阅读

中国工会代表在第 96 届国际劳工大会上的发言

致力于可持续发展　共享经济社会发展成果

(2007 年 6 月 11 日日内瓦)

徐振寰

主席先生:

首先,祝贺你当选为本届国际劳工大会的主席,也祝贺三位副主席的当选。我相信,在你们的主持下,本届劳工大会将取得预期成果。总干事向本届大会提交的报告表明,体面劳动逐渐得到各方认同,但实现体面劳动的目标任务仍很艰巨,维护劳动者合法权益、实现工作场所的平等,消除就业歧视,仍然需要各国政府和社会伙伴继续努力。国际劳工组织还需要加大对三方成员的支持,帮助成员国实现经济发展和社会正义。

过去一年,中国继续坚持改革开放,坚持以人为本的科学发展和构建和谐社会,经济和社会取得重大发展。中国工会坚持走中国特色工会发展道路,认真贯彻"组织起来、切实维权"的工作方针,紧紧围绕建立和谐稳定的劳动关系,坚持以职工为本,主动依法科学维权,在组织职工、引导职工、服务职工和维护职工合法权益中发挥着积极作用。

主席先生:

当前,经济全球化深入发展,给劳动世界带来了机遇和挑战。要顺应时

第二章 国际劳工标准的制定

代发展的潮流,抓住机遇、迎接挑战,还需要各国政府、工会和雇主的共同努力。为此,中国工会主张:

——致力于和平发展、科学发展。只有坚持可持续的科学发展,才能实现经济、社会全面进步。我们倡导的发展,是科学的发展、和平的发展、和谐的发展、共同的发展。科学发展的核心是以人为本,关键是全面协调可持续发展。中国坚定不移地走和平发展道路,坚持经济社会又好又快发展,致力于同世界各国人民一道,共同推动建设一个持久和平、共同繁荣的和谐世界。

——致力于共建共享的和谐劳动世界。我们主张构建和谐社会、和谐劳动关系和和谐企业。在发展和谐社会中,共同建设、共同享有;在发展和谐劳动关系中,公平正义,互利共赢;在构建和谐企业中,效益共创,利益共享。总之,发展为了人民,依靠人民,发展成果由人民共享。既促进经济发展,又切实维护职工权益,努力推动构建和谐的劳动世界。

——致力于推动国际工会运动和谐发展。世界是丰富多彩的。各国经济发展水平不同,社会制度存在差异,这决定了国际工会运动也是丰富多彩的,世界上没有也不可能有统一的工会发展模式,各国工会需要从本国的国情、会情出发,确定自己的发展道路。中国工会主张各国工会政治上相互尊重,和谐相处;经济上共同繁荣,互利共赢;文化上相互借鉴,取长补短;组织上模式多样,丰富多彩,各国工会平等参与国际工运事务,在独立自主、相互尊重、平等友善、民主协商的原则基础上,加强对话、交流与合作,共同推动国际工会运动的和谐发展。

主席先生:

应对劳动世界的各种挑战,国际劳工组织任重道远。我们呼吁国际劳工组织更加注重加强自身能力建设和提高决策水平,切实造福于各国劳动人民。中国工会愿一如既往,与各国工会一道,为实现各国劳动人民共同建设、共同享有的和谐劳动世界而共同努力。

谢谢。

资料来源:作者根据中国企业联合会网站《中国致力于可持续发展共享经济社会发展成果》的资料整理,http://www.cec-ceda.org.cn/qynews/mb.php?id=30182&t_id=1(last visited Dec. 20, 2008)。

案例二 反对童工世界日

 案例介绍

2008年6月12日是全球第七个"反对童工世界日"。

此次反对童工世界日的主题是"教育：童工应享有的权利"（Education：The Right Response to Child Labor）。国际劳工组织认为通过在世界各地的广泛宣传，使得相关各方意识到让所有儿童接受教育（至少也要保证最低就业年龄的儿童），通过正确的教育政策给儿童提供素质教育和技能培训，才是解决童工问题的根本所在。政府的重视和支持是一个国家在消除童工斗争中取得进展的最重要因素，而教育的普及则是消除童工最有效的手段。

教育与消除童工现象之间有着重要联系，过早地开始工作将阻碍儿童接受教育，而无法获得或负担教育也是儿童从事工作的推动因素之一。根据教科文组织的数据显示，2006年，全球小学适龄儿童中有7 500万人失学，比1999年的1.03亿有所下降。同时，近年来童工人数也出现下降，2004年，从事经济活动的五岁至十四岁儿童比四年前减少了2 000万，但总数仍较高，为1.91亿，其中1.65亿为童工。

教育可帮助受到经济和社会双重排斥的儿童和青年摆脱贫困。受教育的权利是基本的人权。孩子们需要接受良好的高质量的教育和培训，他们只有获得足够的技能，才能使他们成功地在劳动力市场上谋求到体面的劳动。

教育投资对一个国家来说也是受益颇丰的投资。国际劳工组织最近的一项研究发现，消除童工劳动和普及教育可以产生重大的经济利益，在全球范围内的收益超过成本的比率，超过6∶1。接受了有益教育长大的父母，他们更愿意把自己的子女也送去上学。

提供高质量的强制义务教育是减少童工现象的重要政策手段。各方应致力于确保儿童在达到就业最低年龄之前获得良好的教育和技能培训，推动全民教育的策略和措施中应纳入减少童工现象的目标，儿童工和其他边缘团体的儿童的教育权利应得到关注。

为发挥普及教育对于解决童工问题的重要作用，劳工组织正在协调联合国各机构、教师以及民间社会的代表等各方的合作，以加强帮助儿童工获得

第二章 国际劳工标准的制定

教育机会的努力。在联合国千年发展目标中也提到："到 2015 年，所有男童和女童都能完成全部小学教育课程，并且有性别平等教育。"必须禁止童工劳动，并解决贫困家庭的孩子上学问题，该目标才有可能实现，可以采取以下几个步骤：

- 提供免费义务教育。
- 消除女童受教育的障碍。
- 确保儿童有机会进入学校得到一个安全和高质量的学习环境。
- 为错过了正规学校教育的儿童和青年提供后续的教育机会。
- 解决全球师资短缺的情况，并确保提供适当的培训以壮大专业的教师队伍。
- 加强国际和国内对于童工劳动和教育的立法。
- 解决贫困问题，并创造体面工作的成年人。
- 提高公众认识到解决童工问题。

尽管教育的重要性已日益凸显，但如何让更多童工享有这份权利仍是一个难题。由于贫困等原因，许多家长无力支付教育费用。此外，许多家庭选择将男孩送入学校，而让女孩出去工作。严峻的现实导致全球众多儿童没有接受过任何教育，或接受教育的时间远远短于工作时间。此外，教育质量参差不齐则是另一个令人担忧的问题。许多面向穷人开放的学校缺乏必要的基础设施和师资力量，进而影响儿童受教育的效果。

为让更多儿童接受良好教育以进一步消除童工现象，国际劳工组织呼吁各国加大对免费义务教育的投入、消除教育中的性别障碍、为童工提供受教育的机会、通过立法保障儿童和童工受教育的权利，并通过改进基础设施和提高师资水平保证教育质量。

资料来源：作者根据国际劳工组织网站《反对童工世界日》翻译整理，http://www.ilo.org/ipec/Campaignandadvocacy/WDACL/2008/lang--en/index.htm（last visited Dec. 22, 2008）。

问题与思考

1. 历届"反对童工世界日"的主题是什么？
2. 全球范围内童工劳动的现象是否普遍？

Case study 国际劳工标准案例评析

关键概念点评

1. "反对童工世界日"(the World Day Against Child Labor):2002年6月,国际劳工组织在瑞士日内瓦召开的第90届国际劳工大会决定将每年的6月12日定为"反对童工世界日",呼吁世界各国密切关注日益严重的童工问题,并采取切实有效的措施加以解决。

2. 义务教育(compulsory education):义务教育是指政府有义务运用公共资源保障所有适龄儿童接受的教育。义务教育的三个基本原则是强制、普遍与免费。凡是适龄儿童都应强制接受教育的义务,并且教育对象没有阶级或是出身的限制,此外还必须是免纳学费的。《世界人权宣言》第26条第一款指出:"人人都有受教育的权利,教育应当免费,至少在初级和基本阶段应如此。初级教育应属义务性质。"现代大部分的国家和地区都有实施义务教育,但年数和成效不一。

3. 社会排斥(social exclusion):社会排斥是指某些个人、家庭或社群缺乏机会参与一些社会普遍认同的社会活动,被边缘化或隔离的系统性过程,这个过程具有多维的特点,并表现为被排斥者的经济、政治、社会、文化及心理诸方面的长期匮乏。

4. 联合国千年发展目标(United Nations Millennium Development Goals, MDGs):2000年9月联合国首脑会议上由189个国家签署《联合国千年宣言》,正式承诺在2015年之前将全球的贫困水平降低一半(以1990年的水平为标准)。联合国千年发展目标包括消除极端贫穷和饥饿、普及小学教育等八个方面的内容。

案例评析

1. 历届"反对童工世界日"的主题是什么?

历届"反对童工世界日"主题见表2—2。

2002年,"一个没有童工的未来"的主题显示了废除童工已经成为新的千年的一个全球性事业。童工劳动在世界各地呈现出不同的表现形式,新的数据揭示出更加复杂的现象。国际劳工组织呼吁三方(政府、雇主组织和工人组织)和其他行为者在国际、国家和地方三个不同的层级,开展全球运动,

第二章 国际劳工标准的制定

表 2—2　　　　　历届"反对童工世界日"主题一览表

年份	主题	重点领域
2002	A Future Without Child Labour	一个没有童工的美好未来
2003	Trafficking in Children	禁止贩卖童工
2004	Behind Closed Doors: Child Domestic Labour	阻止儿童家佣从事过度的家务劳动
2005	A Load too Heavy: Child labour in Mining and Quarrying	煤矿和采石业的童工
2006	The End of Child Labour: Together We Can Do It	呼吁全球范围内结束童工劳动
2007	Child Labour and Agriculture	在农业领域结束童工劳动
2008	Education: The Right Response to Child Labour	教育：童工应享有的权利

资料来源：作者根据国际劳工组织官方网站翻译整理，http://www.ilo.org/ipec/Campaignandadvocacy/WDACL/2002/lang--en/index.htm (last visited Dec. 22, 2008)。

反对童工劳动。

2003年，贩卖儿童是一种最恶劣形式的童工现象。据估计全球约有120万儿童被贩卖到农业、采矿业、工厂工作，甚至加入武装战斗和不法生意中。这种可怕的形式剥削儿童的问题是全球日益关注的重点。国际劳工组织将注意力集中于在世界各地发生的贩卖儿童现象，必须采取行动防止和制止这种做法，如果任其发展，被贩卖的儿童的人数可能持续上升。

2004年，儿童家佣是指那些在雇主家从事家庭服务工作的未成年儿童。目前世界各地普遍存在儿童家佣问题。这些儿童被剥夺了他们所应享有的权利，没有接受教育的机会，被迫长时间地劳动，领取低工资或没有工资，甚至随时面临被贩卖、奴役或被迫从事对儿童身心健康造成危害和伤害的工作的危险。为解决这一问题，国际劳工组织拟订了一个预防和保护儿童家佣的计划，并提出一个将工作条件恶劣、工资低的童佣转移和改善他们工作条件的双重战略。

2005年，在全球约2.5亿童工中大约有100多万人在矿场和采石场工作。根据国际劳工组织第182号公约，矿场和采石场的工作被界定为最恶劣形式的童工劳动，儿童被剥夺了基本的自由，并可能会遭受严重的职业病危害。

2006年，在全球范围内结束童工劳动是可以实现的，自2002年设立"反对童工世界日"以来，童工现象减少与最恶劣形式的童工下降最显著。虽然经济发展很重要，但童工现象不会自行消除。需要发展中国家在打击童工劳动方面制定有具体时限的行动计划，而不能等待国家富裕后，再采取行动。

Case study 国际劳工标准案例评析

2007年，在全世界，农业是存在童工数量最大的行业，几乎占全部童工数量的70%。全球大约有超过1.32亿、年龄在四五岁的男童与女童在农场和种植园工作，从事种植和收割农作物、喷洒农药、照料牲畜等工作。农业与采矿业、建筑业一样，属于三个最危险的职业工作。国际劳工组织正积极与相关的国际机构合作消除童工在农业，特别是有害的农业工作的情况。

2. 全球范围内童工劳动的现象是否普遍？

童工劳动是一个世界性的问题：在非洲，战乱使儿童沦为娃娃兵；在亚洲，贫困使大批儿童不得不离开学校在工厂打工；在北美的农场，目前大约有30万到80万的童工；在欧洲的街道上，人们也可以发现年仅15岁或者更小的女孩沦为妓女。在世界各地，数以亿计的女孩和男孩被剥夺了受教育的权利，失去基本的自由，无法得到足够的卫生保健服务，个人生存和发展的权利受到侵犯。

2002年5月初，国际劳工组织发表了一份题为《全球报告——没有童工劳动的未来》的报告，该报告指出，全球有2.46亿童工，这意味着全球每6个儿童中就有1人是童工；在这2.46亿童工中，有1.8亿从事最恶劣形式的劳动。如工作在危险的环境，奴役，或其他形式的强迫劳动，非法活动（如贩毒、卖淫、卷入武装冲突等）。

在性别比例方面，童工中男性和女性各占一半，其中男孩稍多。在从事最恶劣形式童工劳动的儿童中，男孩约占55%。没有哪个国家是无童工劳动的国家。发达国家有250万童工，其中2%为14岁及14岁以下从事劳动的儿童。另外250万童工生活在经济转轨国家，如前苏联国家，约4%的儿童从事劳动。全世界童工的大部分在非正规经济部门工作，因此缺少法律保护。大多数童工在农场和种植园工作。其中，70%在农业、商业狩猎、渔业和林业部门工作；8%在制造业工作；8%在批发和零售业、餐馆和旅馆业工作；7%在社区、社会和个人服务业，如在家政服务行业工作；4%在运输、仓储和通信业工作；2%在建筑业工作；1%在采矿和采石业工作。全球年龄低于10岁的童工有730万。

全球范围内童工劳动的现象十分普遍。

资料来源：作者根据国际劳工组织2002年报告《全球报告——没有童工劳动的未来》整理，国际劳工局. 全球报告——没有童工的未来. 日内瓦：国际劳工局，2002年中文版。

第二章　国际劳工标准的制定

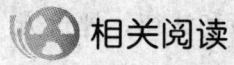 相关阅读

消除童工国际计划简介

1992 年，国际劳工组织发起了一项名为"消除童工国际计划"（International Programme on the Elimination of Child Labour，IPEC）。通过开展世界性的运动，打击童工现象，最终达到逐步消除童工劳动的目标。截至目前，已经在全球 88 个国家开展活动，61 个国家签署了备忘录。它是国际劳工组织在技术合作方面最大的业务，在 2006 年的经费支出已达 7 400 万美元。

参与该计划的合作伙伴不仅仅是政府、雇主组织和工人组织这三方成员，还包括国际机构、私营企业、社区基层组织、非政府组织、媒体、议员、司法部门、大学、宗教团体，当然还有儿童和他们的家庭。

"消除童工国际计划"也是国际劳工组织实现体面劳工的一个重要手段。童工现象不仅会妨碍儿童获得的技能和教育，而且会降低国家的市场竞争力、生产力，影响国家的经济。帮助退出童工劳动的儿童，为他们提供教育和帮助他们的家庭提供培训和就业机会，可以为未来直接提供体面工作的成年人。

"消除童工国际计划"的目标是防止和消除一切形式的童工劳动，优先目标是立即采取行动消除最恶劣形式的童工劳动。根据国际劳工组织 1999 年《最恶劣形式童工劳动公约》（第 182 号）的界定，以下形式都属于最迫切需要消除的：

- 一切形式的奴隶制或类似奴役的做法。
- 出售和贩卖儿童。
- 债役和奴役和强迫或强制劳动，包括强迫或强制招募儿童用于武装冲突。
- 使用、招收或提供儿童卖淫、生产色情制品或进行色情表演。
- 使用、招收或提供儿童从事非法活动，特别是对生产和贩运毒品所界定的有关国际条约。
- 很可能损害儿童健康、安全的工作。

为了达到以上目标，"消除童工国际计划"通过与政府沟通制定相应的方案，促进政策改革，积极建设基础教育设施，协调各方力量实施具体的措施，通过宣传和动员旨在改变社会态度，并促进批准和有效实施国际劳工组织童工的公约。这些努力帮助数以十万计的儿童离开劳动力市场。该计划还配有

Case study 国际劳工标准案例评析

专家搜集资料,积累丰富的数据,进行定性研究,分析政策和法律,评价方案和监督童工,推广成功的做法,提供咨询和培训服务。

资料来源:作者根据国际劳工组织网站资料翻译整理,http://www.ilo.org/ipec/lang-en/index.htm(last visited Dec. 22, 2008)。

案例三 职业安全卫生日的由来

 案例介绍

伴随着工业化的进程,工伤事故的发生越来越频繁。工伤所造成的直接后果是伤害到工人生命健康,并由此造成工人及家庭成员的精神痛苦和经济损失。工伤给受害者及其家庭带来了极大的不幸,企业、整个国民经济和社会也为此付出代价。正如《国际劳工组织章程》所指出的那样,恶劣的劳动条件"使大量的工人遭受不公正、苦难和贫困,导致如此巨大的不安定,竟使世界和平与和谐遭受危害","保护工人免受来自就业的疾病、损伤"乃是"普遍而持久和平"的前提。

起先是工人们自发的为因工作受伤或死亡的工友举行悼念活动。在1989年,美国和加拿大工人在为因工作受伤或死亡的工人举行悼念活动时,就萌生了设立纪念日的想法,这样做可以让严重的职业安全卫生问题引起国际社会的关注,进一步弘扬工作安全与健康文化,从而减少工伤死亡人数。

然而国际劳工组织当时并没有支持这一做法。因为国际劳工组织认为工作应该是安全的,不接受"工作必然产生工伤与职业病"的理论。1996年,联合国与全球工会(Global Union)的一个代表团点燃了纪念蜡烛和香,以悼念在工作中死亡或患病的工人,促进"体面劳动"和可持续性工作场所的开展。自1996年在联合国举行纪念活动后,国际劳工运动每年都在全世界范围内开展纪念和促进"国际死难工人纪念日"的活动。直至2001年4月24日,国际劳工组织批准将4月28日作为职业安全卫生日。自那时起,国际劳工组织每年将关注并支持各国开展纪念活动。国际劳工组织设计了边框为黄黑相间的为全体劳动者预防、安全和健康的世界职业安全卫生日象征图案,并且在其官方网站提供活动日程表、宣传海报的下载服务,及时发布新闻和简报,等等。

最近几年,全球生产事故持续增长。据国际劳工组织估计,世界范围内

第二章 国际劳工标准的制定

每年约发生2.7亿起职业事故，200万人死于职业事故和与工作相关的疾病，1.6亿人遭受职业病。每年约增加90万起职业病新病例。约有17万农业工人因工作而死亡，几百万农业工人因农药中毒或因农机事故造成严重受伤，约4万人因农药中毒而死亡。石棉每年夺去约10万人的生命，在未来的20年内，石棉将会使100万人丧生。建筑场所每年约有5.5万人死亡。

发展中国家因工伤亡人数比发达国家更严重，因为大量的工人在原始而分散地从事生产活动，如农业、伐木、渔业和采矿——当今最危险的作业。有些中东和亚洲国家的工伤死亡率是安全生产水平高的国家的四倍以上。某些工作风险可能高于安全生产水平较好的国家十倍或一百倍。与此同时，各国工伤保险水平也千差万别，北欧国家工伤保险覆盖率是100%；某些发展中国家却不足劳动力的10%；而在某些发达国家工伤保险率也不足劳动力的50%。有些国家没有可靠的事故统计系统，安全生产问题更严重。

问题与思考

1. 历届职业安全卫生日的主题是什么？
2. 世界各国在职业安全卫生日这天都开展哪些活动？
3. 国际劳工组织在保护职业安全与卫生方面开展了哪些活动？

关键概念点评

1. 工伤（industrial injury）：工伤又称为职业伤害、工作伤害，是指劳动者在从事职业活动或者与职业活动有关的活动时所遭受的事故伤害和职业病伤害。

2. 职业病（occupational diseases）：职业病是指进行生产的劳动者在本职业的工作环境中由于所存在的一些有害因素而导致的疾病。各国法律都有对于职业病预防方面的规定，一般来说，凡是符合法律规定的疾病才能称为职业病。各国法律对职业病的标准不尽相同，但是，一般来说，尘肺病、职业性皮肤病以及汞、锰、苯、一氧化碳、三硝基甲苯、砷等的职业中毒都算做是职业病。

3. 职业健康：国际劳工组织1981年《职业安全和卫生公约》（第155号）

对职业健康作出如下定义:"与工作有关的'健康'一词,不仅指没有疾病或并非体弱,也包括对于与工作安全和卫生直接相关的,影响健康的身心因素。"这个定义考虑了"健康"的生理和心理两方面的因素,指出了工作场所各种危害因素与工作环境因素对个人生理因素、心理因素的影响之间的复杂联系。

4. OHSAS18000:OHSAS18000 的全称为 Occupational Health and Safety Assessment Series 18000,是一国际性安全及卫生管理系统验证标准。OHSMS 之所以发展,主要为解决客户群在面对诸多验证机构自行开发的安卫管理系统验证标准时,如何取舍的问题;以及取代知名度较高的 BS8800(仅为指导纲要,而非验证标准)而成为可正式验证的国际标准。

案例评析

1. 历届职业安全卫生日的主题是什么?

2001 年的主题是"加强安全卫生,促进公众健康"。全球有 100 多个国家在 4 月 28 日开展了纪念活动。国际劳工组织局长点燃一支巨型蜡烛,纪念因为工作而受伤或死亡的工人。而且在后续几天至 5 月 1 日国际劳动节继续开展相应的活动。

2002 年的主题是"重视应急救援人员的安全"。应急救援人员包括消防战士、消防司机、护士或警察等,他们担负着抢救别人生命的神圣使命。4 月 29 日,国际劳工组织在总部举行了一场特别活动,邀请了纽约消防战士参加,请他们介绍在"911"世贸大楼应急救援中的英勇事迹。国际劳工组织希望通过开展纪念活动,以使世界各国重视应急救援人员的安全问题。

2003 年的主题是"全球一体化的职业安全卫生文化"。据国际劳工组织估算,全球每年因职业事故和与工作有关的疾病而死亡的人数约为 200 万人,每天约有 5 000 名工人死亡。全球化的发展直接影响着企业的职业安全卫生状况。这里既有积极影响,又有消极影响。拥有成熟健康的企业安全卫生文化既是解决职业安全卫生难题的金钥匙,又是迎接全球化挑战的基本条件。

2004 年的主题是"建立并弘扬职业安全卫生文化",并还有三个子主题,即工作场所危险化学品、工作场所暴力和工作场所肺病。世界各国可结合本国的特点,侧重开展工作场所危险物质检查、防止工作场所暴力事件发生以

第二章 国际劳工标准的制定

及工作场所尘肺病预防等。国际劳工组织鼓励并欢迎各界人士积极参与世界职业安全卫生日活动,让职业安全卫生信息传播全球。

2005年的主题是"建立并保持预防性职业安全卫生文化"。国际劳工组织希望通过建立和保持一种预防性的职业安全卫生文化,特别是开展建筑安全与卫生以及在工人中普及职业安全与健康知识,利用一切可以利用的方法,提高人们对安全健康的普遍认识、知识水平和对职业危害概念的理解,以及懂得如何预防和控制职业危害。

2006年的主题是"体面的工作、安全的工作及艾滋病的预防"。努力让世界关注如何为工人创造体面、安全的工作环境,国际劳工组织力争通过这种形式逐年减少死于职业事故(包括由于感染艾滋病死亡)的工人。

2007年的主题是"保证职业安全卫生、实现体面的工作"。体面工作的实现必须达到四个战略目标:促进工作中的权利、就业、社会保护、社会对话。保证职业安全和卫生是实现体面劳动的一个重要保障。

2008年的主题是"工作环境中的风险管理——我的生活、我的工作、我的安全工作"。提醒所有管理人员和工人必须考虑如何在自己的工作场所控制和降低风险,以防止损伤和保护他们的安全和健康。它突出了需要政府、雇主、工人及其代表、研究和培训机构及国际组织共同努力,以减少大量的人力和经济负担以及与工作有关的事故和疾病。

2. 世界各国在职业安全卫生日这天都开展哪些活动?

世界各国在每年的4月28日前后纷纷以会议、媒体宣传等方式纪念"世界职业安全卫生日",各国政府、雇主、工人三方都积极开展一系列活动,以提高公众的职业安全卫生意识。现将有特色的纪念活动介绍如下:

2002年,国际劳工组织在总部举行了一场特别活动,邀请了纽约消防战士参加,介绍了"911"世贸大楼应急救援的英勇事迹。在斐济,三方委员会在一个建筑工地组织了戏剧表演,由工人及其家属、雇主、救护车、警察、灵车队和职业安全卫生监察员组织了游行,三方代表打出主题标语"安全生产、人人有责"。

2003年,在秘鲁、阿根廷和阿尔巴尼亚,劳动部部长均出席了会议。在刚果人民共和国,会议成为促进制定新工作安全条例的契机;乌克兰在职业安全卫生日讨论了职业安全卫生法的制定,并取得显著进展。在俄罗斯,著名的莫斯科之音电台在黄金时段开展了一小时的讨论。在德国由冬奥会冠军参与纪念活动,取得了良好的效果。

2004年,印度年举办了一期针对黄铜工业出口商的职业安全、作业环境培训。日本年举办了一次全国范围内的在线研讨会,各公司均可以在线将经验、观点和建议向全国展示。南非年举办了一次由政府、工人运动组织、经济团体、地方社团和国际劳工组织共同参加的花环、烛光典礼,并在典礼后举行了新闻发布会。德国将职业安全卫生日的报告和宣传单全部翻译成德文,并以展览、演讲和培训等方式,全面宣传。

2005年,俄罗斯向所有相关企业发送电子邮件,希望各企业关注职业安全卫生。中国提出所有的奥运工程要以"安全第一"为前提,并在奥运工程现场向建筑工人赠送安全生产防护用品和图书资料。

2006年,格鲁吉亚首都第比利斯举办了一次植树活动,纪念职业安全卫生日。新西兰举行了一场艺术展览会,以纪念职业安全卫生日。特立尼达和多巴哥岛举行了一次主题为"实现并且超越"的艺术展览,并且在4月28日举办了一场烛光晚会。在晚会期间,还有一分钟的默哀仪式。

3. 国际劳工组织在保护职业安全与卫生方面开展了哪些活动?

自国际劳工组织1919年成立以来,职业安全卫生就一直是该组织的一项主要职责。在国际劳工组织诸多的国际劳工公约和建议书中,有70个涉及职业安全卫生。第155号和第166号公约是两个重要的公约,涉及一般要求和卫生服务。国际劳工组织还制定了各类职业安全卫生行为准则、手册和指导方针,提供更加实际的技术指南。例如,2001年6月,国际劳工组织发行了《职业安全卫生管理体系指南》。国际劳工组织安全工作国际重点计划正在领导一场防止工作场所危害的全球运动。国际劳工局职业安全卫生信息中心提供了各类有关的信息。

相关阅读

全球通用的企业职业安全卫生管理方式
——职业安全卫生管理体系(OHSMS)

OHSMS是一个国际性职业安全及卫生管理体系评审的系列标准,适用于各种行业及规模的公司。这一标准是组织全部管理体系的一个组成部分,既能保证劳动者在工作中的安全与健康,同时也反映出一个企业的文明化程

第二章 国际劳工标准的制定

度和在日益国际化的经济活动中所具备的竞争潜力。该标准包括为制定、实施、实现、评审和保持职业安全卫生方针所需的组织机构、规划、活动、职责、制度、程序、过程和资源。它是一个动态的、自我调整和完善的管理系统，涉及组织职业安全卫生的一切活动。要求把组织职业安全卫生管理中的计划、组织、实施和检查、监控等活动，集中、归纳、分解和转化为相应的文件化的目标、程序和作业文件。

最先是在发达国家国内颁布相关的国家标准。例如，1996年英国颁布了BS8800《OHSMS指南》国家标准；同年美国工业健康协会制定了关于OHSMS的指导性文件；1997年澳大利亚、新西兰提出了《OHSMS原则、体系和支持技术通用指南》草案；日本工业健康协会提出了《OHSMS导则》；挪威船级社制定了《OHSMS认证标准》。后来发展到区域性标准，1996年9月，ISO组织召开了国际研讨会，讨论是否制定OHSMS标准，结果未就此达成一致意见。13个国家标准组织和国际认证机构颁布OHSMS18001《职业安全健康管理体系－规范》和OHSMS18002《职业安全健康管理体系——OHSMS18001实施指南》。至2000年4月18日，仅59%国家同意制定ISO的OHSMS18001。

1998年，国际化的职业安全健康管理体系文件开始制定，国际劳工组织积极参与其中，并发布了一个国际劳工组织的OHSMS指南《职业安全卫生管理体系导则》（ILO－OSH 2001），使OHSMS形成一个国际行动。

鉴于全球贸易及经济不断迈向自由化，科技发展日新月异，许多发展中国家的工业意外及职业病数字均告上升。继国际标准化组织（ISO）在20世纪90年代初透过品质管理（ISO 9000系列）及环境管理（ISO 14000系列）成功引进系统化管理手法后，有意见认为同样方法亦可应用于机构的职业安全健康管理方面。在1996年以职业安全健康管理系统（OSH－MS）标准化为主题的ISO国际研讨会上曾商议有关制定职安健管理系统ISO标准工作的可能性。该研讨会商议后得出的意见认为ISO应暂停其有关工作，而国际劳工组织基于其是由三方组成的关系，应会较ISO更适合制定及推行有效的职业安全健康管理系统，并颁发国际性指引文件。

ILO OSH－MS 2001在前言中就指出："国际劳工组织的首要目标就是创造条件，让人们在自由、平等、安全、尊严的环境下获得舒适，高效率的工作，而安全的工作也是提高生产率，促进经济增长的积极因素之一。本指引

case study 国际劳工标准案例评析

是国际劳工组织与政府,雇主与员工三方代表及其他利益相关者进行广泛磋商的基础上,根据国际上已通过的相关国际劳工标准所确定的职业安全卫生原则制订而成。"

ILO OSH—MS 2001 的目的旨在保护工人免遭各种危害,消除各类与工作有关的伤害、不健康、疾病、事件和死亡,指导组织将 OSH 管理系统要素作为总体政策管理计划的一部分,融入组织全面管理。

资料来源:作者根据职业安全与卫生网站资料整理,http://www.ohsas-18001-occupational-health-and-safety.com/(last visited Dec. 27, 2008)。

案例四 在社会正义的基础上实现世界和平

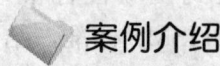 案例介绍

1969 年国际劳工组织获诺贝尔和平奖的颁奖词(节选)

……50 年前国际劳工组织成立,并积极把它的基本道德观念转化为实际行动,推动社会正义的实现……在第一次世界大战期间,工人阶级为了服务于民族事业而忠诚地搁置了自己的要求,承担着战争的苦难。

1919 年,国际劳工组织作为《凡尔赛条约》的一部分,国际联盟的产物而成立。在《凡尔赛条约》中就写明"……对于广大劳动者来说,存在着不公正的、艰苦的、贫困的工作条件,由此产生的动荡局面,极大地威胁着世界的和平与社会的和谐。这样的工作条件迫切需要改变。可以采取如下措施:限定工作时数,包括设立每天工作最高时数或每周工作最高时数;限定劳动力供给,防止失业;提供一个适当的生活工资;保护工人的疾病和损伤所引起的失去工作;保护儿童、青少年和妇女;给年老和受伤的工人生活保障;保护工人受聘于本国以外的其他认可的组织时的结社自由原则;组织职业技术教育和其他措施。"

国际劳工组织通过坚持不懈的努力,已经成功消除了很多严重不公正的现象,帮助一些国家缩小了贫富差距,尤其是在欧洲地区。

国际劳工组织之所以能成功地进行这些活动,得益于它特殊的组织形式。国际劳工组织的最高权力机关国际劳工大会,参与并进行讨论的不仅是政府代表,而且有独立代表雇主和雇员组织的成员。三方性是国际劳工组织区别

第二章 国际劳工标准的制定

于其他国际组织的特性。

50年间,国际劳工组织通过了128项公约和132项建议书。这些文件涵盖广泛,涉及工作时间、同工同酬、废除强迫劳动、童工劳动、社会保障、外国工人、确保工会的权利等各个方面。国际劳工组织率先在国际领域监督公约执行情况,会员国是否将其体现在国家法律和实践中。国际劳工组织的章程赋予每个会员国的三方代表在政府不履行公约规定的内容时,都有提出申诉的权利。

1939年,第二次世界大战爆发,国际劳工组织也面临着巨大的苦难,将工作地点由欧洲转移到远离战场的地方,在加拿大蒙特利尔继续开展工作,争取自由和民主,反对纳粹主义和独裁统治。

1944年,国际劳工组织在费城举行第26届国际劳工大会,41个国家参与,挪威也派代表出席。《费城宣言》的通过标志着国际劳工组织的一个里程碑。

《费城宣言》与《国际劳工组织章程》具有同等地位。其中也明确了国际劳工组织的目标和宗旨是:在社会正义的基础上实现持久和平,从而使全人类不分种族、信仰或性别都有权在自由和尊严、经济保障和机会均等的条件下谋求物质福利和精神发展。重申了国际劳工组织的基本原则,主要包括:

1. 劳动者不是商品。
2. 言论自由和结社自由是不断进步的必要条件。
3. 任何地方的贫困对一切地方的繁荣构成威胁。
4. 反对贫困的斗争需要各国在国内以坚持不懈的精力进行,还需要国际社会作持续一致的努力。

《费城宣言》通过后,作为《章程》的附件,与《章程》一起成为国际劳工组织开展活动的依据和指导性文件。国际劳工组织有义务按照此目标来检查和考虑国际间一切经济与财政政策和措施。

国际劳工组织在过去的二十年里一直为发展中国家提供技术援助。在联合国组织及许多专门组织,如粮农组织、教科文组织、世界卫生组织、国际原子能委员会等密切合作下,国际劳工组织已经成功帮助发展中国家获得投资,帮助其发展农业、工业和其他方面的经济生活。

在亚洲和非洲新诞生的国家,不仅扩大了国际劳工组织的活动范围,但同时它也在国际劳工组织内部产生了某些政治紧张的局势,我们真诚地希望

Case study 国际劳工标准案例评析

国际劳工组织可以克服这些压力。

……

国际劳工组织不能自己创造新的就业机会;但它可以提供咨询和帮助会员国,协助其实施土地改革、农业项目、产业化、公共工程、发展培训和职业指导方案、选择投资的可能性、发展贸易,等等。国际劳工组织的主要任务将是:确保世界是基于社会正义的,换句话说,即"在社会正义的基础上实现世界和平"。如果渴望和平,就必须培养正义。正义与和平不可分割。

资料来源:作者根据诺贝尔奖网站资料翻译整理,http://nobelprize.org/nobel_prizes/peace/laureates/1969/press.html(last visited Dec. 22, 2008)。

问题与思考

1. 简述诺贝尔和平奖的由来。
2. 简述诺贝尔和平奖的历届机构得奖人。
3. 为什么国际劳工组织在1969年被授予了诺贝尔和平奖?

关键概念点评

1. 和平(peace):从国与国到人与人,和平首先就要平等、互助、理解、认同。和平是人类最持久、最朴实的追求。和平意味着生存的机会。每个人都希望自己生活在一个和平的世界里,那个没有战乱、没有剥削、没有压迫的世界。人只有在和平的状态下才能正常从事一切有利于生存、发展的建设性活动。

2. 社会正义(social justice):社会正义中的社会是指将正义这个概念实践于法律上。因为每个社会的文化、政治以及道德观念都不尽相同,所以,社会正义在不同的社会中有着不同的意义和实践。

3. 诺贝尔奖(Nobel Prize):诺贝尔奖是以瑞典著名化学家、工业家、硝化甘油炸药发明人阿尔弗雷德·贝恩哈德·诺贝尔(Alfred Bernhard Nobel)(1833—1896)的部分遗产作为基金创立的。诺贝尔奖包括金质奖章、证书和奖金。诺贝尔生于瑞典的斯德哥尔摩。他一生致力于炸药的研究,在硝化甘油的研究方面取得了重大成就。他不仅从事理论研究,而且进行工业实践。他一生共获得技术发明专利598项,并在欧美等五大洲20个国家开设了约

第二章 国际劳工标准的制定

100家公司和工厂，积累了巨额财富。1896年12月10日，诺贝尔在意大利逝世。逝世的前一年，他留下了遗嘱。在遗嘱中他提出，将部分遗产（3 100万瑞典克朗，当时合920万美元）作为基金，基金放于低风险的投资，以其每年的利润和利息分设物理、化学、生理或医学、文学及和平、经济学奖、地球奖七项奖金，授予世界各国在这些领域对人类作出重大贡献的人或组织。

案例评析

1. 简述诺贝尔和平奖的由来

诺贝尔和平奖是根据诺贝尔遗嘱所设基金提供的奖项。该奖应每年授予在和平领域内"在前一年中对人类作出最大贡献的人"。诺贝尔和平奖于每年12月10日（即诺贝尔逝世周年纪念日），在奥斯陆挪威国会所召集的会议仪式上颁发（其他奖项在斯德哥尔摩宽敞的音乐厅里颁发）。和平奖可以颁发给个人也可以授予机构，而其他奖项只发给个人。候选人只能在生前被提名，但正式评出的奖项却可在死后授予。奖项一经评定，即不能因有反对意见而予以推翻。对于某一候选人的官方支持，无论是外交上的或政治上的，均与评奖无关，因为该颁奖机构是与国家无关的。由于和平奖本身性质特殊，最容易导致意见分歧，和平奖常常被保留。

2. 简述历届诺贝尔和平奖的机构得奖人。

除国际劳工组织以外，曾获得诺贝尔和平奖的组织和机构见表2—3。

表2—3　　　　　　历届诺贝尔和平奖的机构得奖人一览表

年份	获奖机构
2007年	政府间气候变化专门委员会
2005年	国际原子能机构
1999年	医生无国界组织
1988年	联合国维持和平部队
1985年	世界卫生反对核战争组织
1981年	联合国难民事务专员署
1977年	大赦国际
1965年	联合国儿童基金会
1963年	红十字国际委员会

Case study 国际劳工标准案例评析

续表

年份	获奖机构
1954年	联合国难民事务高级专员署
1947年	英国教友会　美国教友会
1944年	国际红十字委员会
1938年	高森国际难民办公室
1910年	国际和平局
1904年	国际法协会

3. 为什么国际劳工组织在1969年被授予了诺贝尔和平奖？

1969年正值国际劳工组织成立50周年之际，诺贝尔委员会主席奥瑟·利奥内斯（Aase Lionaes）夫人向该组织颁发和平奖时说，国际劳工组织据以存在的根本道德观念是"想要和平，请培育公正"。在将这个观念化为行动方面，没有哪个组织做得比劳工组织更成功。她还说，"50年前国际劳工组织的建立大大推动了"对社会公正的要求。

国际劳工组织获奖的原因在于，其主要任务是保证我们的世界是建筑在社会正义的基础上，国际劳工组织的任务是贯彻写入章程的训诫："如果祈望和平，就应匡扶正义"。

时任国际劳工局局长的莫尔斯（David A. Morse）在获奖感言中说："'只有以社会正义为基础，才能实现普遍和持久的和平'。这是《国际劳工组织章程》序言部分开宗明义的一句话，明确无误地规定，劳工组织应在维护和平方面发挥重要作用……这显示，1919年国际劳工组织的创始人们确信，国家内的社会正义与国际和平之间有着必然的联系，这一联系非常强有力，也非常重要，乃至应该建立一个专门处理劳工事务的组织，以之作为在第一次世界大战之后促进和保护世界和平的新体制框架的必然组成部分。"

相关阅读

写在国际劳工组织成立90周年之际：为社会正义而努力

国际劳工组织在工作中已经将其价值观作为基本出发点，在制定经济和社会政策时、将制定的标准转化为行动时、开展技术合作时都得到了贯彻。我们必须继续在和谐、与时俱进、应对新的挑战和抓住新的机遇同时忠于我

第二章　国际劳工标准的制定

们的价值观。

国际劳工组织在 21 世纪的首要任务是实现体面劳动。我们正在经历动荡的时代。我们不知道当前严重的金融和经济危机还要持续多久，但我们知道此次危机深刻的影响着人们的生活、就业和工作条件，而且这种影响还是全球性的。其实在这场危机之前，全球就面临着贫困和非正规就业的不稳定工作的增加。

伴随着经济全球化的进展，带来了相当大的利益和机会，同时国际劳工组织也关注着在社会层面存在的日益增加的不平等现象。要打破贫困的恶性循环，帮助中产阶级消除焦虑和不安。

危机使得我们在国际劳工组织成立 90 周年之际，清楚的认识到国际劳工组织的立场。当展望未来时，我们也看到了其面临的挑战。这些挑战包括：

1. 支持企业的可持续发展，特别是创造了众多就业机会的小型和中型企业的发展。这些企业可以将经济、社会和环境等方面的问题结合起来，通过寻求新的生产方式，保护环境的消费方式，创造大量的体面劳动岗位，使经济更具有活力。

2. 寻求可行的选择，以应付日益增加的压力，以实现更大程度的多样性、适应性和灵活性，在工作时间和方式、就业机会、工作条件、养老金和其他形式社会保障等方面寻求对个人和社会的安全。

3. 跟上创新的步伐，改善教育、培训、生产力和知识共享系统。

4. 加强和维持三方社会对话的模式，以促进适应不同地区不断变化的情况，同时确保个人在工作中的基本权利得到尊重。

5. 开发更好的全球治理的基础，在下列政策领域：如金融、贸易、投资和创造就业、劳工和社会、环境和发展等方面充分考虑全球化的影响。

有关国际组织在各个领域必须共同努力，构建一个公平的全球化。国际劳工组织要实现公平公正的全球化，就必须遵守《国际劳工组织章程》的规定，以及《费城宣言》和 1998 年通过的《关于工作中基本原则和权利宣言及其后续措施》。这些文件重申了国际劳工组织的普遍性目标：本组织所有会员国必须采取基于政策的战略目标，实现体面工作、创造就业和企业发展、社会保护、社会对话，并保障工人在工作中的基本权利。这些目标是"不可分割的，相互关联和相互支持"。

在全球公正的基础上实现体面劳动，为公正而努力，是国际劳工组织成立90周年以来一直努力的目标,也是未来一直努力的任务。

资料来源:作者根据国际劳工组织网站"The ILO at 90: Working for social justice"资料翻译整理,www.ilo.org/wow/Articles/lang--en/WCMS_101007/index.htm(last visited Dec.22,2008)。

案例五 国际劳工组织都灵培训中心简介

案例介绍

设在意大利都灵的国际培训中心是国际劳工组织和意大利政府于1964年联合建立的。起初它是一个技术和职业培训机构,而后发展成为一个高层次的在职培训机构。目前,该中心是在就业、劳工权利、社会保护和开发管理领域实施国际劳工组织培训计划的重要部门,也是为整个联合国系统服务的培训中心。都灵国际培训中心旨在促进社会公正、人权与劳工标准。都灵国际培训中心目前所提供的培训领域旨在促进实现国际劳工组织所提倡的体面的劳动的目标。该中心所设立的五个地区项目能够确保中心所提供的培训适应各地区的需求和期望。

都灵国际培训中心是非营利性组织。该中心的补贴主要来自于国际劳工组织和意大利政府。其培训计划得到了双边捐助者、多边机构、发展银行和委员会、基金会、受援政府和其他机构的资助。

都灵国际培训中心不仅是一个培训机构,其校园也成为来自世界各地的专业人员相互切磋交流的场所。这里汇聚了不同的人种和多元性文化,利用这一优势,学员可以洞悉各种观点与看法。该特色也体现在中心的远程学习虚拟校园网络之中。除此之外,中心在各所在国举办的培训课程,成为各地区或国家合作伙伴交流观点、分享经验、共同学习的千载难逢的机会。该中心的课程培训提供阿拉伯语、汉语、英语、法语、葡萄牙语、俄语、西班牙语服务。

都灵国际培训中心是交流和传播国际劳工组织信息的潜在重要渠道。都灵培训中心的课程分为正规课程(Regular courses)、远程学习课程(Distance learning courses)、工人活动方案课程(Workers' Activities Programme courses)三种。此外,该中心还组织专题研讨会、专家研讨会、专家会议、应要求就其他特别事件和案例而进行的个别安排。因此,这些培训方案有助

第二章 国际劳工标准的制定

于发展中国家促进在某些技术和管理技能方面的自力更生,并提高关键工业和职业培训中本国工作人员的能力。

都灵国际培训中心在职业培训和管理方面为各国三方的骨干提供高水平的培训,特别是为工会工作者提供培训。该中心每年为180多个国家的大约11 000名人员提供约450门课程的培训。学员在该中心接受的高级理论和方法论的培训后,还会被安排到工业化国家和发展中国家的机构和企业中实习一段时间。都灵国际培训中心还将国际劳工组织的"产品"系统地编写进自己的课程和培训教材。包括国际劳工组织1998年的《宣言》、国际劳工问题研究所的研究报告以及业务司制定的工作指南等。通过这种办法,国际劳工组织的接触范围可以进一步扩大到三方成员、整个联合国系统以及主要的区域和国家机构。在执行培训计划期间还试制新的教具和试用新的教学方法,以便通过国家的和当地的培训中心加以推广,通过此方式促使将培训方法和可改造的培训设备引进发展中国家。

资料来源:作者根据国际劳工组织都灵国际培训中心网站介绍整理,http://www.itcilo.org/en(last visited Dec. 27, 2008)。

问题与思考

1. 都灵国际培训中心在哪些领域提供培训?
2. 都灵国际培训中心学员的构成以及他们在该中心都能得到哪些培训?
3. 在都灵国际培训中心如何注册课程?费用如何?

关键概念点评

1. 职业培训(vocational training):职业培训是指以开发人类从事生产性的令人满意的职业生活的能力为目的,通过接受不同形式的教育,提高个人的理解能力,并通过个人或集体去影响工作和社会环境。

2. 在职培训(On the Job Training):在职培训又称为"工作现场培训"。是人力资本投资的重要形式之一,指对已具有一定教育背景并已在工作岗位上从事有酬劳动的各类人员进行的再教育活动。

3. 联合国开发计划署(United Nations Development Programme, UNDP):联合国开发计划署是联合国技术援助计划的管理机构。成立于1965年

Case study 国际劳工标准案例评析

11月，其前身是1949年设立的"技术援助扩大方案"和1959年设立的"特别基金"。总部设在美国纽约。该计划署的宗旨是帮助发展中国家加速经济和社会发展，向它们提供系统的、持续不断的援助。联合国开发计划署的援助项目是无偿的，资金主要来源于各国政府的自愿捐款。

案例评析

1. 都灵国际培训中心在哪些领域提供培训？

都灵国际培训中心在以下领域提供培训课程：童工、就业、雇主、企业发展、强迫劳动和贩卖人口、两性平等、全球化、艾滋病毒/艾滋病、非正规经济、信息技术和培训方法、国际劳工标准、地方发展、管理的发展进程、小额信贷、移民和贩卖人口、职业安全和卫生、减贫、公共部门管理、对社会负责的企业、社会对话、社会保障、职业教育和培训、工人教育等。表2—4列出部分领域的课程安排。

表2—4　　　　　　　　培训中心部分课程安排表

领域	课程安排（部分）
童工	设计、管理（和评价童工劳动，以负责任的方式解决童工问题的供应链问题，打击贩卖儿童人口，全民教育和消除童工现象
就业	统计，改善公共就业服务，在地方一级开展就业培训，促进就业密集型投资，涉及工人组织和雇主组织在就业政策的制定和执行
雇主	能力培养，向中小企业推广雇主组织，劳资关系，企业的社会责任和有关专题，艾滋病毒/艾滋病在工作场所，职业安全和卫生，国际劳工标准和国际劳工组织的监督机制
企业发展	创业教育，改善营商环境，企业发展与全球化，金融服务，中小企业集群发展，妇女的企业家精神促进，人力资源管理，工作质量和生产率的提高，地方经济发展和合作社，中小企业出口联营发展，价值链
强迫劳动和贩卖人口	研究强迫劳动和贩运，如何救援和遣返受害者并恢复其权利，加强司法和警察以惩罚罪犯
两性平等	统计，审计，社会对话，公共就业服务，男子承担家庭劳动
信息技术和培训方法	培训需求分析，面授和远程学习方案设计，评价的培训方案，基于能力的培训员的培训

第二章 国际劳工标准的制定

续表

领域	课程安排（部分）
国际劳工标准	结社自由和集体谈判，强迫劳动，童工，消除歧视，劳动法的起草和改革，劳工冲突预防和解决劳资纠纷
管理的发展进程	公共部门改革和公共支出管理，项目管理，社区发展，权力下放和地方政府的作用，全球化和国际贸易协定
职业安全和卫生	加强政府部门（检查制度，信息中心和网络，教育和培训制度，研究和分析，补偿和康复系统）的制度完善
对社会负责的企业	商业案例，如何减轻企业结构调整对就业的不利影响，管理组织变革
社会保障	养老金计划，社会保障资金筹措，社会医疗保险，社会援助，社会预算编制，养老基金的管理
工人教育	国际劳工标准和工人的权利，体面就业政策，社会保护，社会对话

2. 都灵国际培训中心学员的构成以及他们在该中心都能得到哪些培训？

都灵国际培训中心的学员来自政府部门和机构、工人组织、雇主组织、商业协会、私营或国有企业的管理者、培训机构和大学的师资、立法或司法机构、非政府组织、联合国系统和其他国际组织。学员在都灵培训中心可以获得以下的培训：

- 了解劳工问题、劳工标准、人力资源建设等方面的专业知识。
- 深入了解不同国家和地区具体的社会、经济和文化条件。
- 分享世界各地的机构网络和资源。
- 密切联系劳工组织和整个联合国系统。
- 客户导向，多语言服务，跨学科的角度研究问题。
- 分享先进的信息和通信技术。
- 利用都灵有利的地理位置，位于欧洲的中心，组织参观访问。
- 提供先进的训练设施、全球范围和多文化的学习环境。

3. 在都灵国际培训中心如何注册课程？费用如何？

都灵国际培训中心的课程分为正规课程、远程学习课程、工人活动方案课程三种。申请正规课程，需要下载并填写登记表，说明自己选择的课程信息（名称、课程数目和日期），提供个人基本情况简介，包括语言技能、工作经验和/或学术背景等。申请合格后会收到开课通知。远程学习课程的可以通过网络进行注册。（详细信息可以浏览 http://www.itcilo.org/en/about-the-centre/distance-learning）工人活动方案课程不接受申请，该课程是根据国际劳工组织的需要，安排会员国的工人组织参加。为了最大限度地提高培训效率，课程安排非常密集，一般为期1～5个星期。

在注册的时候，同时缴纳课程费用。费用包括学习费用和生活费用。学习费用包括：学费、书籍和培训材料费、课程编制费、执行和评价费、医疗保险费、考察的课程需要补充额外的旅费和生活费。生活费用包括在培训中心的食宿费用、洗衣费、每日津贴、杂费、当地考察访问费用、未成年人的医疗和保险费、社会文化活动费用等。

国际旅行费用和意大利签证费不包括在课程费用中，要额外计算。

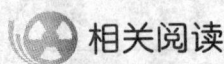
相关阅读

农村金融的国际经验

广大农村地区金融服务匮乏早已是不争的事实。农民被捆住了手脚，缺乏资金购买种子、化肥、机器设备等。遇到急需用钱的时候，可能不得不忍痛卖掉家里稍稍值钱的财产，如饲养的猪等。对一个拥有1.3亿在城乡间迁徙的农民工的经济体来说，汇款服务的需求也非常巨大。随着"三农问题"日益提上政策日程，如何为农民提供金融服务？根据渣打银行在全球市场取得的实践经验提出以下五条基本经验。

经验一：灵活的监管氛围成效最显著。聪明的市场与正确的政策指引相结合将产生令人惊异的成果。灵活的政策指引意味着：放松贷款利率限制，取消吸储约束，允许农村金融机构管理层自主决定用人及激励办法，打破地域性视角带来的地方性藩篱。最佳的监管氛围是允许实践，鼓励成功的模式获得扩展，当然，当个体机构滥用所赋予的自由时，监管者必须介入。

经验二：优胜者应得到奖励。世界范围内，某些小额信贷机构从很小的规模开始，不断做大。并不是说任何一个小额信贷机构都要有公开融资的雄心壮志，但追求大规模是一个不错的目标。成功者为什么不能获得增大资金规模，扩大领地的成长机会？如果没有规模效应，在成本的约束下，小额信贷机构缺乏动机增加技术设备、人员培训等方面的投入。正确有效的绩效激励机制能积极调动小额信贷或村镇银行从业者的工作热情。

第二章 国际劳工标准的制定

经验三：小额信贷不全是放贷。小额信贷形式灵活多样，其最佳模式通常来源于大量的实践，而非整齐划一、自上而下的行政命令。放眼全世界经营成功的小额信贷机构，有的主打存款服务牌，有的以汇款服务为特色，有的只做贷款，有的做其中几项，有的则面面俱到。

经验四：充分发挥想象力应对担保问题。显而易见，放贷给小本经营的农户对任何放贷方而言都存在着风险。很多在发展中国家取得成功的小额信贷机构将放贷建立在社区信任机制基础上，即为农民甲放贷的条件是农民乙偿还该笔贷款。但在中国这种做法非常罕见，而且小额信贷机构或村镇银行的现行规则似乎也不鼓励这种做法，因此，必须通过其他途径控制信贷风险。

经验五：赚钱不仅理所应当，而且为可持续发展所必需。或许可以说，制约当前农村金融取得实质性进展的最大障碍是固有的慈善思维：农民需要廉价资金，农业类银行或小额信贷机构就应该满足这种需求，救助扶贫。对此，一位专家作出精辟的回答和警告："以扶贫为宗旨只会杀死农村金融。"农信社的例子已经证明，这条路行不通。

农村金融可持续的唯一办法，就是允许放贷机构创造足够的收入，能够覆盖成本并盈利。钱能结在农家的果树上，生在碧绿的稻田里，也可以长在辽阔的大草原上。但要实现这一点，运用创造性思维，充分理解什么是正确的激励机制显然很有必要。缺乏这两点，发展农村金融的战略恐怕难免步农信社后尘。

资料来源：作者根据中国小额信贷发展促进网《农村金融的国际经验》整理，http://www.chinamfi.net/Article/ArticleShow.asp? id=1748（last visited Dec. 27, 2008）。

第三章
国际劳工标准的主要内容

〔阅读提示〕

　　国际劳工标准,是指国际劳工组织通过的处理全球范围劳工事务的各种原则、规范、准则,它们形成了以国际劳工公约和建议书为核心的一整套国际劳工制度。从大的方面讲,国际劳工公约可分为两类:一类是政治性标准,也称为核心劳工标准,另一类是技术性标准,它包括两种:一种是劳动专业类:包括促进就业、社会政策、劳动行政、产业关系、工作条件、职业安全卫生、社会保障等方面的公约;另一种是特定人群类:包括关于妇女、童工和未成年工、老年工人、残疾人、移民工人、海员、渔民、码头工人、家庭工等特定人群的公约。本章的案例着重介绍国际劳工标准在维护劳工权益方面是如何发挥作用的。

案例一　消除儿童家佣

 案例介绍

　　在世界各地,成千上万的儿童沦为家庭佣工,从事着繁重的家务劳动,如干洗、熨烫、做饭、照看儿童和园艺工作等。在许多国家,这种现象不但得到了社会和文化上的认同,甚至被认为是保护童工的一种方式,尤其是对女童,在雇主家里做佣人要比去工厂工作安全得多。但事实真是这样吗?

第三章 国际劳工标准的主要内容

畅查拉·萨达（Tzara Sadd）和尼汝巴拉·萨达（Nerubhara Sadd）是一对小姐妹。由于家里贫困，为了让弟弟可以上学，父母只得让姐妹俩到当地富人的家里做佣人。

姐姐畅查拉·萨达16岁，在一户人家里已经工作3年了，她的前额和右脸有多处伤疤。雇主让她跟宠物狗用同一个碗吃饭，强迫她在楼梯下睡觉。雇主17岁的儿子，经常在夜里偷偷去骚扰她，直到有一天晚上这个男人企图强奸她，她不从继而奋力反抗，惹怒了他，被这个男人痛打了一顿。事后她还不敢把这件事告诉雇主，她清楚如果她向雇主抱怨的话，她会被打得更惨。

妹妹尼汝巴拉·萨达11岁，才被一户人家雇佣。她年纪小，家务做得不熟练，有些活计还不会做。由于没有正确按下洗衣机的按钮，她的主人大怒，用滚烫的烙铁严重烫伤她的皮肤。由于皮肤三分之一严重烫伤，她在医院住了一个星期，花了两个月的时间才复原。

相比之下，10岁的索努·沙微乐（Sonou Chavele）处境更悲惨。她很幸运地被一个有着"良好家庭"头衔的家庭所雇佣。然而正是这个家庭中的4名成员，疯狂地折磨她，甚至对她施以性虐待，她最终被痛打窒息而死。而那些折磨她的人，居然把她的尸体用床单裹起来吊在风扇上取乐。

资料来源：作者根据《印度劳动部：禁止家中雇童工》（原载《新京报》）和中国劳动力市场网站新闻整理，http://www.lm.gov.cn/gb/news/2006-08/04/content_126619.htm（last visited Dec. 27, 2008）。

问题与思考

1. 儿童家佣与其他形式的童工劳动相比有何特征？
2. 为什么雇主愿意雇佣儿童做家佣呢？
3. 消除儿童家佣，国际劳工组织应该采取哪些行动？
4. 三方成员消除儿童家佣方面各自承担什么任务？

关键概念点评

1. 儿童家佣（child domestic labour）：儿童家佣又称为家庭童工，通常被定义为在雇主的家里从事有报酬或无报酬工作的儿童。

2. 联合国儿童基金会（United Nations International Children's Emergen-

cy Fund，UNICEF)：联合国儿童基金会于1946年12月11日成立，总部设在美国纽约，对发展中国家的母亲和孩子进行长期的人道主义援助。联合国儿童基金会是世界上最大的为贫穷国家提供疫苗的机构，为确保儿童的健康和达到营养标准，它通过为所有男女孩童提供高质量的基础教育、安全净水和卫生设施以及努力保护儿童免遭暴力、剥削和艾滋病的影响来推进千年发展目标的实现。联合国儿童基金会在1965年获得了诺贝尔和平奖。

案例评析

1. 儿童家佣与其他形式的童工劳动相比有何特征？

儿童家佣通常从事简单的家庭工作，如洗盘子、洗衣服、做饭、清洁房屋、照顾小孩或老年家庭成员等。儿童家佣和其他形式童工的一个重要的区别就是被雇佣从事家庭劳动的童工被迫"连轴转"。通常这类工作的性质意味着雇主可以在一天中的任何时刻支使童工。不是所有的儿童家佣都属于最有害的童工形式，但是由于他们的年龄、工作条件、就业条款和受到剥削等原因，他们中的大多数处于危险中。

根据联合国儿童基金会的报告，尽管世界各地在社会、文化和经济上存在着广泛的不同，但是研究表明，儿童家佣有着共同的特征。

（1）不论成人还是儿童从事的家庭工作都是所有职业中地位最低、最缺乏控制和最低工资报酬的工作之一。

（2）大多数儿童家佣都生活在24小时被雇主控制的环境中，他们没有行动自由或自由的时间。

（3）大约90%的儿童家佣是女孩，她们的无力使她们在工作场所特别容易受到性侵害。

（4）因为年幼的儿童从事简单的家庭工作是可能的，所以，从事家庭工作的儿童年龄可以低至5岁。

（5）许多儿童家佣无法处理他们的收入，一些人没有收入，其他一些人的收入通常给他们的父母或称为"叔叔"的人——但他们实际是毫无联系的职业代理人。

（6）儿童家佣被切断了与其父母的联系，没有机会交朋友，与同龄人也几乎没有社会交流。

第三章　国际劳工标准的主要内容

2. 为什么雇主愿意雇佣儿童做家佣呢？

儿童家佣通常来自贫穷的乡村家庭（通常是农民或无土地的家庭）、贫穷的城市家庭、父母从事家政工作的家庭，也可能来自特殊的少数民族群体或阶级。

雇主与儿童家佣之间通常没有合同，也不会向孩子们解释雇佣条件并且不付工资。儿童家佣通常24小时工作，缺乏休息，工作条件危险，受到暴力威胁、虐待、隔离对待和监禁。很少的儿童家佣有机会去学校学习，由于缺乏学校教育，他们普遍缺乏技术和知识并难以获得个人发展。儿童家佣普遍孤独、寂寞。"儿童家佣也许在许多家庭中工作，但是始终没有家"。大多数从事家政工作的是女孩。

雇主愿意雇佣儿童作为家佣的主要原因是儿童家佣便宜，而且很容易就能雇佣到。雇主经常少付工资甚至不付工资；儿童家佣更容易被操纵和控制，他们被认为是最诚实、最顺从的家佣，工作努力且不会抱怨；他们无法组织工会；不能轻易组织起来反抗雇主，没有谈判的力量；雇主很容易通过威胁或人身胁迫来压迫他们；很少有儿童家佣知道自己的权利，更无法知道自己的权利被侵害后该如何维护；工会人员、个人或非政府组织很难接触到他们等原因更加剧了儿童家佣的悲惨处境。

3. 消除儿童家佣中国际劳工组织应该采取哪些行动？

国际劳工组织建议现阶段对消除儿童家佣现象主要采取三种方法，即预防、保护、撤出及综合措施。

预防的核心是阻止从事家庭工作儿童的增加。首要任务是将地方政府、国家领导人、合作者纳入其中并且争取国际社会的协助，各方更积极地参与社区的发展，也包括预防儿童家佣陷入更恶劣的环境中。

保护即"救援"，提供避难所、安全基地，确保儿童在工作中享受必需的权利，不能剥夺儿童家佣上学的权利，使其免受侵害，当他们陷于困境时得到需要的帮助，作为未成年人获得法律保护。

撤出及综合措施是指将所有年龄低于14岁的儿童家佣和受到不公正待遇或侵害的儿童家佣撤出工作场所，并对他们进行社会性复原和生理复原（包括咨询项目，医疗协助，可能的教育、职业培训、技术发展，非正规培训中心等）。

各国必须积极积累和借鉴在与雇佣儿童家佣斗争过程中的经验。需要通过对包括儿童在内的广泛利益相关人的研究和咨询来理解的儿童家佣问题。也需要一个由预防与解救和复原相结合的综合方案,将儿童家佣从工作场所撤出前为家庭提供可行的经济选择。教育在所有消除儿童家佣的战略中都发挥核心作用,消除儿童家佣的努力措施必须全面根植于国家经济和社会政策架构中。综合性的措施包括:免费义务教育,生育计划系统和家庭计划,提供非正规教育、技术发展、技能培训和夜校,建立救援中心,在不危害家庭隐私的前提下在当地权力机关登记注册等。

4. 三方成员在消除儿童家佣方面各自承担什么任务?

三方成员在消除儿童家佣方面各自应该发挥以下具体作用:

政府——实施义务教育,加强法律的实施,确保适当的法律覆盖并保护儿童家佣,设定儿童家佣成为最有害童工形式的标准,将儿童家佣置于消除童工国家行动计划内,使地方权力机构监督儿童家佣情况,相关政策的促进和实施。

雇主——介绍并采用包含反对雇佣儿童家佣的公司行为准则,利用现有国家网络提高对儿童家佣问题的了解,为社会保障系统作出贡献,提供职业教育和培训。

工会——利用网络和机构提高对儿童家佣的了解;加强法律实施效力;与非政府组织一起工作,从法律上将家庭工人认定为专业工人;保持连续性;组织儿童家佣自救组织并获得社会支持。

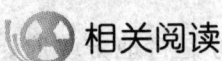 **相关阅读**

"孩子帮助孩子"——儿童解放组织简介

儿童解放组织(Free the Children,FTC)是全世界最大的由儿童自主发起、旨在通过教育帮助儿童的网络组织。这个机构已经成为世界上最大的由青少年管理和领导的慈善机构,吸引了全球45个国家100多万名青少年参与,并在拉美、非洲、亚洲的35个发展中国家建立近500所学校;其中中国18所。

该组织的目标不仅仅是让儿童能够免于贫困、剥削和虐待,将儿童从不人道的对待中解放出来。还致力于创造机会,让儿童能够表达意见、并有机会接受领导事务的训练,让儿童也能够以行动参与各种本国的或是国际的关

第三章　国际劳工标准的主要内容

于儿童权益问题的讨论。将儿童从"没有能力管理自己的事务"的成人偏见当中解放出来。

除了接受来自各方成年人的善款之外，该组织更鼓励世界各地的儿童和青少年们从最小的、最不起眼的金钱累积做起，例如，举办跳蚤市场义卖，出售自己的玩具，回收汽水瓶罐换钱，将自己生日收到的礼物或零用钱、帮忙做些小事和服务等的所得捐出，久而久之，就成为一笔可观的经费，可以帮弱势的孩童盖学校、建立庇护中心。

该组织发动全世界儿童开展"写信运动"，要他们一人写一封信给媒体、各国的总理、首相或是总统，或者具代表性的企业、政府或民间组织的领导们，呼唤起各界人士对儿童权益的关怀。这些不满18岁的儿童也到各地的社区或是学校课堂上演讲，指出儿童人权的重要性，这些演讲深受好评。

经过该组织成员的努力，短短四年内已让儿童解放组织扩及全世界的二十几个国家，帮助世界各地的儿童建造学校。儿童解放组织替贫困家庭寻求经济资源、并抵制那些工资低、工时长、环境恶劣的工厂，要求各国政府严订法令禁止童妓或是性观光产业所带来的对儿童的性剥削，建立国际性网络的和平庇护中心来帮助受虐儿童。此外，该组织也非常重视儿童和青少年领导能力的发展，如让这些儿童自己发表意见就是训练其领导能力的最佳机会。该组织还在某些第三世界国家为单亲的家庭提供可耕土地和务农器具，让贫困家庭得以生存，孩童不会因此而失学。儿童解放组织同时也援救在战火阴影下求生的儿童们，例如，援救科索沃战争中的难民儿童，提供他们生活必需品。

只有18岁以下的儿童或是青少年成员才能够对儿童解放组织的政策或是方案有投票和决策权，也只有18岁以下的成员才有资格担任儿童或是组织的代言人。年满18岁或是以上的成员在组织里面所扮演的角色是咨询者以及帮助儿童们学习领导事务的引导者，他们并不能参与决策。在儿童解放组织里，成人和儿童的关系是很特别的，成人必须承认该组织是由孩童自己运作的一个属于孩童的组织，而不是一个由成人来替孩童们运作的非营利组织。

最令人惊奇的是，这个组织的创始人克雷格·柯伯格（Craig Kielburger），创立该组织时年仅12岁。克雷格对社会的贡献使他屡获殊誉，包括曼德拉人权奖、世界经济论坛青年领袖奖、世界儿童奖（又称为诺贝尔儿童奖）等，3次获诺贝尔和平奖提名。他是联合国和平大使，被评为未来20个世界领袖之一。他以自己行动证明了"孩子帮助孩子"是可能的,未来是属于孩子的。

资料来源:作者根据克雷格·柯伯格(加拿大)《我到我们》(学林出版社,2008)和儿童解放组织网站资料整理,http://www.freethechildren.com/。

案例二 破除性别障碍:年轻女性在男性主导的职业中谋求职位

 案例介绍

像许多拉丁美洲的孩子一样,保拉·科雷亚(Paula Kerea)的童年并不是无忧无虑的。她的父亲是一个酒鬼,在她7岁的时候离开了家,从此再也没有回来。几年后,家里的顶梁柱——她的爷爷去世了,家里的生活因此变得更困难。

"我母亲有一份销售鞋子的全职工作,因此,我不得不留在家里照顾我的弟弟。"保拉说,"时间一天天过去,弟弟和我逐渐长大,在不需要照顾弟弟的时候,我要去找一些零散的工作来挣点零钱贴补家用。"

几年过去了,保拉眼睁睁地看着自己寻求正式教育的机会日益破灭。他的弟弟开始时还上了一阵学,后来就退学了,并找了两份工作来补贴家用。

保拉一直想要帮助妈妈和弟弟,但她不知道应该怎么做。

在她15岁的一天,当她走在自己家乡Belo Horizonte(位于巴西东南部)的街道上时,碰巧看到一张海报,上面写道提供免费的汽车修理工的培训课程。她从未想过这幅海报将会改变她的一生。

这幅海报是由全国工业培训服务组织贴出的,它是拉丁美洲最大型的职业培训中心,也是国际劳工组织中美洲职业培训知识发展中心的成员。

全国工业培训服务组织和国际劳工组织在Belo Horizonte和其他巴西城市设立专门机构,来提高青年雇员的素质,帮助像保拉这样想要赚钱养家的人们,提高他们的生活质量。

但保拉很快意识到参与这样一种培训仅仅是艰苦奋斗的开始。她不得不背着妈妈注册,因为母亲想让女儿留在家里。保拉每天要步行3公里去上课,许多次她都饿着肚子。保拉说:"那时候的任务非常繁重。我在五个月的时间里修了五门课。直到最终成功毕业时我才意识到这一切都是非常值得的。"

第三章 国际劳工标准的主要内容

然而,汽车修理工在传统上是一个由男人占据的职业。保拉想寻找一份修理工的工作并不容易。"我因为是女人而受到歧视。我甚至因为自己的职业而失去了男朋友。"保拉回忆道。她着重强调了由于性别歧视而造成的困难,这也是许多职业女性所面临的众多难题之一。

"工作中的一个重要挑战就是要打破工作中存在的性别障碍。"国际劳工组织拉丁美洲培训专家厄内斯图·阿布达拉(Ernest Abdallahi)说,"像保拉这样的年轻女性,特别是在发展中国家,常常因进入时的障碍和性别歧视等原因而不能获得培训和雇佣的机会。"

年轻人的就业问题已经列入国际社会的议程之中,并通过国际劳工组织、联合国、世界银行合作建立的年轻人就业网络和国际劳工组织自身的年轻人就业项目,引起了全球的重视。国际劳工组织也已经发起了一个为期一年的命名为"两性平等的体面劳动"(Gender Equality at the Heart of Decent Work)的活动,呼吁在全球的工作中重视性别平等。

但是,还有许多事情有待于解决。"大约有10亿人会在未来十年里到达工作年龄。尽管我们费尽心机,仍会有多于成年人两到三倍的青年男女找不到工作,特别是年轻女性。像那些由国际劳工组织和全国工业培训服务组织所实行的年轻人就业项目正在向前发展。"国际劳工组织就业部执行主席 José Manuel Salazar-Xirinachs 说。

"教育是最珍贵的礼物。它是社会变革的工具。我们必须发展教育,因为它是一种可以产出巨大利益的投资。"全国工业培训服务组织的 Mina Gerais 分部主席 Alexandre Magno Leão dos Santos 说。

保拉的经历可以证实这一说法。在不同公司任职后,她回到全国工业培训服务组织(Servico Nacional de Aprendizagem Industrial,SENAI),现在是一名全职讲师,并且获得了两枚知识奥林匹克竞赛的金牌。她结了婚,并育有一个一岁的宝宝。"现在唯一缺少的,"保拉说,"就是自己的房子。"但是,她现在已经有能力追求这一梦想了。

资料来源:作者根据国际劳工组织网站"Breaking gender barriers: A young woman's quest in a male-dominated profession"翻译整理。http://www.ilo.org/global/About_the_ILO/Media_and_public_information/Feature_stories/lang--en/WCMS_097944/index.htm (last visited Dec. 27, 2008)。

国际劳工标准案例评析

问题与思考

1. 造成女性就业性别歧视原因有哪些?
2. 如何帮助女性获得培训和就业的机会?
3. 国际劳工组织发起的"两性平等的体面劳动"活动目标和主题是什么?

关键概念点评

1. 全国工业培训服务组织(Servico Nacional de Aprendizagem Industrial, SENAI):全国工业培训服务组织是巴西的一个全国性的培训机构,于1942年成立,总部设在巴西利亚,由一个全国工业企业培训管理委员会管理,全国有27个分会(每个州一个分会),均有政府劳工部、教育部、企业界代表参加。目前,SENAI在全国共有765个培训单位。流动学校(在大卡车、船上)送教到乡镇、地区。在396个固定的职业培训学校中,有230个职业培训中心,主要为青少年和成年人提供各种不同类型课程和项目训练;有38个技术学校;有128个从事中高级技术培训的高级职业培训学校。从事培训有工业学徒、中等专业培训(从初级到高级)、高等教育(技术型研究生教育)等。培训的专业有服装、民用建筑、机械、信息网络、汽车维修等28个专业。

2. 性别歧视(sex discrimination):在1958年《(就业和职业)歧视公约》(第111号)的规定中,"就业中的性别歧视"就是基于性别的任何区别、排斥或特惠,"其后果是取消或损害就业方面的机会平等或待遇平等",但"基于特殊工作本身要求的任何区别、排斥或特惠,不应视为歧视"。

3. 青年就业网络(Youth Employment Network, YEN):青年就业网络是由联合国前秘书长科菲·安南倡议建立的。该网络由联合国、世界银行和国际劳工组织共同组建,聚集了包括工商界领袖、青年和民间团体代表以及政策制定者在内的一大批杰出人士,共同为应对全球青年就业挑战提出解决方案,并支持青年就业领域的经验交流和优秀实践。

第三章 国际劳工标准的主要内容

案例评析

1. 造成女性就业性别歧视原因有哪些？

（1）就业歧视最根本的原因是建立在传统性别文化基础上的社会性别差异。社会性别（gender）是相对于生理性别（sex）而提出的一个概念，它是指社会对男女特征、角色、活动、责任的期待和规范。社会性别是对物种决定论的否定，认为除了生育之外，两性分工主要不是由生理因素决定的，性别分工是社会历史的产物。它强调，社会文化对男女的特点、特长、分工的定型，以及相应的资源和机会的分配、能力和特长的发展影响该社会对男女高低不等的评价，形成男女之间不平等的权力和地位关系，并且通过家庭、社区、市场、国家，在文化习俗、教育、宗教、法律、政策等作用下得到巩固和加强，被该社会作为行为规范而固定下来。

（2）经济上的差异。多数家庭在财力稀缺的情况下，首先会选择让儿子而不是女儿上学。"男性的收入高于同等学力的女性"，这在当今世界也是一个长期的、极为普遍的现象。国际劳工局的报告表明，从每一级的教育水平看，妇女仍然比男子得到的报酬要少。在整个经合组织国家中，无论是教育水平高还是低，妇女的收入都比男子低。"女性教育机会成本低"意味着男女即使接受同量的教育，女性的就业率和经济收入也低于男性。也就是说，对男性的人力资本投资的预期收益要远远高于女性，能为家庭带来更多的收入。在薪酬方面，即使在相同的职业中，女性与男性的工资报酬比率也仍然处于 0.74～0.87 之间。

2. 如何帮助女性获得培训和就业的机会？

首先，在尊重各国的传统习惯的基础上开展调查研究，深入了解女性培训和就业的现状及存在问题。有些国家传统上不允许女人抛头露面，有些国家习惯上要求已婚妇女退出劳动力市场，有些国家规定女性不得从事某些工作。基于传统和文化上的尊重，可以适当避开这些规定，从别的方面入手，帮助女性获得培训和就业的机会。其次，要加强宣传引导，促进全社会各方都重视女性培训和就业。关键在于增强培训的针对性、实用性和有效性。要特别注意分析市场需求的变化和不同层次女性求职的意愿，有效实施培训计划。要利用好现有的教育资源举办各种免费或低收费的培训班，同时要鼓励

Case study 国际劳工标准案例评析

和支持社会各方面开展多层次、多形式的专题培训，要重视并认真开展创业培训，培养和造就一批小企业创办者和自谋职业者。还要加强对农村女性劳动力转移的就业培训。积极提供服务，多渠道帮助女性劳动力转移就业。

3. 国际劳工组织发起的"两性平等的体面劳动"活动目标和主题是什么？

2009年是国际劳工组织成立90周年。国际劳工组织在2008年6月发起了一项促进在两性平等方面实现体面劳动的活动。为期一年，2008年6月到2009年6月，每月一个主题活动，一共有12个主题，见表3—1。

表3—1　　　　　　　两性平等的体面劳动活动主题一览表

时间	Theme	主题
2008年6月	Decent childhoods: Educate both girls and boys	体面的童年：教育男孩和女孩
2008年7月	Protect the Future: Maternity, paternity and work	保护未来：生育、哺育和工作
2008年8月	Youth Employment: Breaking gender barriers for young women and men	青年就业：打破性别障碍的青年男女
2008年9月	Remove the obstacles! On the right track to equality	移除障碍：在通向平等的正确道路
2008年10月	Rights, jobs and social security: New visions for older women and men	权利、就业和社会保障：老年人的新愿景
2008年11月	Skills and entrepreneurship: Bridging the technology and gender divide	技能和创业精神：弥合技术和性别鸿沟
2008年12月	Women and men migrant workers: Moving towards equal rights and opportunities	移民工人：走向平等的权利和机会

该活动的目标在于：

(1) 在工作领域中，增加男女平等问题一般性的认识和理解。
(2) 突出男女平等和实现体面劳动之间的联系。
(3) 促进会员国批准和实施有关男女平等方面的公约和建议书。
(4) 克服现有的障碍，实现男女平等。

第三章　国际劳工标准的主要内容

相关阅读

在"男人的世界"工作：任职于斐济警署的女性

女性在公共服务方面的就业比例在世界范围内已有了一定程度的提高，同时，平等的就业政策也在全球范围内有所增加。Kasanita Seruvatu 曾任斐济警署培训部负责人，现任萨摩亚群岛警署培训顾问，她在过去 10 年中一直在两个国家提倡建立性别平等，允许女性在警署中从事具有挑战性的职务。为此，对 Kasanita Seruvatu 进行了采访：

ILO：你认为消除女性性别歧视最大的阻碍是什么？

Kasanita Seruvatu：最主要的阻碍是对于女性工作的固有社会观念和态度。文化、社会生活和宗教信仰都在当中起了重要的作用。殖民地时期前的禁忌和文化标准在具有统治地位的男性与相对附属的女性间画出了一条清晰的界线。殖民主义者和基督教徒的价值体系又增强了传统的性别角色。这些传统的性别角色虽然已经丧失了其原有的重要性，但仍然影响着现代社会。另一个性别平等的主要阻碍是女性自身。有时，我们履行社会对我们的期望——特别是我们的男性伴侣——表现得无助、不自信、软弱，尽管我们掌握职权。另外，女性同样深信在此行业中女性无法与男性相比。

ILO：什么方法可以保证女性与少数民族在斐济警署的就业维持相对的平衡？

Kasanita Seruvatu：我们于 2003 年提出了相应的政策，包括扩大公共人员的招聘和去除招聘中的体重、身高、年龄和胸围等一些对印地安人和华人有歧视的强制标准。同年，我们规定，在警察部门，女性就业人员占比例为 35%，男性为 65%。新的人力资源政策推行更透明和公平的选拔程序，给予女性前线的工作职位，包括精英团队。同时，建立工作网络，禁止性骚扰和对女性警察的正面媒体宣传。给予斐济少数民族一定的招收比例，确保了斐济地区的征兵平衡。人力资源部主管将决定吸纳多少新兵。然后根据人口比例进行划分，如 50% 斐济当地人口，40% 印第安人口和 10% 的其他少数民族人口。当然，对女性的招募比例也要考虑在内。

ILO：请谈谈你对女性进入警署高层的看法？

Kasanita Seruvatu：无论是在斐济地区，还是全球范围，由于对女性的固有观念，女性想进入警署的高层工作都不是一件容易的事。在 Huges 任命专

Case study 国际劳工标准案例评析

员一职前，只有一名女性任职副主任，而第二高职位的是一名警官。没有女性任职督察及以上职位。这是一个男人的世界。2003年Huges专员委任两名女性任职重要的执行工作标志着重大转变。然而，当她们处理与男性警员有关的事务时，由于男性警员对他们固有的成见，使她们的工作变得更艰难。

ILO：我们如何改变社会性别角色的观念？

Kasanita Seruvatu：对女性工作始终贯穿一种男权的思想，而有时给予她们的工作无非是安抚那些女权主义者，在一定程度上让她们保持沉默。管理阶层在性别平等方面不能只是纸上谈兵，而应采取行动。他们应对促进女性进入警署高层管理阶层进行尝试。应该言行如一，而不只是说说而已。鼓励女性去前线工作而不只是在行政部门。晋级机会和重要职位的空缺应进行宣传，使每个人都有机会申请，而选拔则应在透明而公平的背景下进行。女性应不再沉默，与男性交流时应让她们保持自信，敢于质疑领导的决定，尤其是男性领导的决定。

ILO：警署中的统一与多样性相结合对社会是否有积极的影响？

Kasanita Seruvatu：对于性别和民族在警察部门中的平衡确保了执法部门作为公众榜样和对公众负责的原则。同时，它还说明一个地区的警察部门应反映其地区的特性和人口构成。当警察部门可以看见由女性和少数民族任重要职位时，就证明他们已经被公众所认可。

ILO：在性别平等与消除歧视的斗争中ILO应该承担什么样的角色？

Kasanita Seruvatu：国际劳工组织应当承担主要责任，并帮助实现产业中的性别平等。这意味着要打破组织及政府层面上的歧视。国际劳工组织可以通过帮助加强地方劳动部门建设，减少当事人冲突，提供发展领域的技术援助。还有一些推进性别平等的政策：对在男性工作领域（如工程类等）工作的女性给予物质奖励，在培训课程中为女性保留学习机会，确保每位女性拥有受教育的权利。

资料来源：作者根据国际劳工组织网站"Working in a 'man's world': women in the Fiji police force"翻译整理，http://www.ilo.org/global/About_the_ILO/Media_and_public_information/Feature_stories/lang--en/WCMS_099054/index.htm（last visited Dec. 22, 2008）。

第三章 国际劳工标准的主要内容

案例三 监狱劳动在美国

 案例介绍

在美国，监狱犯人服刑期间往往要从事各种形式的劳动，生产的产品有的在市场上出售，有的供政府机构和监狱系统内部使用。通过劳动，犯人除了得到一定的报偿之外，还可以学到一技之长，同时又打发了在监狱中寂寞的光阴，因此，犯人大多愿意得到工作机会，因为要求工作的人多，他们常常要排队很长时间，才能得到非常难得的劳动机会。但事实真是这样吗？

迪诺多·纳瓦雷特（Dino Navarrete）是一名绑架犯，因为罪行败露，他被判进入加利福尼亚州蒙特里附近的索莱达监狱（Soledad prison）服刑。然而监狱生活并不是他想象中的那样，只有冷冰冰的牢房和一点点的放风时间。他被告知要在监狱里从事生产劳动。

此时，他正在监狱庞大的缝纫车间里忙碌工作。纳瓦雷特个子不高，但很健壮，全身上下有发达的肌肉，他裸露着胸前的文身，很难想象彪悍的他现在正小心翼翼地站在流水线旁，给蓝色衬衫缝上袖子。和其他人一样，他每天都要工作，一天工作9小时，一小时的工资大约45美分，一个月的收入大约60美元。

纳瓦雷特说，没有人愿意干这样的工作，但监狱管理者把他们赶到机器旁边，强迫他们必须工作。如果犯人拒绝工作，他们被会被转移到禁闭室接受惩罚并不给饭吃。他们就像奴隶一样工作。

虽然监狱劳动在加州早就被停止了，但纳瓦雷特还是惊奇地发现，他们生产的成衣被出口到亚洲国家。这些成衣被销售到海外，会赚取更多的利润，但无论赚了多少钱，他们这些监狱里的劳动力是不会得到额外的工资的。

美国联邦法律禁止"在监狱里生成在国内销售的产品，除非支付给犯人与市场价格相同的现行工资"。然而该法律不适用于出口产品，很多监狱就钻了法律的空子，安排犯人生产，并把产品卖到海外去赚大钱。更可笑的是，监狱还声称犯人是自愿的，这样做可以帮助因犯学习工作技能。俄勒冈州监狱（Oregon's Prison）的负责人弗雷德·尼科尔斯（Fred Nichols）强调："犯人是自愿参加劳动的，监狱为他们提供了额外的培训——如何生产牛仔裤。

Case study 国际劳工标准案例评析

他们如果工作表现突出，还可以得到刑期减免的优待。"

资料来源：作者根据记者 Reese Erlich 的文章 "Prison Labor: Workin' For The Man" 翻译整理，http://www-unix.oit.umass.edu/~kastor/private/prison-labor.html（last visited Jan. 14, 2009）。

问题与思考

1. 强迫劳动有哪些形式？
2. 简述美国监狱劳动的历史沿革。
3. 美国监狱劳动如何分类？
4. 世界贸易组织对监狱产品做了哪些规定？

关键概念点评

1. 监狱劳动（prisoner labour）：监狱劳动（或者劳改犯劳动）是最典型的强迫劳动。监狱工厂的囚犯出于违反法律而接受国家的惩罚，他们的劳动是非自愿的劳动。

2. 强迫劳动（forced labour）：强迫劳动是指任何人受惩罚、威胁、被迫从事非本人自愿从事的一切工作或劳务，但有些义务不包括在强迫劳动之内。

3. 世界贸易组织（World Trade Organization, WTO）：世界贸易组织是一个独立于联合国的永久性国际组织。1995年1月1日正式开始运作，负责管理世界经济和贸易秩序，总部设在瑞士日内瓦莱蒙湖畔，简称世贸组织。世界贸易组织是具有法人地位的国际组织，在调解成员争端方面具有更高的权威性。它的前身是1947年订立的关税及贸易总协定。与关贸总协定相比，世贸组织涵盖货物贸易、服务贸易以及知识产权贸易，而关贸总协定只适用于商品货物贸易。

4. 关税及贸易总协定（General Agreement on Tariffs and Trade, GATT）：关税及贸易总协定是一个政府间缔结的有关关税和贸易规则的多边国际协定，简称关贸总协定。它的宗旨是通过削减关税和其他贸易壁垒，削除国际贸易中的差别待遇，促进国际贸易自由化，以充分利用世界资源，扩大商品的生产与流通。关贸总协定于1947年10月30日在日内瓦签订，并于1948年1月1日开始生效。

第三章 国际劳工标准的主要内容

案例评析

1. 强迫劳动有哪些形式？

强迫劳动，包括监狱劳动、契约劳动、抵债劳动、奴役劳动、以惩罚为恐吓手段的、被强迫的、或者非自愿的劳动。使用监狱劳动或者劳改犯的劳动是最典型的强迫劳动。契约劳动是指工人的行动自由被严格限制，而且往往得不到劳动报酬，比较普遍的情况是，雇主往往禁止契约劳动工人自由离开，或者契约劳动工人不能自由选择结束雇佣关系。抵债劳动往往是由于本人或者家庭成员欠下他人债务而不得不为他人工作以抵消债务，如"父债子还"，抵债劳动工作的目的在于还债而不是取得劳动报酬。抵债劳动作为一种传统现象经常发生在巴基斯坦和印度，20世纪90年代就引起国际社会的关注并遭到批评。强迫劳动还有其他形式，例如，通过劳动合同不合理地限制工人解除雇佣关系的权利，雇主扣押工人身份证明文件，限制工人下班后离开工厂或宿舍，招工时收取押金，等等。

2. 简述美国监狱劳动的历史沿革。

19世纪初，两个最早的监狱模式在美国形成，一个是纽约州的奥本监狱，另一个是宾夕法尼亚州的切里希尔感化院。切里希尔感化院强调罪犯的改造，希望通过对监狱犯人实行独自关押，并提供圣经供他们阅读，从而起到感化犯人的作用。而奥本监狱对待犯人的方式近乎奴役，因为犯人在那里被迫为那些和政府有合同的私营公司提供无偿劳动。但是，也有人赞成奥本监狱模式，认为在切里希尔感化院，监狱犯人终日无所事事，这可能导致他们精神失常，犯人劳动创造的收益可以帮助减轻州政府的财政压力。当时，美国大多数州都采用奥本监狱模式。

1865年，南北战争结束后，美国国会通过宪法第13条修正案。这条修正案规定，在共和国境内或由共和国管辖的任何地方，都不允许奴隶制和强迫劳役存在，只有作为对被判罪人员的应有惩罚不包括在内。该修正案除了宣布废除奴隶制外，还为监狱劳动提供了法律依据。1867年，密西西比州成为第一个把监狱犯人租给私营公司从事无偿劳动的州。此后，这种做法逐步扩大到南部其他各州。

1935年，美国国会通过《阿什赫斯特—萨姆纳斯法案》，这个法案取缔了

case study 国际劳工标准案例评析

州际之间从事监狱制造产品的贸易,买卖这种产品被视为重罪和联邦犯罪,从而关闭了监狱犯人的劳动产品进入市场的大门。

20世纪70年代,美国有些监狱出现骚乱。一些人士认为,这是因为监狱犯人终日无所事事造成的。他们建议放松《阿什赫斯特—萨姆纳斯法案》实施的限制,让犯人从事一些有偿劳动。因此,美国国会1979年通过了《司法系统改进法案》,批准7个监狱不受《阿什赫斯特—萨姆纳斯法案》的限制,实行"增进监狱工业资格认证计划"。这个计划允许这几个监狱在满足一定条件的情况下,参与监狱工业和从事洲际监狱产品贸易。这样,监狱犯人的劳动产品开始小规模面向市场出售。

目前,全美大多数联邦和州级监狱从事的都是传统的监狱劳动。监狱犯人生产出来的产品仅供监狱系统内部和政府资助的部门使用,而不进入经济市场。另外,还有一些犯人在监狱中从事洗衣房维护、餐厅招待或清洁打扫等各种服务性劳动,并得到少量报酬。

3. 美国监狱劳动如何分类?

美国的监狱分为三个系统:一是联邦监狱,它接受美国国会通过的联邦法律的管理,关押联邦法院判决的犯人;二是州监狱,它由各州议会通过的法律管理,关押判刑在一年以上的犯人;三是郡看守所,关押判刑在一年以下的轻罪犯和等待判决的未决犯,郡议会对看守所也有相关的规定。虽然这三个监狱系统各不相同,但它们都必须服从美国联邦宪法,而且联邦法律和联邦法庭的判决有些适用于各州,州的法律和州法庭的判决有些也适用于各郡。

为了解决监狱犯人服刑期间无所事事的局面,监狱尽可能安排犯人从事各种工作和学习,以期可以大大降低犯人获释以后的返监率。监狱甚至类似于自负盈亏的私营公司,犯人们在其中制造汽车牌照和家具,并从事与计算机、农业以及肉类包装有关的工作,每月可以拿到100美元到120美元的劳动报酬,这些犯人对监狱的稳定起到了一定的作用,因为他们如果要得到这些工作就不能有行为上的问题,而且必须具备高中文凭。另外,监狱还提供一些机构内部的工作,例如,犯人可以在监狱工作人员的监督下从事厨房服务、餐厅招待、打扫卫生和修剪草坪等劳动,既能学到职业技能和劳动道德观念,又能得到劳动报酬,并能因表现好而减刑。总体上说监狱劳动可以分为三类:一是监狱系统内部的工作,也就是说,监狱犯人被监狱工作人员指

第三章 国际劳工标准的主要内容

派从事一些监狱系统内部劳动;二是传统监狱工作,生产的产品只能提供给政府机构和非营利机构,因此,不对其他私营领域构成竞争;三是"增进监狱工业资格认证计划",这个计划允许监狱犯人为那些同政府有合同的私营公司工作,产品最终走向市场,但是,实行这个计划的监狱屈指可数,大部分监狱仍然从事传统的监狱产业。

4. 世界贸易组织对监狱产品做了哪些规定?

关税贸易总协定(世界贸易组织的前身)在1994年就颁布过一个规定,第20条"一般例外"第5项规定:"各国可以采取措施禁止监狱产品进口,但是该措施不得构成武断的或不合理的差别待遇,或构成对国际贸易的变相限制"。这是唯一写入WTO协议中的一项劳动标准,把劳动标准和自由贸易挂钩,是1999年12月美国在西雅图会议上提出的"社会条款",由于大多数发展中国家的反对而失败。但是关于禁止强迫劳动,根据1930年《强迫劳动公约》(第29号)和1957年《废除强迫劳动公约》(第105号),对已决罪犯(不包括政治犯)进行劳动改造并不违反劳动标准。但是,不能以强迫劳动作为发展经济的手段,因此,WTO禁止监狱产品出口。

相关阅读

美国科罗拉多州让囚犯当农民 一天工资60美分

美国科罗拉多州去年夏天通过了一项极为严格的"反非法移民法"。迫于压力,众多在当地工作的非法移民纷纷离开。科罗拉多州随后面临着极为严重的劳动力短缺问题。为应对这种局面,该州官员想出来一个"高招儿":由监狱中的囚犯充当农场工人,并且让他们承担采摘瓜果、洋葱、青椒等简单任务。

《洛杉矶时报》报道,上述方案是众多不愿眼睁睁地看着果实烂在地里的农场主们四处奔走呼吁的结果。目前,共有十多家农场同科罗拉多州囚犯改造局达成了临时"用人协议",以弥补严重短缺的农场工人。否则,当地农业生产有陷入瘫痪的危险。据介绍,参加劳动的都是那些安全风险较低的囚犯,他们干一天只能挣60美分。

有关方面透露,本月将有100多名囚犯到"农业生产第一线"上岗。科罗拉多州共有2.2万名囚犯具备农业生产经验。在监狱里,囚犯曾从事过驯马和种植花草树木工作,还有700多名囚犯被派到狱外从事各种工作,如充当消防员的助手等。除科罗拉多外,美国其他地区的任何监狱目前都没有派囚犯从事农业生产的计划。

监狱将派出看守负责在田边地头监督管理这些"劳改犯"。因此,看守的工资也要由农场主来支付。很多农场主宣称,他们愿意向这些囚犯支付与非法移民相同的工资(每小时9.6美元)。尽管如此,这条消息传来,无论支持还是反对移民法的政客都公开宣称自己感到"非常震惊",反对政府将监狱中的犯人变成奴隶。

自从科罗拉多反非法移民法过关后,当地警察开始随意以"超速"为名拦截拉美人后裔,并检查他们是否具有留在美国的合法身份。去年,这个州还强化了驾驶执照申请程序。结果,很多美国公民,其中包括一位州议员的女儿,因为无法提供能证明自己身份的文件,而被拒绝发放驾照。法官判决说,这样的法律必须进行修改。

在非法移民纷纷离开后,科罗拉多的洗车业和建筑业同样感觉到工人严重不足。支持这个法律的人士宣称,自从去年夏天开始,非法进入美国的墨西哥人明显减少。这些"反非法移民者"认为,农场主或者通过改善工作条件和增加工资的办法来吸引具有合法身份的工人,或者提高机械化水平,但是不能雇请非法移民工作。

其实,科罗拉多监狱中囚犯的"劳动改造"工作非常普遍,这些囚犯种花、养蜂、培植酿酒用的葡萄,甚至还能生产塑料袋和家具。据悉,未来5年间,仅仅扩建监狱一项就需要让州政府投入数亿美元资金。因此,让这些囚犯外出做工,能大幅度减少当地监狱的管理费用支出,可谓一举多得。

资料来源:作者根据人民网《美国科罗拉多州让囚犯当农民 一天工资60美分》资料整理,http://world.people.com.cn/GB/1029/42355/5434809.html(last visited Jan. 14, 2009)。

案例四 残疾人就业

 案例介绍

美国电影女演员马特林·马莉(Matlin Marlee),1965年出生于伊利诺伊州的摩登格洛坞,在纽约长大。18个月大的时候,因患病而失聪,右耳听力完全丧失,左耳只有20%的听力,导致她无法正常讲话。但失聪没有令她放

第三章　国际劳工标准的主要内容

弃人生,她从小就热爱表演,凭着坚毅、顽强、克服困难的精神,她在演艺方面取得了一个又一个辉煌的成就。1986年,派拉蒙影片公司请她出演影片《失宠于上帝的孩子》(Children of a Lesser God),精湛的演技使她获得第59届奥斯卡最佳女主角金像奖及最佳故事片女主角金球奖。她成为奥斯卡历史上最年轻的最佳女主角(当时她只有21岁)和首位聋人影后。

失聪导致她说话有点辛苦,口音也比较奇怪(因为她听不到自己说话的声音)。虽然她在沟通时只能用手语,但她的眼神、面部表情和肢体语言非常丰富。她为人很活泼、很爽直、很自信、很从容、很聪慧,丝毫不因自己身体残疾而有任何自卑、含蓄的表现。当然她也会通过读唇语和随身的翻译帮助她进行复杂的沟通。

作为一名残疾人,在纷繁复杂的演艺圈中,为了获得他人的认可,她付出的艰辛是可想而知的。然而并不是所有的人都能对残疾人一视同仁。她在接受奥斯卡奖并发表感谢词时,就有人用恶毒的语言打断她,那人说因为她是聋子才得到了同情票,诅咒她的演艺道路是不会长久的。面对恶意的指责,马莉并没有灰心丧气,而是用自己的实际行动,获得了更多人的支持与认可。"谁都不应该这样说马莉,"马莉最好的朋友亨利·文克勒(Henry Winkler)主持马莉婚礼时说:"如果有谁生来就注定做演员的话,那一定是马莉。"马莉的舞蹈教练法比安-桑切斯(Fabian Sanchez)也非常认同亨利的说法:"这跟同情一点关系都没有。我像对待所有新学生那样对待马莉。马莉不接受任何特殊的优待,她希望我们像对待正常人一样对待他。"

马莉的成功还得益于她小时候参加的失聪中心老师的帮助。正是失聪中心的老师发现了她的表演天才,帮助她完成了表演的启蒙。她首次的登台表演,也是在中心的舞台。她8岁的时候,参与了《绿野仙踪》的表演,扮演女主角多萝西。一个失聪的人是怎么跳舞的呢?马莉认为自己与别人并没有什么不同,她唯一的障碍就是听不到声音。她的舞伴和教练都认为她是一个好学生,她是一个完美主义者,她急于立即完成每件事,就像大家一样,她希望做到每样事都是对的。马莉独特的跳舞技术令大家留下了深刻的印象。失聪中心的老师说:"我一直觉得马莉会成为一个明星。当她还很小的时候,我说这个小孩真的很有才能,她不仅仅像其他小孩子一样可爱,她还拥有感染他人的能力,能吸引别人关注她。"

马莉说:"如果不是这个中心,就没有今天的我。这个中心给我机会去长

Case study 国际劳工标准案例评析

大成为一个演员,成就了今天的我。我不会让残疾阻止我想做的事情。小时候有人告诉我,不要让别人告诉我,我是谁,我想要什么。不要让别人左右自己的梦想。世界上不存在不可能的事情,我的字典里没有'不可能'这个词。当然,我不会说,这是一件很容易的事情。我的付出是值得的。我自己的命运由我自己掌握,我决定着自己的职业生涯,按照自己的梦想,成为自己想做的人。我是一个非常固执的人,现在看来这也算是一件好事。10岁时我就知道自己想要什么,我的梦想是什么。我不会默默无闻的待在家里,我要学会工作,学会生活。"

资料来源:作者根据马特林·马莉的个人网站资料翻译整理,http://www.marleematlin-site.com/lifebio/lifebio.html (last visited Jan. 12, 2009)。

问题与思考

1. 简述国际残疾人日的由来。
2. 国际残疾人日的历届主题是什么?
3. 残疾人在就业方面有哪些特殊性?

关键概念点评

1. 国际残疾人日(International Day of Disabled Persons):每年12月3日的"国际残疾人日"是一年一度的活动,旨在促进人们对残疾问题的理解和动员人们支持维护残疾人的尊严、权利和幸福。

2. 中国"全国助残日"(National Disable Day):1990年12月28日,中华人民共和国第七届全国人民代表大会常务委员会第十七次会议审议通过了《中华人民共和国残疾人保障法》,并决定于1991年5月15日起在全国实施。《残疾人保障法》第48条规定:"每年5月的第三个星期日,为全国助残日。"

3. 残疾人就业:指达到法定劳动年龄,具有一定劳动能力、有劳动要求的残疾人获得劳动岗位,并取得劳动报酬或经营收入。它包含三层含义:第一,不是每个残疾人都存在就业问题,只有劳动能力已在就业年龄段的残疾人才有劳动就业问题。第二,残疾人不是从事任何劳动都算就业,只有从事被社会承认并能获得报酬或收入的劳动,才算就业。第三,不论其从事什么性质的劳动,只要这种劳动被社会承认又能获得报酬或收入,都算就业。

第三章　国际劳工标准的主要内容

案例评析

1. 简述国际残疾人日的由来

由于生理、法律和社会方面的障碍，残疾人往往不能和正常人一样平等地享受政治、经济、社会和文化等权利。这种现象长期以来一直未能得到社会的足够重视。1976年，为唤起社会对残疾人的关注，联合国大会宣布1981年为"国际残疾人年"，并确定了"全面参与和平等"的主题。1982年12月，第37届联大通过了《关于残疾人的世界行动纲领》，宣布1983年至1992年为"联合国残疾人十年"，同时呼吁世界各国及国际组织积极开展活动，增进人们对残疾人的理解和尊重，改善残疾人的生活状况，使他们享有参与社会的平等机会。

1992年10月12日至13日，第47届联大举行了自联合国成立以来首次关于残疾人问题的特别会议。大会通过决议，将每年12月3日定为"国际残疾人日"。

国际残疾人日的确立，说明在世界范围内，残疾人事业日益引起广泛关注，不同种族的人们都开始形成一个共识，残疾人事业是人道主义的事业，是一项崇高而又光荣的事业，是人类进步和正义的事业。庆祝国际残疾人日给人们提供了一个机会，使其改变对残疾人的态度，并消除影响残疾人充分参与到生活各个方面中来的障碍。

2. 国际残疾人日的历届主题是什么？

历届国际残疾人日主题见表3—2。

表3—2　　　　　　　历届国际残疾人日主题一览表

年份	主题	重点领域
2008	Convention on the Rights of Persons with Disabilities: Dignity and justice for all of us	《残疾人权利公约》：人人享有尊严和正义
2007	Decent work for persons with disabilities	为残疾人提供体面的工作
2006	E-Accessibility	"信息无障碍"，意在强调残疾人在使用互联网等信息通信技术获取信息时，不应存在任何障碍
2005	Rights of Persons with Disabilities: Action in Development	残疾人的权利：参与发展

83

续表

年份	主题	重点领域
2004	Nothing about Us without Us	没有我们的参与，不能作出与我们有关的决定
2003	A voice of our own	为残疾人提供体面的工作
2002	Independent Living and Sustainable Livelihoods	独立生活与可持续生计
2001	Full participation and equality: The call for new approaches to assess progress and evaluate outcome	完全分享和平等：呼吁评估进步和评价结果的新途径
2000	Making information technologies work for all	信息技术服务所有人
1999	Accessibility for all for the new Millenium	新千年所有人无障碍
1998	Arts, Culture and Independent Living	艺术、文化和独立生活
1997	Empowerment of Disabled: People-Building Civil Dialogue	残疾人赋权：建立公民对话
1996	Poverty and Disability	贫困与残疾

3. 残疾人在就业方面有哪些特殊性？

由于残疾人受自身身体、精神方面的限制，以及历史和社会经济发展水平的制约，残疾人在就业方面也存在一定的特殊性。这表现在：

（1）残疾人的职业选择和工作类型要受其残疾类型和残疾程度的约束。不同的残疾类型（如肢体残疾、听力语言残疾、精神残疾或者多重残疾等）对残疾人的工作能力有着不同的影响，例如，视力残疾的人就不能从事那些对视力有要求的工作，语言听力残疾难以从事教师、口语翻译；智力残疾不能从事脑力劳动和技术工作；肢体残疾基本不能从事强体力劳动，精神病残疾不应从事管理等工作等；不同残疾的程度也对残疾人工作的能力有重大影响。这极大地限制了残疾人的就业面，使残疾人难以在更广泛的领域展示自己的才干，制约了残疾人在就业上的灵活性和可选择性。

（2）残疾人就业的稳定性较差。由于某些残疾人文化水平较低，劳动技能较为单一，往往只能从事一般的、单调的、不稳定的工作，而且就业结构单一，就业可替代性高。

（3）残疾人就业受到外部环境的影响较多。例如，残疾人经常要承受的

第三章　国际劳工标准的主要内容

外部环境影响有：社会对残疾人和残疾人就业的歧视性态度、接受教育和培训机会的不平等、有障碍的建筑等公共设施、就业信息不灵、与就业相关的交通不便、缺少残疾人用品及支助服务等，这些都对残疾人就业和职业活动造成了一定程度的影响。

（4）残疾人就业要促进与保障并重。在就业和劳动过程中，通常要求用人单位在精神和物质上给予更多的照顾，支出更多的资金，对残疾人的就业安全给予保障。例如，支付各种保险，在企业提供无障碍环境，提供特殊的工作用具和交通工具等。

（5）残疾人就业需要更多的人情关怀和照顾。残疾人是在身心活动上有不同程度困难的群体，这是由于残疾的存在和影响所造成的，应该给予特殊的关心和照顾，以利于克服这些困难，为他们能力的充分发挥创造必要的条件。

 相关阅读

残疾人权利宣言

联合国大会注意到各会员国根据《联合国宪章》的规定，保证与联合国合作采取共同的和单独的行动，以促进较高的生活水平、充分就业以及经济和社会进步和发展的条件。重申宪章所宣布的对于人权和基本自由，以及关于和平、人的尊严和价值、社会公平各项原则的信念，回顾《世界人权宣言》、关于人权的各项国际公约、《儿童权利宣言》、《智力迟钝者权利宣言》的各项原则，以及国际劳工组织、联合国教育、科学及文化组织，世界卫生组织联合国儿童基金会和其他有关组织的章程、公约、建议和决议内为社会进步而规定的标准，又回顾经济及社会理事会于 1975 年 5 月 6 日关于预防伤残和伤残复健的第 1921（LV.Ⅲ）号决议，强调社会进步和发展。宣言宣布，必须保护身心不健全的人的权利并保证他们的福利和恢复正常生活，铭记着需要预防身心的伤残，并帮助残疾人发展他们在各个不同活动领域的能力，并尽可能使他们过正常的生活，注意到某些国家在其目前发展阶段只能为此作出有限的努力，特公布残疾人权利宣言，并要求采取国内和国际行动，保证以本宣言为共同基础和根据来保障下列权利：

1. "残疾人"一词的意义是指任何由于先天性或非先天性的身心缺陷而不能保证自己可以取得正常的个人生活和社会生活上一切或部分必需品的人。

2. 残疾人应享有本宣言所列举的一切权利。所有残疾人都应享有这些权利，毫无例外，而且不得基于种族、肤色、性别、语言、宗教、政治或其他见解、国籍或社会出身、财产、家世或任何其他情况，而对残废者本人或其家属有所区别或歧视。

3. 残疾人享有他们的人格尊严受到尊重的基本权利。残疾人，不论其缺陷或残疾的起因、性质和严重性，应与其他同龄公民享有同样的基本权利，其中最主要的是享有适当的、尽可能正常而充实的生活。

4. 残疾人享有的公民权利和政治权利与其他人一样；对于智力缺陷者，这些权利的任何可能限制或压制，应适用智力迟钝者权利宣言第七条的规定。

5. 残疾人有权获得种种旨在尽可能使他们自立的措施。

6. 残疾人有权接受医药、心理和机能治疗，包括安装义肢和假体在内，接受医疗和社会复健、教育、职业培训和复健、各种帮助、指导、就业和其他服务，以充分发展他们的能力和技能并加速他们参与社会生活或重新参与社会生活的过程。

7. 残疾人有权享有经济和社会保障，并过着像样的生活。他们有权按照其能力获得并保有职业，或担任有用处的、生产的、有报酬的工作，并加入工会。

8. 在经济和社会规划的所有各阶段，都要照顾残疾人的特别需要。

9. 残疾人有权与其亲属或养父母同住，并参加一切社会活动、创作活动或娱乐活动。除非残疾人的病况确有必要或为减轻病况确有必要，不得在居住方面使他们受到的待遇异于他人。如残疾人不得不居住在特别疗养所时，当地的环境和生活条件应尽可能接近同龄人的正常生活环境和条件。

10. 残疾人应受保护，以免受到任何剥削、任何管制或任何歧视性、虐待性或侮辱性的待遇。

11. 残疾人如确需合格的法律援助以保护其人身和财产时，应能够获得这种援助；残疾人如被依法起诉，所采用的法律程序应充分考虑他们身心方面的状况。

12. 有关残疾人的权利一切的问题，应与残疾人组织进行协商。

13. 应通过一切适当方法，使残疾人、其家属及社区充分了解本宣言所载的各项权利。

资料来源：联合国组织中文网站《残疾人权利宣言》，http://www.un.org/chinese/（last visited Jan. 12, 2009）.

第三章　国际劳工标准的主要内容

案例五　ILO称国际金融危机将使失业人口增加2 000万

 **案例介绍**

2008年10月，国际劳工组织预计全球金融危机将使世界失业人数增加2 000万。国际劳工组织需要采取并协调好政府行动，以避免可能产生的非常严重的将持续很长时间的全球性的一场社会危机。

根据国际货币基金组织对全球经济增长率的预测和联合国早前关于失业率将上升的报告，国际劳工局局长胡安·索玛维亚说国际劳工组织初步估计失业者的数量可能由2007年的1.9亿人升至2009年年底的2.1亿人。

索玛维亚局长补充说，每天生活费不足1美元的超低收入阶层可能增加4 000万，同时每天生活费不足2美元的人数将增加1亿人。

索玛维亚局长也提到当前的危机对建筑业、汽车业、旅游业、金融业、服务业、房地产业等部门带来的冲击最大，他也指出如果当前经济萎缩和将发生衰退的影响不能得到迅速处理，这些最新的预测可能会证明低估了形势。"这不仅仅是华尔街的危机那么简单，它是所有行业的一场危机。我们需要为工薪家庭和实体经济提供体面劳动救援计划，将工资增长和就业增长更好地结合起来"。

索玛维亚局长说，国际劳工组织关注的焦点包括信心的恢复；建立和完善社会保障（包括养老金、失业金、抚养费和医疗计划）；确保企业获得贷款的途径通畅，以避免裁员、降薪、破产，并能够重新复苏；尊重工人的权利并且深化三方对话来处理对企业的影响；确保官方发展援助的发放；重建一个对全球金融的有规制的政府；尽快通过投资和增长从复苏转向可持续发展。"我们欢迎当前关于更好的金融监管和建立全球性贸易平衡监管体系的呼吁。但是我们必须不仅仅只考虑金融体系"。

"在当前金融危机发生很久之前，我们就已经置身于巨大的全球贫困，日益增加的社会不平等，迅速上升的不稳定的非正式就业等所带来的危险之中。这些是曾经带来过好处但现在却已经变得不平衡、不公平、不可持续的全球化的一部分"，他说，"我们需要重新变得平衡并且集中精力挽救人民和生产。这关系到挽救整个实体经济。"

Case study 国际劳工标准案例评析

"为了继续保持开放的经济和开放的社会,我们必须在相关的国际组织中携起手来为更公平、可持续的全球化制定一个新的多边贸易框架。贸易谈判终止了;金融市场正处于边缘;气候变化在继续;任何重建都将不得不找出融入金融和经济、社会、劳工和环境政策共同可持续发展的方法"索玛维亚局长说,"现在是去进行思考并以一种果断具有创造力的方法采取行动以处理我们面临的巨大挑战的时候了。"

资料来源:作者根据国际劳工组织网站"ILO says global financial crisis to increase unemployment by 20 million"整理, http://www.ilo.org/global/About_the_ILO/Media_and_public_information/Press_releases/lang-en/WCMS_099529/index.htm (last visited Jan. 12, 2009)。

问题与思考

1. 金融危机对就业有什么影响?
2. 国际劳工组织在促进就业方面有哪些原则?
3. 国际劳工组织在促进就业方面做了哪些努力?

关键概念点评

1. 金融危机(financial crisis):金融危机又称为金融风暴,是指一个国家或几个国家与地区的全部或大部分金融指标(如短期利率、货币资产、证券、房地产、土地价格、商业破产数和金融机构倒闭数等)的急剧、短暂和超周期的恶化。金融危机可以分为货币危机、债务危机、银行危机、次贷危机等类型。近年来金融危机越来越呈现出某种混合形式的危机。

2. 国际货币基金组织(International Monetary Fund, IMF):国际货币基金组织成立于1945年12月,1947年11月15日成为联合国的专门机构,在经营上有其独立性。总部设在华盛顿。该组织宗旨是通过一个常设机构来促进国际货币合作,为国际货币问题的磋商和协作提供方法;通过国际贸易的扩大和平衡发展,把促进和保持成员国的就业、生产资源的发展、实际收入的高水平,作为经济政策的首要目标;稳定国际汇率,在成员国之间保持有秩序的汇价安排,避免竞争性的汇价贬值;协助成员国建立经常性交易的多边支付制度,消除妨碍世界贸易的外汇管制;在有适当保证的条件下,基金组织向成员国临时提供普通资金,使其有信心利用此机会纠正国际收支的

第三章 国际劳工标准的主要内容

失调,而不采取危害本国或国际繁荣的措施;根据以上目的,缩短成员国国际收支不平衡的时间,减轻不平衡的程度等。

3. 可持续发展(Sustainable Development):可持续发展是20世纪80年代提出的一个新概念。1987年世界环境与发展委员会在《我们共同的未来》报告中第一次阐述了可持续发展的概念,得到了国际社会的广泛共识。可持续发展就是建立在社会、经济、人口、资源、环境相互协调和共同发展的基础上的一种发展,其宗旨是既能相对满足当代人的需求,又不能对后代人的发展构成危害。

案例评析

1. 金融危机对就业有什么影响?

金融危机对就业的直接影响就是工作岗位减少,尤其是对于处于风暴中心的金融行业来说,由于华尔街资金不足,经营环境困难,金融公司不得不纷纷裁员,即使名气最响的金融巨头也未能幸免。世界最大投行高盛集团制定了涉及3 200人的裁员计划。巴克莱银行收购雷曼兄弟公司时裁员3 000人,美国银行收购美林证券导致的失业人数也在数千人之多。受一批金融机构相继出现危机的影响,华尔街大约有4万名员工可能面临失业。针对华尔街金融机构的服务业也会遭受冲击。如果把这些服务业包含在内,失业人数可能高达12万。此前纽约州劳动力市场公布的数据显示,截至2008年7月,华尔街就业人数为18万,较2007年7月减少1万多人。金融危机不但造成银行、证券、保险、投资、理财等金融服务业大幅萎缩,人员需求下降,而且会使汽车、房地产、制造业不景气,社会在岗人员收入减少,服务业用人量下降。这种困难局面要延续很长时间。

2. 国际劳工组织在促进就业方面有哪些原则?

国际劳工组织提出的促进就业指导原则包括以下几个方面:

(1)尽管存在对全球化积极意义的不同看法,但仍应继续推动建立更开放和有序的世界经济,其特点是更自由的贸易和外国直接投资以及更多的资金流动。

(2)对可持续经济增长和创造就业来说,最重要的是建立稳定的政治、经济和社会环境,包括稳定的宏观经济框架、立法及制度框架,以便确保人权、保护财产权、保证各种契约的有效性。

(3) 各国应创造良好的政策环境,以便鼓励生产性投资和结构改革,增加经济方面的国际竞争力。主要措施是加大公共工程投入,促进基础设施的改善,提高劳动者的技能水平,加快研究、创新和发展速度。

(4) 应实行良好的劳工政策,推动劳动力市场的调整,为受到经济和技术变革不利影响的个人提供保护,劳动者个人也应该提高技能水平,提高就业能力。

(5) 应实行保护弱势群体的政策,使长期失业者及缺乏技术和资金者获得就业机会。

(6) 加强三方对话,使创造就业机会和提高劳动生产率成为国家发展政策的优先目标。

3. 国际劳工组织在促进就业方面做了哪些努力?

(1) 确保各会员国遵守和实施国际劳工标准。严峻的就业形势增加了对工作条件的压力,无论是就业人员还是正在寻找工作的人,其工作条件和待遇水平趋于下降,因此,必须坚持按照相关国际劳工标准维护其就业方面的权益。

(2) 通过研究和信息收集与传播活动,把经合组织国家施行的就业政策和经验推广到更多国家,包括抑制工资增长,以减少通货膨胀政策。

(3) 鼓励会员国更多采用三方对话机制,特别是在准备采取政策改革措施以前,包括采用国际金融机构提出的改革措施。

(4) 争取国际劳工组织三方成员对开放的全球贸易体制的支持,通过实施国际劳工组织《关于工作中基本原则和权利宣言及其后续措施》以及《多国企业社会政策三方宣言后续行动计划》,消除向贫困社会倾销现象以及出口国家实行剥削性工作条件的威胁。

(5) 加强与会员国的合作以促进基层工作的开展,向最困难的人群提供帮助,包括消除童工劳动、促进妇女就业和消除性别歧视、提高弱势群体的收入水平、扩大公共工程计划、加强对非正规部门工人的社会保障,以及在相关领域的其他努力。

为了促进就业,国际劳工局局长索玛维亚于1998年对国际劳工局的组织机构进行了调整,设立了主管就业的执行主任,成立了相关机构,包括:

● 劳工标准司新设平等与就业处。

第三章 国际劳工标准的主要内容

- 新成立了就业战略司，下设就业战略处、恢复和重建处、技能开发处、工作岗位创造和企业开发处、多国企业处和促进性别平等处。

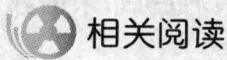相关阅读

联合国及各方关注全球金融危机

联合国大会

2008年10月20日，联大主席布罗克曼（Miguel Brockmann）宣布，在当前全球金融危机的背景下，他决定建立一个专家工作组，负责全面审视国际金融体系，并就如何改革布雷顿森林体系、确保更稳定的全球经济秩序向联合国会员国提供建议。布罗克曼已任命2001年诺贝尔经济学奖得主约瑟夫·施蒂格利茨为工作组负责人。布罗克曼表示，专家工作组的构成和工作范围将在10月30日联大召开的全球金融危机专题小组讨论会之后确定。在这次讨论会上，各会员国代表将与施蒂格利茨以及其他几名世界知名经济学家和社会学者展开互动，共同讨论全球金融危机的影响及应对措施，以便将危机置于宏观经济和社会大背景之下，为联合国的经济和发展议程提供建议。2008年9月联大讨论期间，各国首脑纷纷表示，1944年布雷顿森林会议（即联合国货币及金融会议）上确立的国际货币和金融体系需要进行根本性的改革，以便更好地反映当今世界相互依赖的经济现实，以更具可持续性、更平等的方式应对新的挑战。

国际货币基金组织

国际货币基金组织总裁多米尼克·施特劳斯·卡恩（Dominique Strauss-Kahn）对在华盛顿参加会议的世界金融领导人说，全球协调行动正开始扭转金融危机的大潮，但各国政府还需要"动用一切工具"来限制实体经济受到的破坏。卡恩在10月10日—13日的货币基金组织——世界银行年会结束时发表讲话说："在这个周末之前，对市场的信心发生崩溃，与此同时，国家之间的信任也几乎崩溃。我们看到一个很坏的趋势，这就是采取单边措施，只顾本国利益……而现在的局面正开始出现转机，就我们今天上午可以看到的情况而言，在亚洲和欧洲市场的效果看来很好。"但是，他指出，为了稳定金

融市场和恢复饱受打击的世界经济,还有很长的路要走。他说:"在金融市场采取的行动必不可少,但并不够。我们还需要动用现代宏观经济政策的一切工具来限制实体经济受到的破坏。"基金组织将带头吸取这场危机带来的教训,并建议进一步的行动来恢复信心和稳定。

世界银行

2008年10月9日,世界银行集团2008年年会在华盛顿召开,罗伯特·佐利克(Robert B. Zoellick)行长就当前的全球金融形式发表了讲话。佐利克曾经在7月举行的八国集团会议上说,发展中国家正面临着高涨的食品和燃料价格的影响造成的双重危机。然而,当时的双重危机目前已经变成了三重危机——食品、燃料以及金融,它们不仅可能会击垮最贫困的人口,而且还可能让他们不得翻身。对许多发展中国家来说,9月发生的事件可能是颠覆性的。出口下降将导致投资减少。与货币紧缩相伴随的恶化的融资条件将导致企业倒闭,并可能造成银行业危机。有些国家将会陷入国际收支危机。根据世界银行经济工作人员的暂时预测,发展中国家明年的增长率可能会从6.6%(世行4月预测)下降到接近4%。这仍然是个可观的增长率。然而,人们可能会因为下降速度很快而感到好像陷入了衰退。另外,许多国家的情况可能会比这个总体平均水平糟得多。这可能成为一个严重的打击。

联合国粮食及农业组织

2008年10月15日,粮农组织总干事迪乌夫(Jacques Diouf)在罗马举行的世界粮食安全会议上警告说,目前的金融危机有可能加剧已经存在了一段时间的粮食危机。他同时警告,保护主义和减少对发展中国家农业的援助不是解决问题的出路。迪乌夫提醒各国政府应当避免减少对发展中国家农业的援助,或是针对全球金融危机采取贸易保护主义的措施。迪乌夫表示,国际市场存在的高度不稳定性和全球衰退的威胁将有可能使一些国家试图滑向保护主义,并重新评估他们作出的国际发展援助承诺。粮农组织预计,今年全球粮食产量将增加4.9%,创下历史新高。加上经济放缓因素,世界粮食市场价格正在出现下降。这意味着某些主要的粮食出口国可能会减少种植,从而导致明年粮食减产。由于现在世界粮食库存并不丰裕,因此,2009年粮食

第三章 国际劳工标准的主要内容

价格有可能再次大幅上涨。迪乌夫提醒世人,在全球金融危机的背景下,我们不要忘记仍然存在的粮食危机。

资料来源:作者根据联合国网站资料整理。http://www.un.org/chinese/focus/financialcrisis/gap.shtml (last visited Jan.12,2009)。

第四章
国际劳工标准实施的途径及行为主体

〔阅读提示〕

  国际劳工标准的实施主要依靠由国际劳工大会通过的国际劳工公约得到会员国的批准、采纳并切实付诸执行的途径。但随着国际劳工标准在全球的推广，各会员国对其的认识逐渐加深，国际劳工标准实施的途径也在不断发展变化，呈现出多样性趋势。目前，国际劳工标准的实施主要有批准公约、软法、协议、普惠制、行为准则等方式。其中，批准国际劳工公约是一个非常重要的步骤，是所有促进工人权利的努力中的重要环节。软法是在严格意义上不具有法律拘束力，但又具有一定法律效果的国际文件。而协议多指缔约方为解决某一方面的具体问题而达成的协议。劳工标准通过协议的方式来执行，主要反映在地区性的自由贸易协议和一些双边的自由贸易协议中。普惠制是发达国家给予发展中国家出口制成品和半制成品（包括某些初级产品）普遍的、非歧视的、非互惠的一种关税优惠制度。可以说，普惠制被认为是在国际贸易中尊重人权和劳工权利的一种非常重要的工具。美国和欧盟已在普惠制中应用了有关劳工权利保护的条款。生产守则的主要内容来源之一为国际劳工标准的核心公约。

  实施国际劳工标准的行为主体除了主权国家以外，还包括以跨国公司为代表的企业。

第四章 国际劳工标准实施的途径及行为主体

案例一 国际劳工组织劳工标准数据库使用指南

 案例介绍

1. 登陆 http://webfusion.ilo.org/public/db/standards/normes/appl/appl-lastyearratif.cfm?Lang=EN，浏览近10年来国际劳工标准公约批准总数的情况（见图4—1）并进行分析。

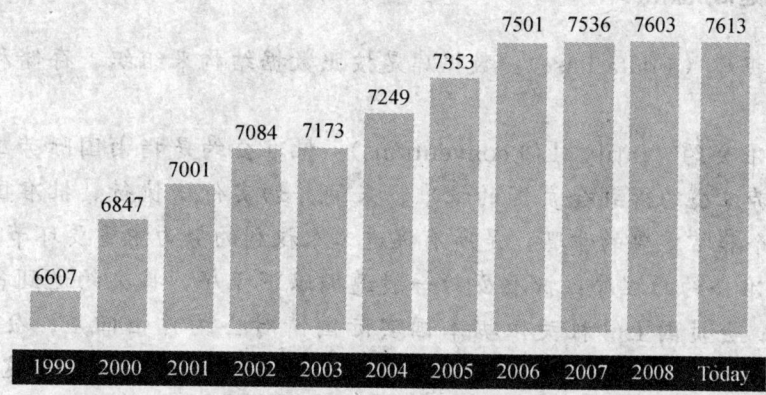

图4—1 1999年以来国际劳工标准公约批准总数情况
（截至2009年3月10日）

2. 登陆 http://www.ilo.org/ilolex/english/docs/declworld.htm，浏览国际劳工组织会员国批准核心公约的情况（见表4—1）并进行分析。

表4—1　　　　国际劳工组织会员国批准核心公约的情况

会员国	结社自由和集体谈判		废除强迫和强制劳动		废除就业和职业歧视		废除童工劳动	
	C87	C98	C29	C105	C100	C111	C138	C182
182个成员国	149	159	173	171	166	168	151	169
非洲（53）	48	52	53	53	50	53	46	50
美洲（35）	33	32	33	35	33	33	27	34
亚洲（43）	18	24	36	32	32	31	26	35
欧洲（51）	50	51	51	51	51	51	49	50

资料来源："Ratifications of the Fundamental Human Rights Conventions by Country", http://www.ilo.org/ilolex/english/docs/declworld.htm (last visited Mar.15, 2009).

Case study 国际劳工标准案例评析

 **问题与思考**

1. 国际劳工标准数据库都有哪些数据？
2. 如何使用国际劳工标准数据库进行搜索？
3. 如何查找国际劳工组织会员国数目及基本情况？

关键概念点评

1. 数据库（a data base）：数据库是按照数据结构来组织、存储和管理数据的仓库。

2. 批准公约（ratify ILO conventions）：批准公约是指由国际劳工大会通过的国际劳工公约得到会员国的批准、采纳并切实付诸执行。批准国际劳工公约是一个非常重要的步骤，是所有促进工人权利的努力中重要环节。

3. 批准公约的程序：批准公约一般遵循以下程序，将公约送到各会员国以备批准；会员国主管机关依据本国实际国情对公约作出回应；公约生效。而一旦一个国家批准一项国际劳工公约就意味着同意忠实地实施这一公约，并接受国际劳工组织对这一公约实施情况的监督。而每一项公约的批准情况都可以在国际劳工组织的网站上查询到。

 **案例评析**

1. 国际劳工标准数据库都有哪些数据？

国际劳工标准数据库包括国际劳工组织颁布的约 80 000 多份文件，提供三种语言（英文、法文和西班牙文），既可以在互联网上使用，也可以购买光盘版。

文件包括以下类别：
- 国际劳工组织章程和国际劳工大会的议事规则。
- 国际劳工组织公约和建议书的全文。
- 公约的解释。
- 1985 年以来结社自由委员会的报告。

第四章　国际劳工标准实施的途径及行为主体

- 1987 年以来标准实施委员会的报告。
- 1985 年以来根据第 24 条和第 26 条而设立的委员会的报告。
- 批准公约清单和国家书目。
- 国际劳工标准的程序手册。
- 三方原则宣言关于多国企业和社会政策的有关文件。
- 关于工作中基本原则和权利宣言及其后续措施。

2. 如何使用国际劳工标准数据库进行搜索？

（1）调查公约和建议书的文字内容

"显示的文字公约或建议书"这种功能允许快速参考的公约和建议书文本。请注意，有些较旧的公约已被搁置或撤回。这些被搁置和撤销的公约其数字标号用圆括号标出。

（2）寻找批准信息

"显示批准的信息"功能使用户可以通过统计表格获得批准公约和国家的信息。批准信息每日更新。

（3）查找监督机构对特定国家监督的文件

"显示根据国际劳工组织所制定的劳工标准有关的文件对特定国家进行监督"的职能使用户可以找到国际劳工组织的监督机构在过去的 15 年内关于特定国家所作出的评论意见和报告。

（4）关于核心劳工标准的批准情况

点击"批准运动"，可以看到批准情况的统计表（每日更新），也可以点击左上角的"打印版本"进行打印。

（5）国际劳工标准数据库的浏览功能

国际劳工组织浏览选项允许用户浏览一般调查、《国际劳工组织章程》和议事规则，国际劳工大会的情况下的结社自由委员会，提出报告的监督机构，多国企业宣言和宣言的基本原则和工作权利。

（6）通用查询表格

"通用查询表格"使用户可以搜索所有劳工组织劳工标准的文件有几个不同的标准。"通用查询表格"是最通用的搜索方法。它是最强大的搜索工具。

3. 如何查找国际劳工组织会员国数目及基本情况？

要查找国际劳工组织会员国数目及基本情况，可以登录 http://www.ilo.org/ilolex/english/mstatese.htm，查看 Member States of the ILO (last admission 27th of May 2008)。这个页面按字母顺序排列了国际劳工组织182个会员国的名称,以及加入国际劳工组织的时间。

资料来源:作者根据国际劳工组织网站资料整理,http://www.ilo.org(last visited Jan. 10,2009)。

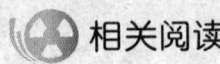 相关阅读

国际劳工标准与中国的劳动法制

根据《国际劳工组织章程》,会员国遵守其基本原则,向主管部门提交公约和建议书及其情况报告。对于已经批准的公约主要在于有效实施,包括但不限于法律手段。

国际劳工公约的根本目的在于改善工人的劳动条件,这与中国社会的发展与进步的要求是同一的。我国已批准的公约涉及劳动关系的主要内容。

一、基本劳动权利

1. 结社自由:中国政府批准了1921年《(农业)结社自由权利公约》(第11号)。该公约规定:"承允保证使从事农业的工人取得与工业工人同等的集会结社权,并废除限制农业工人集会结社权的一切法令或其他规定。"在我国农业工人与工业工人在基本劳动权上都是同等的。

2. 禁止就业歧视:中国政府批准了1964年《就业政策公约》(第122号)、1958年《(就业和职业)歧视公约》(第111号)、1951年《同酬公约》(第100号)和1925年《(事故赔偿)同等待遇公约》(第19号),我国的相关立法从原则到条文为平等就业提供保障。

3. 废除强迫劳动:这是我国劳动立法的基本原则,《劳动法》《就业促进法》和《刑法》还就相关责任进行了规定。

二、工作条件和工作环境

1. 八小时工作制:这是我国一贯的通用工作时间,在一些特殊行业和岗位实行更短的工作时间。

2. 每周休息:中国政府批准了1921年《(工业)每周休息公约》(第14号)。

3. 带薪年休假:我国通过立法建立了普遍适用的带薪年休假制度。

第四章　国际劳工标准实施的途径及行为主体

4. 职业安全与卫生：中国政府批准了 1981 年《职业安全和卫生公约》（第 155 号）、1935 年《(妇女) 井下作业公约》（第 45 号）、1932 年《(码头工人) 防止事故公约（修订）》（第 32 号）、1988 年《建筑业安全和卫生公约》（第 167 号）、1929 年《(航运包裹) 标明重量公约》（第 27 号）、1990 年《化学品公约》（第 170 号）等，我国在劳动安全领域有众多的立法和国家标准，为工人提供全面的劳动安全与卫生保障。

三、就业和就业保护

1. 就业政策：我国立法规定平等就业、禁止歧视，为特殊就业群体提供特殊的法律保障。我国批准了 1983 年《(残疾人) 职业康复和就业公约》（第 144 号），并颁布实施了《妇职工劳动保护条例》《残疾人就业条例》等。

2. 失业保险：我国已经建立失业保险制度，为失业者提供生活保险和重新就业帮助。

3. 禁止使用童工：中国政府批准了 1920 年《(海上) 最低年龄公约》（第 7 号）、1999 年《最恶劣形式童工劳动公约》（第 182 号）、1921 年《(海上) 未成年人体格检查公约》（第 16 号）、1921 年《(扒炭工或司炉工) 最低年龄公约》（第 15 号）、1973 年《最低年龄公约》（第 138 号）等，并颁布实施了《禁止使用童工规定》的专项立法，并以《刑法》的使用童工罪来严厉打击。

四、劳动管理与工资

我国建立了适合我国国情的劳动监察、劳动管理、劳动统计和劳动标准的法律制度。批准了 1976 年《(国际劳工标准) 三方协商公约》（第 144 号）和 1928 年《确定最低工资办法公约》（第 26 号），并以相应的国内立法来保险工人的权利。

五、社会保障

我国的《社会保险法》正在制定中，但相关的社会保障制度一直在有效运转。1952 年，《社会保险（最低标准）公约》（第 102 号）中的 9 类保障在我国都存在，即医疗护理、疾病津贴、老年津贴、工伤津贴、家庭津贴、生育津贴、残疾津贴和遗属津贴。

总之，我国现行的劳动法律制度和政策体系与国际劳工标准的基本原则和主要内容是吻合的。对于批准的公约和建议书我们全面落实，对于未批准的我们也同样体现的劳动关系中。因为保障工人的权利是我们一贯的方针和基本国策。

资料来源：作者根据中国网《国际劳工标准与中国的劳动法制》整理，http://www.china.com.cn/law/txt/2008-11/26/content_16831470.htm（last visited Feb. 10, 2008）。

案例二 国际劳工组织《关于工作中基本原则和权利宣言及其后续措施》分析

 案例介绍

国际劳工组织《关于工作中基本原则和权利宣言及其后续措施》（以下简称《宣言》）已经在1998年6月18日宣布闭幕的国际劳工组织大会第86届会议正式通过并实施。《宣言》一共由三个文件所组成：第一篇是由国际劳工局局长米歇尔·汉森（Michel Hansen）撰写的"导言"，第二篇是"正文"，第三篇是"附录"，即《宣言》的后续措施"。

一、导言

"导言"阐释了《宣言》产生的历史背景和时代价值，指出了《宣言》在监督机制方面重要的新作用以及《宣言》超出了哥本哈根会议目标的方面。总之，利用这一《宣言》，国际劳工组织可以通过应对经济全球化这一现实，而选定世界性最低限度的真正社会基石，来迎接国际社会向其提出的挑战。它因此能满怀信心地跨入即将来临的新世纪。

二、正文

（一）制定目的

《宣言》在世界各国经济相互依存不断增加的形势下，重申《国际劳工组织章程》中体现的基本原则和权利的永久性及其普遍实施的紧迫性。这些基本原则和权利包含在下述论断中：国际劳工组织的建立是基于确信社会正义为保障世界持久和平的必要手段。经济发展对确保公平、社会进步和消除贫困是必要的但并非充分的条件，故国际劳工组织有必要促进强有力的社会政策、正义和民主制度。国际劳工组织现在比以往任何时候，都更需要在其所

第四章 国际劳工标准实施的途径及行为主体

有权限领域,特别是在就业、职业培训和工作条件领域中,利用标准制定、技术合作和研究所有这些手段,以保证在全球经济和社会发展战略中,经济政策和社会政策相辅相成,从而创造广泛基础的可持续发展。国际劳工组织应特别重视有特殊社会需要人员(尤其是失业者和移民工人)的问题,动员和鼓励国际、地区和国家为解决他们的问题作出努力,并促进旨在创造就业的有效政策。

(二)核心内容

首先,作为劳工组织成员国,即使尚未批准有关公约,仅从作为劳工组织成员这一事实出发,所有成员国都有义务做到真诚并根据《国际劳工组织章程》要求,尊重、促进和实现关于作为这些公约主题的基本权利的各项原则。因为在自愿加入国际劳工组织时,所有成员国都已接受其《国际劳工组织章程》和《费城宣言》陈述的原则与权利。它们是结社自由和有效承认集体谈判权利,消除一切形式的强迫或强制劳动,有效废除童工,以及消除就业与职业歧视。

其次,《宣言》承认,为实现这些目标,国际劳工组织有义务根据成员国的需要,向其提供支援:可通过充分利用其章程手段、行动手段及预算手段,包括动员外部资源和资助支持这些努力;也可根据章程第12条规定,通过鼓励与国际劳工组织已建立关系的其他国际组织的帮助来实现上述原则。例如,通过提供技术合作与咨询服务,以便促进批准并实施基本公约;通过支援尚未能够批准这些公约中的某些公约或全部公约的成员国,为尊重、促进和实现体现工作中基本权利的各项原则所作的努力;通过帮助成员国为创造有利于经济与社会发展氛围所作的努力。

另外,《宣言》还特别强调,不得将劳工标准用于贸易保护主义的目的,并且本《宣言》及其后续措施中的任何内容不得被援引或被以其他方式用于此目的,不对任何国家的比较利益提出异议。

最后,《宣言》明确:为全面落实上述思想,将根据《宣言》不可分的组成部分——附录中具体说明的办法来实施有意义的和有效的促进性后续措施。

三、附录

《国际劳工组织关于工作中基本原则和权利宣言及其后续措施》的主要内容:

(一) 总体目的

鼓励本组织的成员国作出努力，以促进《国际劳工组织章程》和《费城宣言》所包含在本《宣言》中得到重申的基本原则和权利。按照这一目标，《宣言》后续措施将确定一些领域，本组织在这些领域中通过技术合作活动提供的支援，可能会被证明有益于帮助其成员国实施这些基本原则和权利。总之，它既不是既定监督机制的替代，也不会妨碍其运转。因此，将不会在《宣言》后续措施的框架范围内对那些机制范围内的特定情况进行审查或复审。

(二) 有关未批准的基本公约的年度后续措施

1. 目的和范围

目的是以简化的程序取代理事会于1995年采用的四年一次的审查，为每年审查尚未批准所有基本公约的成员国根据《宣言》所作的努力提供机会。而后续措施每年涉及《宣言》中规定的基本权利和原则的四个领域。

2. 方式

首先，《宣言》后续措施将以要求成员国根据《国际劳工组织章程》第十九条第5款（e）提交的报告为基础。将制定报告的格式，以便在适当考虑《国际劳工组织章程》第二十三条和既定惯例的情况下，从尚未批准一项或多项基本公约的政府那里获得关于其法律和惯例可能已有任何变化的资料。其次，由理事会审查经劳工局编辑的这些报告，并对其加以介绍，以提请注意可能需要进行更深入讨论的任何问题，劳工局可以以此要求理事会任命一个专家小组。最后，应研究针对理事会的现有程序进行适当调整，以允许那些在理事会中没有代表的成员国在理事会讨论期间能以最适宜的方式提供或许必要或有益的澄清，来补充其报告中所包含的资料。

(三) 综合报告

1. 目的和范围

作为评估本组织所提供援助效力的基础，并以特别旨在动员实施技术合作所需的内部和外部资源的技术合作行动计划的形式，在年度报告的基础上，局长每年对上述四项权利中的某一项基本权利，提出一个综合报告，报告涉及已批准这些公约和未批准这些公约的国家在过去四年期间所取得的进展情况，报告除作出评估外，还要提出今后四年的技术合作重点项目和行动计划。

2. 方式

第四章 国际劳工标准实施的途径及行为主体

本报告将在局长负责之下,在正式资料或根据既定程序收集和评估的资料的基础上加以汇编。对尚未批准基本公约的国家,报告应以前面提到的年度后续措施的结果为依据;而对已批准相应公约的成员国,报告应以根据《国际劳工组织章程》第二十二条提交的报告为基础。本报告将作为局长报告提交给大会,供三方讨论。大会可以将本报告和根据《大会议事规则》第十二条提交的报告分别加以处理,也可以在专为针对本报告的一次会议上,或以任何其他适宜的方式,对其进行讨论。然后应由理事会在尽早的一届会议上,根据对下一个四年期要实施的技术合作优先重点和行动计划的讲座结果得出结论。

资料来源:作者根据国际劳工组织网站资料整理:国际劳工组织《关于工作中基本原则和权利宣言及其后续措施》。http://www.oit.org/public/english/region/asro/beijing/download/declaration_and%20_followup.pdf (last visited Jan. 10, 2009)。

问题与思考

1. 国际劳工组织《关于工作中基本原则和权利宣言及其后续措施》出台的原因和性质是什么?

2. 根据国际劳工组织《关于工作中基本原则和权利宣言及其后续措施》所做的报告有哪些?各自的主题是什么?

3. 国际劳工组织《关于工作中基本原则和权利宣言及其后续措施》的出台有什么重要意义?

关键概念点评

1. 软法(soft law):软法是20世纪70年代末80年代初在西方法学界出现的一个引人注目的概念。在国外的国际法学教材和著作中,软法一般被分为两类:一类被称为 non-legal soft law,是一些既不具有严格意义上的法律约束力又在法律意义上根本无效的规则原则,但这些规则可能演变成国际惯例;另一类被称为 legal soft law,是指规定在条约中但又缺少义务本质的那些规范,这类规范多出现在一些宣誓性条约中。相对于在严格意义上具有法律约束力的法律规范的硬法而言,软法具有模棱两可、似是而非的性质。国际组织和国际会议的决议、决定、宣言、建议和标准等绝大多数都属于这一范畴。

Case study 国际劳工标准案例评析

简而言之，软法是指国际组织规范其自身的组织和活动及组织成员行为的章程、规则、原则。

2. 社会政策（social policy）：社会政策是通过国家立法和政府行政干预、解决社会问题、促进社会安全、改善社会环境、增进社会福利的一系列政策、行动准则和规定的总称。其核心是解决市场经济下公民的社会风险。

案例评析

1. 国际劳工组织《关于工作中基本原则和权利宣言及其后续措施》出台的原因和性质是什么？

首先，国际劳工组织提出《关于工作中基本原则和权利宣言及其后续措施》的原因主要在于：①在WTO的一系列会议上与WTO达成了共识，即国际劳工组织是制定和监督劳工标准的机构；②1995年在哥本哈根召开的联合国社会发展问题世界首脑会议的影响，会议强调所有的国家应该尊重劳工权利的四个原则；③对还没有批准国际劳工组织基本公约的会员国寻找加强国际劳工组织监督体制的办法。

其次，1998年国际劳工组织通过《宣言》的目的是促进国际劳工标准的实施。可以说，国际劳工组织第一次以宣言的形式接受了"核心劳工标准"的概念，但它不是一个具有约束力的法律文件，也很难说它所具有的法律重要性。从实施劳工标准的具体方式的角度来说，它属于软法的性质。

2. 根据国际劳工组织《关于工作中基本原则和权利宣言及其后续措施》所做的报告有哪些？各自的主题是什么？

国际劳工组织网站的资料显示，自1998年《宣言》通过以来，近年来全球报告的主题分别是：

2000年主题是：结社自由和有效承认集体谈判权利，全球报告名为《工作中的你的参与权》。

2001年主题是：消除一切形式的强迫或强制劳动，全球报告名为《停止强迫劳动》。

2002年主题是：有效废除童工，全球报告名为《一个没有儿童劳工的未来》。

2003年主题是：消除就业与职业歧视，全球报告名为《工作中的平等时

第四章　国际劳工标准实施的途径及行为主体

代》。

2004年主题是：结社自由和有效承认集体谈判权利，全球报告名为《组织起来争取正义》。

2005年主题是：强迫劳动，全球报告名为《反强迫劳动的全球联盟》。

2006年主题是：有效废除童工，全球报告名为《童工劳动的终结：可望可及》。

2007年主题是：消除就业与职业歧视，全球报告名为《工作中的平等：应对挑战》。

2008年主题是：结社自由和有效承认集体谈判权利，全球报告名为《结社自由的实践：若干经验教训》。

资料来源：作者根据国际劳工组织网站资料翻译整理。http://www.ilo.org/declaration/follow-up/annualreview/annualreports/lang--en/index.htm（last visited Jan. 10, 2009）。

3. 国际劳工组织《关于工作中基本原则和权利宣言及其后续措施》的出台有什么重要意义？

在1998年国际劳工大会上通过的国际劳工组织《关于工作中基本原则和权利宣言及其后续措施》中将核心劳工标准称为"工人的基本权利"，规定会员国无论是否批准7项（182号公约是在1999年通过的）基本人权公约，都有义务实施这些公约包含的"原则"，其主要目的仍是大力促进会员国对7项基本人权公约的全面批准与实施，1999年后又加上了182号公约。这项宣言实际上结束了关于是否有一个劳工标准的普遍原则的存在，而不是对禁止强迫劳动的争论。对这四项核心劳工标准中的两项，即废除强迫劳动和废除基于性别、种族、信仰，或宗教歧视几乎没有争议，但对立即禁止童工劳动和结社自由以及集体谈判权是有广泛争议的，尤其是对结社自由的争论最多。

相关阅读

中国农民工问题引起关注　国际劳工组织发布全球反歧视报告

2007年5月14日，国际劳工组织中国和蒙古局在京发布了题为《工作中的平等：应对挑战》的反歧视全球报告。1998年，国际劳工大会通过了《关于工作中基本原则和权利宣言及其后续措施》。这些基本原则和权利包括自由结社、集体谈判、反对强迫劳动和使用童工以及消除工作中的歧视行为。此次发布的报告是根据国际劳工组织《关于工作中基本原则和权利宣言及其后

case study 国际劳工标准案例评析

续措施》的要求编写的综合报告,是对四年来全球工作中平等和歧视状况的总结。

报告指出,四年前发表的有关歧视的首份报告发现,工作场所的歧视现象非常普遍。令人遗憾的是,四年后的今天,传统意义上的歧视现象继续让人感到担忧,除此之外,一些新形式的歧视行为相继出现。

农民工引人关注

在这份长达140页的报告中,令人深思的是,涉及社会出身歧视时,中国的农民工问题被重点提及。报告指出,在中国,大量农业人口在沿海地区工作,由于户口制度的限制,他们难以获得居住许可,经受着体制所允许的歧视。

报告指出,在一些城市,主管部门不能为农民工提供较好的工作岗位,因此,他们只能终日从事非正规的、低收入的、为城市居民所不愿从事的工作。报告肯定了近年来中国政府在农民工问题上所作出的努力。"中国政府已经逐步采取重要举措以帮助处于弱势的农民工,比如保证最低工资、推动劳动合同制,并且使农民工在获得就业服务和职业培训时更为便利"。

性别歧视依然严重

性别歧视依然是国际劳工组织关注的重点领域之一。这份报告向人们展示了在性别歧视问题上一幅有喜有忧的画面。报告肯定,在推进男女工作平等方面,一些国家取得的成绩令人赞叹。同时,大量数据说明妇女仍然是在就业机会和薪金差别方面受到歧视的最大群体。

报告显示,尽管全球女性参与劳动力的比例提高到56.6%,但亚洲地区却呈现高低不等的状态,其中南亚地区的女性劳动参与率只有43.5%,在全球区域中,仅优于中东与北非。而且在南亚有2/3的劳动妇女从事的是无薪工作。

报告同时指出,妇女失业率几乎在所有地区都仍然比男性高。国际劳工组织认为,判断妇女就业可能性时,一项重要指标是她们在立法机关、高级行政机关或者管理层中的职位比重。在这些职位中妇女占的比重越大,说明性别壁垒消除得越彻底。

报告指出,世界各地妇女在这些职位上仍然只占明显的少数(28%)。南

第四章 国际劳工标准实施的途径及行为主体

亚妇女在过去9年当中,尽管比例增长了一倍,但所占比例仍为8.6%,仍然是比例最低的地区。

薪酬上的重大不平等是世界各地劳动力市场最顽固的特征之一。即使在经济和社会发展相对成熟的欧洲,男女每小时工资平均差别仍达到15%。在亚洲,韩国的女性劳工月薪比男性少了60%,而中国台湾地区、新加坡与中国香港的女性劳工月薪则比男性少了30%~40%。报告指出,虽然在大多数国家薪酬性别差异有所下降,但这主要是由于男性工资下降的原因,而不是由于女性工资增加的原因。

新的歧视形式令人担忧

报告指出,基于种族、宗教、性别和族裔的歧视形式仍然继续存在,而基于年龄、性别取向、艾滋病和残疾等新形式的歧视行为也颇为普遍。在各地,年龄正成为人们职业成就和工作回报的越来越重要的一个决定因素。年龄歧视影响着年轻工人和年老工人。年轻工人往往起始工资较低,试用期长。在传统的歧视形式仍然没有消除的情况下,一些新的歧视形式在工业化国家开始出现,正在引起劳工组织和其他方面的关注。例如,一些在基因上显示更有可能罹患某些疾病的人和被认为生活方式不健康的人受到歧视。报告明确指出,遗传学和相应技术的快速发展使劳动者基因信息的获得更容易,但通过基因信息对劳动者进行筛选在法律上依然存在问题。

如何消除歧视?报告列出了以下行动计划:更为强大的法律和更为有效的实施,通过更加完整、更有条理的全球行动来促进性别平等,将反歧视和平等纳入国家政策以及国际劳工组织体面劳动国家计划中,为工人和雇主创造更好的条件和手段,促进工作场所中的平等。

国际劳工组织中国和蒙古局局长康妮·托马斯(Connie Thomas)女士强调,要消除歧视,仅仅通过立法是不够的,需要建立和谐的多方伙伴关系,需要劳资政三方的密切合作。"通过应对歧视带来的挑战,我们使个体更为强大,使经济更有活力,使社会更为富足。"国际劳工局局长胡安·索马维亚的致辞表达了反歧视的前景和决心。

资料来源:作者根据中国妇女报《中国农民工问题引起关注 国际劳工组织发布全球反歧视报告》整理,http://www.cnmsmy.com/showarticle.asp?articleid=469(last visited Jan. 10, 2009)。

案例三 "消除童工国际计划"中主权国家政府在行动

 案例介绍

按照《国际劳工组织章程》的规定，国际劳工公约是由国际劳工组织的会员国——主权国家来实施的。可以说，主权国家是国际劳工标准实施的最主要的主体之一，因此，国际劳工组织的各项活动都是以国家为基础展开的。例如，国际劳工组织最大的技术合作计划——"消除童工国际计划"从一开始就强调国家活动，并要求尽可能以国家拥有和国家执行为基础。下面看看这方面的两个实例：

一、印度——政府担当重要的"消除童工国际计划"的先锋

自 1987 年通过国家消除童工有关政策之后，印度政府担当了该国重要的"消除童工国际计划"的先锋。到目前为止，已在全国发起了约 150 个国家消除童工劳动项目，以便为从工业危险的工作中撤离出来的儿童提供教育和其他康复服务。该计划在 2002—2007 年的第十个五年计划期间得到了 60.2 亿卢比（约 1.31 亿美元）的政府财政拨款的支持，涵盖计划阶段期间该国 601 个地区中的 250 个。通过会聚人力资源开发部教育司"人人享有教育"计划，政府正在针对普遍的初级教育、加强公众教育和预防童工劳动。作为中央政府努力的补充，一些主要的邦（省政府）正在实施有关消除童工劳动的具有时间限制的计划。在一些邦成立有实施禁止在危险行业中雇佣儿童的现行法律的专门的童工劳动资源基地组织。

印度自"消除童工国际计划"于 1992 年成立时便参加了该计划。基于这一经历，联邦和邦政府目前正在实施有关消除童工劳动的一个综合和大规模项目，该项目在四个大型邦的 20 个地区和国家首都德里地区得到了来自"消除童工国际计划"的支持。该项目从印度政府和美国劳工部那里各自收到了 2 000 万美元的同等捐款。该项目寻求通过几个组成部分发展一种综合性的多部门处理方法。它们包括：向从危险工作中撤离出来的儿童提供过渡性教育、作为预防童工劳动的一种措施而加强公众教育、为 14~17 岁年龄组的青少年提供职业技能培训和为受童工劳动影响的家庭提供收入创造机会。该项目大

第四章 国际劳工标准实施的途径及行为主体

力突出制度建设和童工劳动监控,并提议创立将政府机构、雇主、工会和非政府组织聚集在一起的参与性框架,以便在所有级别以一种系统和可持续的方式开展活动。

二、坦桑尼亚联合共和国的有时限计划

2001 年,坦桑尼亚联合共和国政府承诺通过实施一个有时限计划在 2010 年前在该国消除最恶劣形式的童工劳动。与有时限计划框架相一致,国际劳工组织开始了一个由美国劳工部资助的项目,以支持该国政府的国家计划。

在"消除童工国际计划"对有时限计划的资助项目的支持下,坦桑尼亚政府近期为创造一个有利的政策环境所作的努力,显示着该国政府对有时限计划框架的承诺。它制定了一份消除童工劳动战略文件,并得到国家机构间协调委员会(National Inter-Agency Coordinating Committee,NICC)的批准。同时根据这份计划,政府制定了国家增长和减贫战略的第二期计划。该文件包括童工劳动指标并涉及直接与消除童工劳动相关的几个重要目标,具体而言就是儿童的权利和儿童保护方面的目标。其目的是在 2005 年前减少 75% 从事最恶劣形式童工劳动的儿童数目,并在 2010 年前将童工劳动参与率从目前的 25% 减少到 10% 以下。

同时,坦桑尼亚政府在政府工作中给予了教育优先地位,尤其是提高教育质量和保证儿童上小学机会方面作出了积极的努力。首先,政府通过扩展由教育和文化部实施的有关补充基础教育项目,力求尽可能减少失学儿童数目。其次,政府的劳动法改革(包括有关儿童就业的问题)在 2004 年 4 月得到了议会的批准,另外还起草了一份儿童权利法案。坦桑尼亚政府还按国际劳工组织第 182 号公约的要求开列了一份对儿童有危害的工作清单,并已将其译成当地语言,以促进社区认识的提高。

资料来源:作者根据国际劳工组织网站资料整理;国际劳工组织第 95 届大会报告 1(B)《童工劳动的终结:可望可及》。http://www.ilo.org/wcmsp5/groups/public/---ed_norm/---relconf/documents/meetingdocument/wcms_ilc_95_rep-i-b_zh.pdf(last visited Jan. 10, 2009)。

问题与思考

1. 实施国际劳工标准的行为主体有哪些?其中最重要的是哪一个?

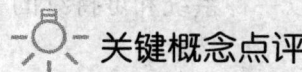国际劳工标准案例评析

2. 主权国家实施劳工标准的途径有哪些？案例中显示的是哪一种？

关键概念点评

1. 主权（sovereignty）：主权是一国固有的处理其国内、国际事务而不受他国干预或限制的最高权力。它随着国家的产生而产生。具体表现为对内的最高权和对外的独立权，在其境内没有任何一种权力可以超越它。

2. 主权国家（sovereign state）：主权国家是最有组织的社会集团和最高一级的政治经济实体，因此是国际社会中最基本的、最活跃的行为主体，其活动遍及国际社会的一切领域和一切过程，是国际关系的主要参与者。其基本特征有三个：具有确定的领土和一定数量的固定居民，具有一定的政权机构，拥有至高无上的主权。总之，主权国家就是独立国，不从属于任何国家，享有对内对外全部主权的完全独立国家。

案例评析

1. 实施国际劳工标准的行为主体主要有哪些？其中最重要的是哪一个？

实施国际劳工标准的行为主体应该包括两个：主权国家和以跨国公司为代表的企业。而实施劳工标准的各种方式中，除了行为准则外，批准公约、软法、贸易协议、普惠制的对象都是主权国家，所以，无疑主权国家是实施国际劳工标准最重要的行为主体之一。

2. 主权国家实施劳工标准的途径有哪些？案例中显示的是哪一种？

主权国家实施劳工标准的途径有批准公约、软法、贸易协议、普惠制等，主要是将国际劳工标准通过在国家一级作出制定政策、进行立法和采取其他措施的承诺等方式来实现。案例中显示的是主权国家通过批准公约、促进国内相关法律政策出台以及参加国际劳工组织的相关技术合作来实施国际劳工标准。

具体来说，印度政府参与"消除童工国际计划"的方式是：首先在1987年通过了一项国家童工劳动政策，印度政府通过其拳头项目——"反童工劳动国家项目"（National Anti-child Labor Project，NCLP）开启了该国一项重大的消除童工劳动计划。迄今为止，全国已启动了150个消除童工劳动国家

第四章　国际劳工标准实施的途径及行为主体

项目，为从有危害行业撤出的儿童提供教育和其他康复服务。同时相关政策从中央贯彻到了地方，国家计划正在通过以普及初等教育为目标的努力加以实施，而几个主要邦（省政府）正在实施消除童工劳动有时限计划。另外，由于自1992年以来一直在参与"消除童工国际计划"，在此经验的基础上，邦和各邦政府正在实施一个全面而庞大的反童工劳动项目，"消除童工国际计划"在四个邦中的20个地区给予了资助。该项目由印度政府和美国劳工部共同出资。其目标是通过教育、培训和为穷困家庭创收等多个组成部分，开发出一个一体化多部门方法。该项目极大程度地依赖伙伴关系方法，特别是使社会伙伴参与进来。

坦桑尼亚联合共和国政府则主要通过一项有时限计划来展开童工运动，具体方式是：首先在2001年，坦桑尼亚联合共和国政府承诺通过实施一个有时限计划在2010年前在该国消除最恶劣形式的童工劳动。同时这一政府承诺也得到了国际劳工组织的支持——在该国实施一个由美国劳工部资助的项目来辅助政府执行这一国家计划。其次，在"消除童工国际计划"对有时限计划的资助项目的支持下，坦桑尼亚政府也为创造一个有利的政策环境作出了种种努力：制定了一份童工劳动战略文件，并得到国家机构间协调委员会的批准。给予教育以高度优先地位，特别是提高教育质量和儿童上小学的机会。包括有关儿童就业的问题在内的政府的劳动法改革得到了议会的批准，它还起草了一份儿童权利法案。最后政府还按第182号公约的要求开列了一份对儿童有危害的工作清单，有时限计划已将其译成当地语言，以促进社区认识的提高。

相关阅读

泰国"消除童工国际计划"实施情况

泰国是参加"消除童工国际计划"最早的国家之一，于1992年加入。1994年，"消除童工国际计划"帮助该国政府成立了一个国家指导委员会解决童工劳动问题，归现在的劳动与社会福利部领导。此外，"消除童工国际计划"还把170多家机构联系在一起，尽管该计划只向不到50家机构提供直接资助。在其前十年的运作中，"消除童工国际计划"对泰国的重要立法和政策制定作出了贡献，这包括《防止与禁止卖淫法》(1996)、劳工保护法（1998）

(该法将最低工作年龄从 13 岁增加到 15 岁)以及《国家教育法》(1999)。

在泰国于 1992 年加入"消除童工国际计划"时,儿童劳动已开始大幅下降,儿童劳工参与率已下降到 1989 年的 5% 左右。这是快速的经济与教育进步带来的结果。尽管在 1997 年开始了经济危机,这一下降势头在 20 世纪 90 年代得以维持,这样,15 岁以下儿童的参与率到 2000 年已下降到 1% 左右。

童工劳动稳步下降的重要因素是,泰国在经过一段军人统治时期之后,1992 年第一位民选总理对结束童工劳动和性剥削作出了坚定承诺。在第二年,把负责童工劳动的政府机构升级为正式的劳动与社会福利部是进一步的重大举措。1999 年,即使是在经济危机之中,从 7 岁开始的义务教育制从六年延长到了九年。自 1999 年,初等教育已成为普及教育。政府正朝着实现 1997 年新宪法中规定的 12 年义务教育目标的方向努力。成果已然出现:小学和初中入学率都有了较大增加。

自 2001 年以来,该国针对童工劳动采取的措施与人们对贸易的关注紧密相连,其重点放在某些最恶劣形式的童工劳动之上,如商业化性剥削和贩运等顽疾,同时更加关注于参与到与毒品交易相关的非法活动之中的儿童。

资料来源:作者根据国际劳工组织网站资料整理:国际劳工组织第 95 届大会报告 1(B)《童工劳动的终结:可望可及》,http://www.ilo.org/wcmsp5/groups/public/---ed_norm/---relconf/documents/meetingdocument/wcms_ilc_95_rep-i-b_zh.pdf(last visited Jan. 10, 2009)。

案例四 国际组织在敦促企业实施劳工标准中发挥的作用——孟加拉国制衣业童工问题的解决

 案例介绍

20 世纪 90 年代初期,国际活动家直接关注孟加拉国制衣业的童工问题。1992 年 NBC 电视新闻节目"dateline"讲述了一个关于为沃尔玛供货的孟加拉国制衣厂使用童工的故事。孟加拉国有众多的制衣企业为跨国公司供货。有一个制衣厂为了完成沃尔玛的巨额订单雇佣了童工,童工的月收入只有 21 美元,而且每个月有 5~10 天需要从早上 8 点工作到次日凌晨 3 点(19 个小时)。

孟加拉国纺织服装业工人的工资低于国际社会也不是什么秘密,2002 年美国国务院关于孟加拉国的人权报告中提到,孟加拉国的纺织服装业是孟加

第四章　国际劳工标准实施的途径及行为主体

拉国出口的最大生产行业,有雇员 1 800 万人,其中绝大多数是女工,此外,还有相当数量的童工。但纺织服装业的工人权利却很难得到保障,该行业工人的工资极低。该行业的工人经常要承受低工资、超时工作、恶劣的工作环境等压力。与此同时,美国最大的工会组织劳联—产联向美国政府提出了搁置孟加拉国在贸易往来中可能得到的普惠制的计划,其部分是因为童工问题。但内部机构贸易政策委员会建议反对撤销普惠制,因为孟加拉国正在采取措施修改对国际上公认的工人权利的侵害。但该委员会强调童工确实是孟加拉国目前面临的主要的工人权利问题。委员会也强调关注义务教育立法没有充分实施的现象。义务教育可以给儿童提供一个替代工作的机会。

对童工问题的强制行动是美国参议员汤姆·哈金(Tom Harkin)在 1993 年提出的一个《阻止童工法》的提案,该提案禁止从任何使用童工的国外企业进口制造品。孟加拉国的第一个反应是该参议员对孟加拉国的情况不了解:儿童为了生存而不得不出去工作。孟加拉国的报纸谴责该参议员实际上鼓励了儿童的卖淫。因为假如儿童不在制衣厂工作,他们就会被迫站到街上。孟加拉国工厂主也害怕他们自己会失去市场,据报道,43%的出口制衣业雇佣了 5 万名童工。联合国儿童基金会和其他调查的案例表明许多儿童被迫在相当恶劣的环境中工作,包括卖淫和砸石头。

得到美国驻孟加拉国大使支持的美国非政府组织对"孟加拉国制造和出口协会"施加了压力,要求他们寻求更有建设性的措施。非政府组织的活动家和该协会的谈判持续了两年才结束,出口量增减取决于出口商对美国制裁威胁的态度。1994 年,美国共和党人在国会取得胜利,拖延了谈判,因为孟加拉国制造商和出口商期望共和党人取消哈金提出的法案。

1995 年 5 月,孟加拉国制造和出口协会的成员拒绝了同贸易协会达成的协议,并决定在几个月内解雇低年龄工人以避免任何潜在的贸易损失。但其后不久,美国童工联合会注意到它的成员、美国以及孟加拉国的新闻界要求抵制孟加拉国进口的衣服。这个威胁又导致后来的重新谈判。

在这一阶段,国际劳工组织加入到了联合国儿童基金会同孟加拉国的谈判中。1995 年 7 月 4 日,国际劳工组织和联合国儿童基金会同孟加拉国制造商和出口商签署了一项谅解备忘录,让所有工作的儿童去学校上学,而不能再雇佣新的儿童。双方也同意设立基金给予支持,并由国际劳工组织来监督检查计划的实施。孟加拉国雇主在未来 3 年提交 100 万美元,国际劳工组织

Case study 国际劳工标准案例评析

和联合国儿童基金会在第一年提供42.5万美元。这项协议实施的第一年,联合国儿童基金会计划吸收4 000名儿童入学。该计划的参与对象是自愿的。根据国际劳工组织的统计,在孟加拉国的制衣业中共有3 400家注册登记的企业,当然其中只有2 400家是属于全日制的。项目开始时孟加拉国有大约300家企业自愿报名接受国际劳工组织的监督,但最终国际劳工组织选择了300家企业中的200家进行监督。该计划成功地为消除孟加拉国制衣业的童工现象作出了贡献,而且似乎也为受到影响的儿童提供了更好的机会。自1995年签署备忘录以来,孟加拉国新建了353所学校,雇佣童工工厂的比例从1995年的43%下降到2000年的不足4%。在制衣业工作的儿童的数量也下降到2.7万名,大约8 000名儿童接受了教育和其他康复服务。

2000年,国际劳工组织、孟加拉国政府和孟加拉国制衣业的雇主都同意将该计划在技术合作的项目之下扩大到其他的核心标准和安全与卫生的问题方面,以促进国际劳工组织提出《关于工作中基本原则和权利宣言及其后续措施》。

资料来源:佘云霞. 国际劳工标准:演变与争议. 北京:社会科学文献出版社,2006. 227~229。

问题与思考

1. 国际劳工组织、联合国儿童基金会与孟加拉国服装制造商协会签署的谅解备忘录的具体内容是什么?在实践中效果如何?

2. 孟加拉国服装制造商协会为什么愿意与国际劳工组织、联合国儿童基金会签署这份谅解备忘录?

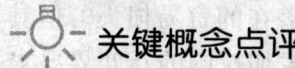

关键概念点评

1. 协议(agreements):协议是指通过自由贸易谈判来实施劳工标准,体现的是一种国际体系内以物质权力分配为基本框架、以霸权国权力为核心的手段。北美自由贸易协议附加劳工协议、欧盟的普惠制和美国与一些发展中国家的双边自由贸易协议即是如此。

2. 国际足球联合会(International Federation of Association Football, FIFA):国际足球联合会由比利时、法国、丹麦、西班牙、瑞典、荷兰和瑞

第四章 国际劳工标准实施的途径及行为主体

士倡议,于 1904 年 5 月 21 日在法国巴黎成立。现有协会会员 208 个。该组织的宗旨是促进国际足球运动的开展,发展各国足球协会之间的友好联系。

3. 世界体育用品企业联合会 (World Federation of the Sporting Goods Industry, WFSGI):世界体育用品企业联合会由来自欧洲、美洲和亚洲的体育用品企业发起,成立于 1980 年,总部设在瑞士。该联合会旨在促进国际贸易市场上体育用品的公平贸易,提高体育用品的质量,促进体育设备标准和体育运动规则的规范化,促进世界范围的体育活动,交流信息。

案例评析

1. 国际劳工组织、联合国儿童基金会与孟加拉国服装制造商协会签署的谅解备忘录的具体内容是什么?在实践中效果如何?

国际劳工组织和联合国儿童基金会同孟加拉国制造商和出口商签署的这项谅解备忘录的具体内容是:让所有工作的儿童去学校上学,而不能再雇佣新的儿童。双方也同意设立基金给予支持,并由国际劳工组织来监督检查计划的实施。孟加拉国雇主在未来 3 年提交 100 万美元,国际劳工组织和联合国儿童基金会第一年提供 42.5 万美元。

在实践中效果很好,在这项协议实施的第一年,联合国儿童基金会计划吸收 4 000 名儿童入学。该计划成功地为消除孟加拉国制衣业的童工现象作出了贡献,而且似乎也为受到影响的儿童提供了更好的机会。自 1995 年签署备忘录以来,孟加拉国新建了 353 所学校,雇佣童工工厂的比例从 1995 年的 43% 下降到 2000 年的不足 4%。在制衣业工作的儿童的数量也下降到 2.7 万名,大约 8 000 名儿童接受了教育和其他康复服务。

2. 孟加拉国服装制造商协会为什么愿意与国际劳工组织、联合国儿童基金会签署这份谅解备忘录?

孟加拉国服装制造商协会愿意与国际劳工组织、联合国儿童基金会签署这份谅解备忘录主要出于自身利益的需要。

首先孟加拉国制衣业的童工问题的解决中,虽然美国国会最终并没有通过美国参议员汤姆·哈金曾设想的通过在进口产品中禁止童工产品的《阻止童工法》,但足以使孟加拉国的服装制造商意识到使用童工将对他们的出口是一种威胁,所以解雇了数万名童工。另外,由于从 2005 年 1 月 1 日起 WTO

Case study 国际劳工标准案例评析

就取消了纺织品和服装的配额制，这对孟加拉国是不利的，尤其与具有竞争力的中国相比，孟加拉国在制衣业的优势可能不会比中国强，如果孟加拉国制衣业的劳动条件被进口国揪住不放，最终会在 2005 年后影响孟加拉国。所以，在国际劳工组织同孟加拉国进行合作时，孟加拉国就已经意识到改善孟加拉制衣业的劳工标准将有利于 2005 年配额制取消后的孟加拉国的制衣业。其原因有两点，一是对消费者来说是一个很好的卖点，制衣业的雇主可向消费者表明，他们的供货商已经改善了劳动条件。二是改善劳工标准将导致劳动生产率的提高，并提高了该行业的竞争力。

其次，美国的工会组织、美国的非政府组织、国际劳工组织、联合国儿童基金会、孟加拉国相关的雇主组织等都介入到了消除孟加拉国制衣业的童工问题中，这些组织都对其施加了一定的压力，并成功地将该行业童工数量降下来，使他们进入学校学习。

因此，孟加拉国制衣业的童工问题的解决的根源在于孟加拉制造业要在对外贸易中继续获得以美国为首的其他发达国家实施普惠制的便利，也是在国际和国内社会中"消除童工国际计划"这项国际劳工标准运动力量的推动下实现的。

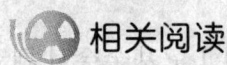相关阅读

巴基斯坦童工问题的解决过程

1996 年，美国的"国际劳工权利基金会"发起了一项名为"邪恶的足球运动"的活动以号召顾客对 Nike、Adidas 和其他主要的足球制造商施加压力，因为这些公司在巴基斯坦的制造商使用童工。这些公司的工会以及国际足球联合会则接受了一项对所有的足球制造商贴上 FIFA 标签的保护劳工权益的生产守则。FIFA 要求禁止童工，并要求制造商维护结社自由，以及遵守其他劳工标准。

1997 年，巴基斯坦锡亚尔科特（Sialkot）工商协会代表足球制造商同国际劳工组织、联合国儿童基金会、美国进口商、非政府组织，按孟加拉国的模式签署了一项合作协议，以阻止在巴基斯坦锡亚尔科特地区的足球制造业雇佣 14 岁以下的儿童。当时锡亚尔科特是巴基斯坦足球制造业的中心，世界上用手工缝制的足球 75% 出自锡亚尔科特。锡亚尔科特几乎 20% 的工厂都雇

第四章 国际劳工标准实施的途径及行为主体

佣了童工。该协议为巴基斯坦的足球制造商建立了明确的内部监督机制,包括为该计划进行的培训项目,同意派遣独立的检查员来检查当地的情况,并在当地建立足球缝制中心,因为当地足球缝制基本上是在家里进行的,为了杜绝童工现象并方便监督,就要建立缝制中心,让工人在缝制中心工作。此外,国际劳工组织和其他的组织在一个"社会保护计划"中密切合作,以减少童工,并努力为儿童提供教育和其他机会。"社会保护计划"提供了教育机会,并为儿童和他们的家庭提供帮助,包括非正式的教育、职业培训和小型贷款。这方面主要由非政府组织来管理。巴基斯坦工商协会和美国劳工部资助了该项目,国际劳工组织负责监督项目的实施。英国的一个非政府组织——"拯救儿童"组织和巴基斯坦的非政府组织都同意提供卫生服务、职业培训和为受到影响的工人提供少量贷款和存钱计划。

与此同时,国际自由工联(Internatioanl Confederation of Free Trade Unions,ICFTU,2006年11月已合并到国际工会联合会)和世界体育用品企业联合会在锡亚尔科特展开了一项50多家品牌公司都参加的活动,主要关注国际足联生产足球的过程中使用童工的问题。

在巴基斯坦协议实施的前18个月,锡亚尔科特70%的足球制造商都参与了该协议的实施,并将其50%的生产都转移至缝制中心。

巴基斯坦在足球制造业减少使用童工的计划中获得了成功。据报道,1999年10月,在国际劳工组织实施的消除童工计划中,超过90%的足球生产商参与了这个计划,在足球缝制中心的检查中没有发现童工。此外,据国际劳工组织的报道,大约6 000名儿童已经参加了该项目的乡村教育和活动中心的活动。

资料来源:佘云霞. 国际劳工标准:演变与争议. 北京:社会科学文献出版社. 2006:229~231.

案例五　诺华公司的企业社会责任

案例介绍

1996年,瑞士两大化学/生命科学巨头山德士公司(Sandoz)和汽巴—嘉基公司(Ciba-Geigy)合并为现在的全球知名跨国公司——诺华(Novartis)。诺华把企业社会责任称为"企业公民政策(Corporate Citizenship)",致力于

Case study 国际劳工标准案例评析

实现四个方面的承诺,即患者,员工,健康、安全和环境保护以及最佳的业绩。

诺华于1999年1月在联合国签署了联合国"全球契约",而且是首批签约者,并从此积极参与"全球契约"的活动,包括2005年12月在中国召开的联合国"全球契约"大会。为保证在领导方法和管理过程中,公司具有高尚的道德标准,在诺华的日常经营中引进了"全球契约"的两个基本文件,它们主导着诺华的社会责任:企业公民政策约定了高尚责任;行为规范限定了员工的职责。各级领导都要为贯彻"全球契约"的原则负责,员工们则要求在人权、劳动、环境和反腐败方面不违反契约规定的十项原则,并贯彻在日常工作中。在企业公民政策方面取得的成就和目标被纳入高级管理人员的年度政绩审查的内容中。贯彻"全球契约"是一个永无止境的过程,完善的管理系统使公司能衡量、监督和报告其进展,听取利益相关者的意见,产生继续改进的动力,因为它能使公司了解随着社会的变化、不同的要求而形成的公司社会形象和价值。

同时,在公司供应链伙伴关系的选择中,优先选择与公司具有相同社会和环境价值观的商业伙伴、供应商和承包商(统称为第三方),并支持他们在业务中推广这些价值。特别是首选那些认同联合国"全球契约"所要求的合作者,期望其符合在人权、公平的工作条件及健康、安全与环境保护方面的相关标准(即《第三方企业公民政策原则》)。与任何第三方签约之前必须评估其遵守《第三方企业公民政策原则》的情况,这条标准与其他评估标准(比如价格和质量)具有同等重要性。虽然全世界的业务伙伴所处的法律与文化环境是不同的,但诺华希望能与第三方合作长期、可持续地实现这些目标。下面介绍两个具体的诺华的企业公民事例。

事例一:不计成本地研发特效药,挽救白血病人生命,让他们重新燃起对生命的渴望。

白血病是一种较常见的血液肿瘤,虽然人群中总的发病率较低,但是,治疗的难度和总费用都是一般家庭绝对无法承受的。很多家庭都是因为有白血病患者(特别是没有医疗保障的儿童和青少年),消耗了大量费用而最终不得不放弃治疗和生存的希望。为了挽救世界上众多白血病患者的生命,魏思乐(Wei Sile)博士下决心,不计成本和投入(诺华在开发创新性的治疗白血病的药物"格列卫"方面,数年累计投入10亿美元以上)坚持研制成功了该

第四章 国际劳工标准实施的途径及行为主体

特效药。但是,因为整体治疗费用的限制,全球还是有很多患者无法按医嘱使用该药。在魏思乐博士的指示下,为了实现"让每一名符合条件的患者都能获得所需要的药物"的承诺,诺华在行业内第一个设立了全球性的白血病患者援助项目——"格列卫患者援助项目"。在2004—2006三年中,该项目已经向超过79个国家的15 000多名患者免费提供了"格列卫"。同时,自2003年起诺华公司和中国中华慈善总会携手合作,推出了"格列卫中国患者援助项目"。到2006年10月底为止,已向近2 300名最需要援助的慢性粒细胞白血病和胃肠道间质肿瘤患者免费提供了格列卫。截至目前,在中国的援助总金额达人民币8.5亿元。诺华承诺将继续与中国政府合作,扩大该援助项目的参与范围,以期这个项目向更多需要的患者提供援助,最终保证在中国每一个符合条件的患者都能持续免费获得格列卫。

事例二:将中国独创的抗疟新药成功带进国际市场,并获得中国目前唯一的药物国际发明专利。

疟疾是热带国家和亚热带国家的常见传染病之一,专家估计全球范围内每年新增疟疾病例3亿~5亿例,导致每年超过100万人死亡,其中90%是非洲儿童。疟疾的发病率和死亡率在发展中国家中普遍处于上升状态,很大程度上是因为抗药性疟原虫导致传统抗疟药失效。出于对中国传统医药的尊重和进一步开发造福全人类,诺华公司总裁及首席执行官魏思乐博士十分重视诺华公司与中国医药领域的经济技术合作。经他提议并确定由诺华公司与中方合作开发的复方蒿甲醚项目,在中外双方的共同努力和中国政府有关部门的领导下最终取得了圆满成功。该复方新药来源于传统中草药,由中国科学家独立研制、发明并共同持有国际专利;于2002年被列入世界卫生组织基本药品清单,目前该组织唯一大批量采购的复方抗疟药,解决了疟原虫抗药性的问题。复方蒿甲醚已先后向60多个国家和地区申请了专利,这不仅是中国发明的复方新药首次获得国际发明专利,而且开创了中国专利产品在国外注册的先例。中国独创的抗疟新药成功进入国际市场,在国际医药行业中产生了深远影响,也是中外双方经过十五年的国际合作所取得的卓越成果。

在复方蒿甲醚国际科技合作项目中,诺华公司负责复方蒿甲醚在国际上的研究和开发工作。诺华投入巨额资金,为复方蒿甲醚最终走向世界作出了突出的贡献。因此,2005年3月28日,中国国务院宣布授予魏思乐博士"2004年度国际科学技术合作奖"——这也是该奖项首次颁给国际医药企业界

Case study 国际劳工标准案例评析

人士。诺华公司在公共市场按成本价为成人和儿童提供三天剂量装的复方蒿甲醚。在非洲各国的公共部门使用复方蒿甲醚后,2004年非洲的疟疾发病率比2003年显著降低了10.5%,同期疟疾死亡人数也由50 000人降到了33 000人。2006年1月18日,诺华公司宣布2005年共生产复方蒿甲醚3 000万人份,而且在疟疾肆虐的发展中国家按时提供订单的前提下,公司2006年度将尝试生产1亿人份,力图挽救更多的生命,特别是幼儿和儿童。

资料来源:作者根据诺华公司网站和新浪网相关资料整理,①http://www.novartis.com.cn/nov/index.shtml (last visited Jan. 10, 2009);②http://finance.sina.com.cn/hy/20061130/16133124170.shtml (last visited Jan. 10, 2009)。

问题与思考

1. 跨国公司实施劳工标准的主要方式是什么?
2. 诺华公司的企业社会责任有哪些特点?
3. 以诺华公司为代表的跨国公司致力于企业社会责任的原因是什么?

关键概念点评

1. 跨国公司(transnational corporations):跨国公司是通过对外直接投资、在其他国家和地区建立分支机构来控制子公司的国际垄断组织。它是一个独特的国际行为体。首先,它是一个拥有强大经济实力的实体;其次,它具有一定的独立性;最后,它可以凭借其实力影响不同国家的政治经济生活,影响国家间的相互关系。

2. 企业公民(corporate citizenship):企业公民属于社会文化范畴,是指一个公司将社会基本价值与日常经营实践、运作和策略相整合的行为方式。企业是社会的细胞,社会是企业利益的源泉。企业享受社会赋予的条件和机遇时,也应该以符合伦理、道德的行动回报社会、奉献社会。企业公民这一概念蕴涵着社会对企业提出的要求,意味着企业是社会的公民,应承担起对社会各方的责任和义务。

第四章　国际劳工标准实施的途径及行为主体

案例评析

1. 跨国公司实施劳工标准的主要方式是什么？

作为劳工标准实施的非国家行为主体，越来越多的跨国公司通过采用没有约束力的纲领和生产守则来实现其企业社会责任。总体而言，跨国公司实施劳工标准的主要方式是制定和实施生产守则。

2. 诺华公司的企业社会责任有什么特点？

诺华公司是一个医药类的跨国公司，结合本企业的行业特点，制定出了符合本企业特点的"企业公民政策"，自1999年签署了联合国"全球契约"后积极参与"全球契约"的活动，并将"全球契约"的重要精神引入了企业管理中来：企业公民政策约定了高尚责任；行为规范限定了员工的职责。同时，企业各级领导都要为贯彻"全球契约"的原则负责，而员工们则要求在人权、劳动、环境和反腐败方面不违反契约规定的十项原则，并贯彻在日常工作中。其次，还在企业的日常管理中做好各项监督工作，注重企业良好社会形象的建立和维护。同时，在企业供应链伙伴关系的选择中，优先选择与公司具有相同社会和环境价值观的商业伙伴、供应商和承包商（统称第三方），并支持他们在业务中推广这些价值。通过这种方式来推动和促进联合国"全球契约"精神更广泛地应用和体现。总之，作为一个知名的跨国公司，诺华作出了如下的承诺：患者，员工，健康、安全和环境保护以及最佳的业绩。

从诺华企业社会责任这两个具体案例中，我们不难看出诺华正在从外部社会环境的改善和内部管理的创新两个维度不断进发出企业的活力，履行着企业在人权、劳工标准、环保等方面的社会责任。

3. 以诺华公司为代表的跨国公司致力于企业社会责任的原因是什么？

以诺华公司为代表的跨国公司致力于企业社会责任的原因主要在于：全球化和信息化时代的到来，使资本力量的膨胀所带来的公司丑闻以及公司因为行为不当而引发的环境灾难、与员工冲突、引发消费者和其他利益相关者的诉讼，等等，都可能迅速令公司的声誉在全球处于风险之中，在消费者和投资者中产生负面印象，损害公司价值。多年致力于推进企业社会责任的美国国际事务民主协会中国区首席代表戴维斯（Gordon Davis）对此评论说："企业社会责任并不是一种慈善行为，而是一种审慎的风险管理方式。它本身就意味着良好的商业机遇,并且可以为企业带来实实在在的利润,有利于企业的可持续发展。"因此,一个跨国公司不仅需要关注自己的盈利、资产增值和市场份额,还必须关注自己对所在国家和区域的社会责任的实现。只有这样,才能应对外部包括消费者、人权组织、劳工组织以及非政府组织在内的各方利益主体的压力和要求,提高企业的社会价值和核心竞争力,不断促进企业和社会的和谐发展。

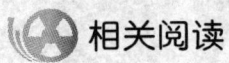 相关阅读

诺华的企业公民宣言

诺华希望公司负责任的"企业公民"形象广为人知。无论是在经济、社会,还是环境方面,为了公司的长期成功,我们都尽可能以可持续的方式来经营。诺华核心价值观基于每个人的基本权利,这些权利包括隐私权、言论自由、结社自由及受到平等和尊重的对待等。

我们致力于在力所能及的范围内提倡和保护联合国人权宣言中所定义的权利。我们不能容忍公司内部出现践踏人权的事件。

员工是我们成功的关键。公司的人力资源政策及其实施建立在公平、公开和相互尊重的基础上。

- 我们的薪资政策具有竞争性和公平性,负担基本生活需要绰绰有余。我们希望员工能有更多的时间陪伴家人、参加社会活动和享受休闲生活。
- 我们尽力为员工营造一种充满激励和挑战的工作氛围,并为其提供个人和职业发展的机会。同样,我们也期望他们能为诺华的成功而表现出高水平的绩效和敬业精神。
- 我们了解并尊重全球市场所固有的文化差异。我们尽力保持和增加这种多样性:我们吸引来自不同文化背景最出色的人才,培养他们,提拔他们,留用他们。
- 我们不能容忍强迫性劳动以及其他掠夺式的劳动。为保护儿童的基本权益,我们支持为消除童工现象而进行的努力。
- 我们对雇主和员工之间的建设性对话深具信心,并支持结社自由的原则。

我们希望在健康、安全和环保方面成为领先企业。

第四章　国际劳工标准实施的途径及行为主体

- 在公司的各种活动中，我们十分重视健康与安全，即员工、邻居、客户、消费者和其他所有受我们业务活动影响的人的健康与安全；我们同样十分重视环境保护。
- 我们尽可能有效地利用自然资源，并尽力降低公司的各种活动及各类产品在其整个生命周期中对环境的影响。我们在健康、安全和环保方面对新产品、新工艺和新技术进行评估，以确保它们所带来的利益大于其隐含的风险。面对社会关注的新焦点或出现的新情况，我们会定期考查以前所做的评估结果。
- 我们以谨慎的态度研究新产品、开发新技术。为此，我们遵循循序渐进的原则，听取科学家们的意见，并以科学、公开的态度去评价创新所带来的利益和风险。

我们重视社会各界的期望和关注。

- 在公司的社会行为方面，我们尊重股东、员工、客户、邻居、政府和公众的利益，并注意公司业务在健康、安全和环保方面的影响。我们向社会提供相关信息并积极聆听社会各界的声音。在评价有争议的产品、工艺和技术时，我们力争同社会各界进行交流。
- 提高大众健康水平和生活水平的责任需要由私营企业、政府部门以及社会各界来共同承担。诺华积极支持旨在使更多人能够享受医疗服务的各种努力。

我们将"企业公民"的原则融入公司业务战略。

- 我们对"企业公民"政策的实施进行积极、持久和有效的管理。公司各业务部门为贯彻本政策，专门组建了相应的机构并提供了足够的资源。
- 我们不断检查工作进展，并通过企业内部、外部的审计及管理报告等形式来监督本政策、相关指南及政府法规的执行情况。
- 我们优先选择与公司具有相同社会和环境价值观的商业伙伴、供应商和承包商，并支持他们在其业务活动中为推广这些价值观而进行的努力。
- 我们努力增加员工对本政策的了解和承诺。为此，我们向他们提供相应的信息和培训，以提高其相应的技能。
- 公司所有员工在其职责范围内必须遵守本政策、相关指南及政府法规的相关规定。

资料来源：作者根据人民网《诺华——企业公民》整理，http://www.people.com.cn/GB/54849/69893/72583/72584/4930736.html（last visited Jan. 10, 2009）。

第五章
通过国际劳工组织监督
促进国际劳工标准

〔阅读提示〕

　　国际劳工标准的实施主要通过成员国批准公约的形式来实现，但批准公约后如何监督成员国是否认真履行这一问题历来都是国际劳工标准实施中遇到的最大的难题。为了监督成员国实施国际劳工标准的情况，国际劳工组织建立了具有国际水准的独到的监督机制。总结起来，这套监督机制可归纳为三种类型：第一种是一般监督机制，主要以审议各国政府提交的政府报告为基础；第二种是争议解决机制，主要包括申诉与控诉程序等；第三种是特殊监督机制，主要内容是对实施结社自由公约的监督。国际劳工组织除了建立上述监督机制外，还开展了一系列积极的措施，根据会员国的具体需要给予帮助。这些措施包括：同有关政府直接接触，召开研讨会和举办其他形式的培训班，发挥国际劳工标准专家的作用，建立积极的伙伴关系政策，开展技术合作。

第五章 通过国际劳工组织监督促进国际劳工标准

案例一 全球化下国际劳工组织与其他国际组织的积极合作取得良好成效

 案例介绍

全球化的进程产生了无数的利害攸关者。劳工组织、工商业、民间社团、专业和学术机构、基金会、消费团体和投资集团、妇女联合会、议员、环境保护主义者和多边机构均极为关心全球化的未来进程和社会后果。在资助和实施共同关心劳工权益计划方面,它们都是国际劳工组织潜在的伙伴和盟友。在某种意义上一个国际组织履行其职责的方式需要符合国际法所规定的关于尊重人权方面的一致性规定。所以,它邀请多边体制的每个组织审核其促进和保护普遍接受的原则和人权的现行程序和制度,以便在实践中更好地实施它们,并且改进关于共享的价值观的国际对话。尽管多边机构已经在许多方面开展合作以促进基本人权和国际劳工标准,但它们还需要继续发掘一种方法,以评估其经验,审核成功的方式,审查持续的障碍,为下一步行动汲取教训,并且就这些问题考虑以促进性的方式更有效地共同工作。国际劳工组织作为一个涉及经济和社会发展的组织,基于促进人权和劳工权利作为发展的基础,在实践中持续地与伙伴机构讨论着这样一个议题。

国际劳工标准对社会发展进程的重要性已经得到越来越多的认可,这已经使好几个国际和地区开发银行将工作中的基本原则和权利纳入其政策之中。例如,亚洲开发银行(Asian Development Bank,ADB)采纳了一项呼吁尊重国际劳工标准的"社会保护战略",并正在与国际劳工局一道研究将该战略付诸实施的方法。类似的进展正在国际金融公司(International Finance Corporation,IFC)、泛美开发银行(Inter-American Development Bank,IADB)和欧洲重建和开发银行(The European Bank for Reconstruction and Development,EBRD)中进行。世界银行针对核心劳工标准设计了一个工具包,而且正逐渐将尊重核心劳工标准变成其工作的一部分。然而,为了消除关于并非所有的核心劳工标准都得到了同等力度的促进这一疑虑,国际劳工组织还有许多事情要做。因此,国际劳工组织打算通过联合研究、培训和信息研讨会等途径来解决这一问题,尤为重要的是,在国家和地区一级通过联合行动计

Case study 国际劳工标准案例评析

划来强化与地区和全球性机构的合作。同时，国际和双边开发机构也应该协作支持希望促进尊重核心劳工标准的国家。例如，将它们并入诸如联合国发展援助框架（United Nations Development Assistance Framework，UNDAF）、减贫战略文件（Poverty Reduction Strategy Papers，PRSPs）和千年发展目标的关键文件之中。

另外一个具有合作潜力的好例子是国际劳工局消除童工国际计划。这个计划非常有助于理解国际劳工组织与其他国际组织技术合作行动所具有的积极的相互作用。自从其十年前开始以来，消除童工国际计划已从单个的项目转向大规模的行动，它使国际劳工组织的三方成员都参与进来，并且将消除童工劳动的目标纳入国家发展目标的主流，不断与诸如联合国儿童基金会、世界银行、各国议会联盟和联合国教育科学文化组织（United Nations Educational, Scientific and Cultural Organization，UNESCO）进行合作。正如近期国际劳工局的报告："投资于每个儿童"表明，今天将资源投入消除童工的国家，明天将获得更高的劳动生产率、更少的贫困、性别平等和更快的经济增长收益。建立在这一远见的基础上，国际劳工局正逐步增加其与其他机构的合作，以确保消除童工劳动和一般的促进尊重工作中的基本原则和权利的国家计划与实现联合国千年发展目标的运动充分结合起来。

资料来源：作者根据国际劳工组织网站资料整理，"A Fair Globalization. The Role of the ILO. Report of the Director-General on the World Commission on the Social Dimension of Globalization（Report 92）". http://www.ilo.org/global/What_we_do/Publications/ILOBookstore/Orderonline/Books/lang--en/docName--WCMS_PUBL_9221157873_EN/index.htm（last visited Jun. 2, 2009）.

问题与思考

1. 案例中，国际劳工组织与哪些重要的国际组织有良好的合作？
2. 国际劳工组织与其他国际组织的合作主要集中在什么领域，采取的主要形式是什么？
3. 全球化对国际劳工组织带来了哪些机遇和挑战？

第五章 通过国际劳工组织监督促进国际劳工标准

关键概念点评

1. 全球化（globalization）：目前学术界对全球化还没有统一的定义，一般来讲，从物质形态看，全球化是指货物与资本的越境流动，经历了跨国化、局部的国际化以及全球化这几个发展阶段。货物与资本的跨国流动是全球化的最初形态。在此过程中，出现了相应的地区性、国际性的经济管理组织与经济实体，以及文化、生活方式、价值观念、意识形态等精神力量的跨国交流、碰撞、冲突与融合。

2. 世界银行（the World Bank）：世界银行是世界银行集体的俗称，世界银行这个名称一直是用于指国际复兴开发银行（International Bank for Reconstruction and Development，IBRD）和国际开发协会（International Development Association，IDA）。这些机构联合向发展中国家提供低息贷款、无息信贷和赠款。它是一个国际组织，其一开始的使命是帮助在第二次世界大战中被破坏国家的重建。今天它的任务是资助国家克服穷困，各机构在减轻贫困和提高生活水平的使命中发挥独特的作用。

3. 联合国教育科学文化组织（United Nations Educational, Scientific and Cultural Organization，UNESCO）：联合国教育科学文化组织属于联合国专门机构，简称为联合国教科文组织，是各国政府间讨论关于教育、科学和文化问题的国际组织。其宗旨在于通过教育、科学及文化来促进各国间的合作，对和平与安全作出贡献，以增进对正义、法治及联合国宪章所确认的世界人民不分种族、性别、语言或宗教均享人权与基本自由的普遍尊重。

案例评析

1. 在案例中，国际劳工组织与哪些重要的国际组织有良好的合作？

在案例中，国际劳工组织与几个国际和地区开发银行，如亚洲开发银行、国际金融公司、泛美开发银行、欧洲重建和开发银行以及世界银行等国际金融组织；联合国儿童基金会、联合国教育科学文化组织等国际组织都在一些具体合作项目中建立了良好的互动关系。

2. 国际劳工组织与其他国际组织的合作主要集中在哪些领域？采取的主要形式是什么？

Case study 国际劳工标准案例评析

国际劳工组织与其他国际组织的合作主要集中在那些具有一致性认识的劳工权益维护和促进的公益项目中。从消除童工劳动到地方经济发展，国际劳工组织在各种领域与国际组织和非政府组织合作。主要形式是以个案方式参与具体的发展项目和邀请相关国际组织处理国际劳工大会所讨论的具体议程项目。在许多国家，国际劳工组织的三方社会伙伴与民间社团组织有着广泛的接触，国际劳工组织会员国政府不仅在国内而且在其他国际论坛与民间社团组织交流。同样，国际劳工组织还注重与选定的国际组织及国内民间社团组织就共同关心的各种问题开展许多合作活动。最后，国际劳工组织还积极采取促进企业和工商组织在公司社会责任这个日益重要的领域与非政府组织开展诸多合作项目。

3. 全球化对国际劳工组织带来了哪些机遇和挑战？

寻求为所有人创造机会的公平的全球化将主导未来十年的国际事务。在全球化背景下，一个由政府、商界、工会、民间社团、议会、政治党派、地方当局、国际组织、宗教和精神传统以及不同的新兴形式的公民组织组成的"公民社会"正在形成。在此过程中，每一类组织都在自己的领域中发挥着积极作用。

国际劳工组织认为，全球化治理必须基于普遍共享的价值观和对人权的尊重，全球化在道德真空中发展，市场成功和失败倾向于成为最终的行为标准，'赢家通吃'的态度削弱了社区和社会的结构。因此，全球化应该是一个公平的全球化。

在实现公平全球化的进程中，各类组织日益重视国际劳工标准在全球的发展，国际劳工组织因此获得了更多的合作机会，但同时也面临着许多挑战。主要体现在：变革组织管理，促进工作方式的现代化，以便使国际劳工组织的三方性跟上全球化所带来的变化，有能力帮助确定一条走向更公平的、全球化的道路。一方面要加强国际劳工组织三方成员对国际政策拟定的参与，另一方面国际劳工组织也支持他们开展国家辩论，双管齐下，有助于确保本组织作为一个整体将社会层面的建设推至有关全球化治理辩论的突出位置。

第五章　通过国际劳工组织监督促进国际劳工标准

相关阅读

"更好的工作全球计划"（The Global Plan of the Better Work）将帮助改善服装行业的劳工标准

国际金融公司和国际劳工组织正在扩大双方更好的工作伙伴关系，以帮助提高全球供应链的劳工标准，这将改善发展中国家约120万工人的生活。2009年5月这两个机构签署了一项新的合作协议，旨在努力提高劳工标准，继续推进更好的工作条件实例。

这是国际劳工组织对此危急时刻的市场状况转变迅速作出的反应。"这个新的结构将巩固国际劳工组织和国际金融公司之间的伙伴关系，简化管理程序，以便更好的工作计划能够有效扩大活动范围，继续改善全球供应链的劳工标准。"国际劳工组织社会对话执行理事乔治·德拉格尼奇（George Dragnich）如此说，"对于执行国际劳工组织的'体面劳动议程'来说，'更好的工作全球计划'是一个重要的贡献，尤其在发生经济危机这样特别重要的时候，因为经济危机使得工人和他们的家庭处于危险之中"。在这一倡议的第一阶段，准备在约旦、越南和海地服装工业中设立"更好的工作全球计划"和开展活动。第二阶段将集中80%的努力，吸引扩大服装行业参与这个计划，用20%的努力促进新产业多样化，帮助产业了解"更好的工作计划"工具，更好地遵守劳工标准。

这项工作将从2009年7月开始，并持续三年。"在一个关键的时候继续开展国际金融公司和国际劳工组织之间的合作，以保证私营部门对劳动标准的保护。"国际金融公司商业咨询服务副总裁雷切尔·沃凯特（Rachel Walkate）说："在目前的危机中，我们看到大量裁员以及不充分就业扩大。我们必须确保国际金融中心尽一切努力，与私营部门一道保护弱势工人。国际劳工组织的合作是在朝着正确的方向前进。""更好的工作全球计划"得到了荷兰、德国、瑞士、爱尔兰、日本、挪威、卢森堡、意大利和新西兰的支持。该计划还得到私营部门的捐款，包括美国理事会基金会（United States Council Foundation）、利维斯特劳斯基金会（Levi Strauss Foundation）、琼斯服装集团（Jones Apparel Group）、西尔斯控股集团（Sears Holdings Corporation）以及沃尔玛（Wal-Mart）的捐赠。

资料来源：作者根据中国服装网《"更好的工作全球计划"将帮助改善服装行业的劳工标

准》整理，http://www.efu.com.cn/data/2009/2009-05-15/270433.shtml（last visited Jun. 2, 2009）。

案例二　国际劳工组织协助巴西政府发起一项名为"打击巴西的强迫劳动"的技术合作项目

案例介绍

　　技术合作和咨询是国际劳工组织的除一般监督机制工作的补充监督机制。国际劳工组织协助巴西政府发起一项名为"打击巴西的强迫劳动"的技术合作项目。该项目旨在打击导致养牛业和农业中强迫劳动的虐待性招工做法，并帮助加强和协调巴西"废除强迫劳动国家委员会"（National Commission for the Abolition of Forced Labor）成员和其他关键伙伴（如工会、私营部门等）在联邦、州和市各级政府内外所采取的行动。

　　该项目具体内容有：为劳工和就业部创建一个强迫劳动数据库，记录出事和招工地区、犯法者姓名、所涉经济活动和工人重新陷入强迫劳工境况的案例。发起全国性和地区性反强迫劳动运动。发起一个包括对犯法者起诉、预防和受害者恢复自立措施在内的根除强迫劳动的国家计划。参与对强迫劳动进行起诉的伙伴（主要是联邦和劳工公诉办公室、劳工与就业部、联邦警察和其他执法机构）以及工会和非政府组织的能力建设。加强流动监察小组，主要通过创收活动、能力建设和法律援助恢复强迫劳动自立试验计划。

　　该项目自2002年4月启动以来，已经逐步呈现出扩大势头并增加了活动。第一年的主要精力放在提高执法机构的感性认识上，强化其反强迫劳动的共同立场。2002年9月，在巴西利亚举办了一次知名度很高的活动，联邦和劳工法官、联邦和劳工公诉员、劳动监察员、联邦和公路警察参加了该次活动。这促使在联邦和劳工公诉办公室设立了处理该问题的专门小组，设立了巴西律师联合会的联邦理事会，并与该联邦理事会举行了后续研讨会。巴西最高劳工法院院长作出响应，设立了新的流动法庭，以便立即受理最严重的强迫劳动控诉。同时巴西政府还采取了相应的立法措施（2002年12月通过了一条修正案），确保特别的失业付款中由州提供的付款部分的资金，这部分资金的支付对象主要是从强迫劳动中解救出来的工人。

　　2003年年初，巴西新当选政府的上台为本项目提供了更大范围的支持。

第五章 通过国际劳工组织监督促进国际劳工标准

项目组与政府密切合作起草了废除强迫劳动国家计划,于 2003 年 3 月大张旗鼓地推出了该计划。紧接着的一个重要步骤是发动巴西国家范围内的废除强迫劳动劳工运动。自那时起,巴西行政部门和立法部门均采取了一系列举措,对强迫劳动犯罪规定了更有效的监督和更严厉的起诉。到 2003 年 11 月,一项新的联邦法律规定促使在强迫劳动多发地设立了 269 个新的劳工法庭。另外,该项目还支持联邦政府颁布"肮脏名单"的举措,披露出强制施行强迫劳动的 101 家涉案公司,这些公司从此以后无缘获得公共融资。尤为值得注意的是,2004 年 8 月,大型炼钢公司和它们的工会签署了一项协定,根据协定,公司承诺不向任何对其工人施行奴役劳工条件的企业购买焦炭。在废除强迫劳动国家委员会的请求下,该项目还发起了广泛的宣传运动,来支持巴西政府拟议的宪法修正案,以及允许没收施行强迫劳动者的财产,等等。总之,巴西反强迫劳动运动成绩斐然,最近几年获得自由的工人人数明显增加。

资料来源:作者根据国际劳工组织网站资料整理,"Global Alliance against Forced Labour——Global Report under the Follow-up to the ILO Declaration on Fundamental Principles and Rights at Work,2005",http://www.ilo.org/wcmsp5/groups/public/---ed_norm/---relconf/documents/meetingdocument/wcms_ilc_93_rep-ib_zh.pdf(last visited Nov. 30,2008)。

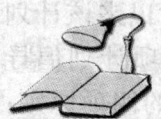

问题与思考

1. 国际劳工组织旨在维护工作中基本原则和权利的技术援助主要有哪些?案例中"打击巴西的强迫劳动"属于哪种?

2. 案例中国际劳工组织都采取了哪些措施来促进解决巴西的强迫劳动问题?这些措施最后的效果如何?说明了哪些问题?

关键概念点评

1. 一般监督机制(regular supervision):一般监督机制是指以国际劳工组织会员国按照《国际劳工组织章程》的规定提交实施公约状态的报告为基础,由专家委员会审阅,审阅结果形成专家委员会的报告,提交每年国际劳工大会的公约与建议书实施委员会讨论,最后形成对有关国家要求改善立法和实践的建议。

2. 技术合作(Technical co-operation):技术合作也称为技术援助,是指

Case study 国际劳工标准案例评析

国际劳工组织利用国际劳工组织各会员国缴纳的一部分会费以及联合国相关机构（如联合国开发计划署等）和一些捐赠国提供的资金，同联合国其他专门机构合作，对发展中国家进行劳工领域的技术援助和技术合作。

3. 劳动监察（Labor Inspection）：劳动监察也称为劳动保障监察，指劳动保障行政机关依法对用人单位遵守劳动保障法律法规的情况进行监督检查，发现和纠正违法行为，并对违法行为依法进行行政处理或行政处罚的行政执法活动。实施劳动监察对于促进劳动法律法规贯彻实施、监控劳动力市场秩序、维护劳动关系双方合法权益以及推动劳动保障部门依法行政都具有十分重要的意义。

案例评析

1. 国际劳工组织旨在维护工作中基本原则和权利的技术援助主要有哪些？案例中"打击巴西的强迫劳动"属于哪种？

国际劳工组织专门旨在维护工作中基本原则和权利的技术援助计划主要有两个。一个是于1992年发起的"消除童工国际计划"，自那时以来该计划迅速扩展，现已成为国际劳工组织最大的技术合作计划。第二项计划倡导1998年《关于工作中基本原则和权利宣言及其后续措施》所载的四项原则：结社自由和集体谈判的权利，消除强迫和强制性劳动，废除童工劳动，以及消除工作场所的歧视。案例中"打击巴西的强迫劳动"属于第二项计划中旨在倡导消除强迫和强制性劳动的相关技术援助项目。

2. 案例中国际劳工组织的这项"打击巴西的强迫劳动"技术援助项目的主要内容是什么？最后的效果如何？说明了什么问题？

在案例中，为打击巴西的强迫劳动，国际劳工组织协助巴西政府开展了一个打击强迫劳动的技术合作项目。该项目旨在打击导致养牛业和农业中强迫劳动的虐待性招工做法，并帮助加强和协调废除巴西"强迫劳工国家委员会"成员和其他关键伙伴（例如工会和私营部门）在联邦、州和市各级政府内外所采取的行动。其主要内容有：为政府劳工和就业部门收集有关强迫劳动的相关数据和案例，为其制定相关法律和政策提供依据。在全国范围内加强反强迫劳动的舆论宣传。为具体个案提供法律咨询和援助。促进利益相关的国家权力机关和工会及非政府组织的能力建设。此外，还注重加强实践中

第五章　通过国际劳工组织监督促进国际劳工标准

的流动监察小组活动,等等。

实践证明,国际劳工组织在巴西的这个技术援助项目效果很好,对打击巴西的强迫劳动现象起到了积极的作用。其中,最为重要的经验是,在具体的技术援助项目中必须与当地政府建立良好的互动关系,得到政府的支持,不断加强政府对国际劳工标准的重视程度,才能取得应有的效果。

总之,国际劳工组织各项技术援助项目都在发挥应有的效果,这一趋势也证实了国际劳工组织正在通过其具体实施活动突出其国际劳工标准制订的作用方面,尤其是在提供技术合作计划与活动方面采取的独特做法。

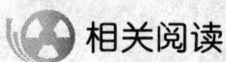 相关阅读

保护家政工人免遭强迫劳动和贩卖

国际劳工组织的一个由英国国际开发部提供资助的"在南亚保护家政工人免遭强迫劳动和贩卖动员行动"项目于 2004 年启动。该项目对印度尼西亚、菲律宾等移民输出国的法律和政策改革作出了重要贡献,同时也支持了扩大影响的活动,尤其是中国香港、马来西亚和新加坡等接收国家和地区的家政工人组织的扩大影响活动。

在菲律宾,项目着重于立法和政策的倡导活动,包括促进关于家政工人的国家法律和地方性法规。为促进批准相关国际劳工组织公约提供了技术建议,最后促成于 2005 年 7 月 15 日批准 1930 年《强迫劳动公约》(第 29 号)。对一系列倡导活动的技术支持,还导致制定了一项关于家政劳动的专门法律——卡桑巴哈(Kasambahay)法案,被菲律宾参议院劳工、就业和人力资源开发委员会宣布为优先法案,将在 2005—2006 年进入立法程序。在地方一级,与酒吧老板和家庭业主委员会联盟的磋商,巩固了对用工登记的支持、救援或危机反应系统已经建立起来,技能培训和家政工人教育/指导计划开始实施。制定了地方性法规范本和就业合同范本,以便在择定社区内试点。

在印度尼西亚,该项目通过提高社区认识、电台广播计划和用于替代性生计的技能更新等活动,在目标行政区开展的具体行动对预防贩卖年轻妇女起到了重要作用。在国家一级,承担责任的利益相关方(立法机构、工会、家政工人组织、穆斯林妇女群众组织、非政府组织和学者等)正在起草一项关于保护家政工人的法案,也可能会修订《就业法》,以使一般劳动法中包含

133

家政工人。

在中国香港，该项目支持外籍家政工人工会在占主体地位的印度尼西亚和菲律宾家政工人中扩大影响，为他们提供服务并将他们组织起来。在马来西亚，这项工作是通过马来西亚职工总会来进行的。在马来西亚和新加坡，向非正规的移民工人网络中的积极分子提供了培训，以使他们能更有效地扩大影响并将移民工人组织起来。

资料来源：作者根据国际劳工组织网站资料整理，"体面劳动在亚洲：有关结果的报告2001—2005"，http://www.ilo.org/public/chinese/standards/relm/rgmeet/14asrm/dgresults01-05.pdf（last visited Nov. 30, 2008）。

案例三　国际劳工组织应对国际危机的快速反应战略——以 2004 年南亚海啸为例

 案例介绍

2004 年 12 月，苏门答腊沿海地区发生一场大地震，引发了一系列海啸，亚洲和非洲沿海地区首当其冲，损失惨重。面对这场灾难，国际劳工组织与受影响最大的四国——印度、印度尼西亚、斯里兰卡、泰国——政府以及雇主组织和工人组织一道，全力以赴开展其有史以来规模最大的区域创收和创造就业机会行动，帮助灾民恢复就业和生计。

在印度尼西亚、重点是恢复受灾社区的基本生计，包括建立四个紧急就业服务中心，为基础设施项目制定一个以工代赈计划以及进行技能培训。国际劳工组织还向开发署和政府的政策文件提供重要投入，这些文件分析直接需求，并为恢复和重建拟订规划。

在斯里兰卡，国际劳工组织的咨询和援助侧重制定一项恢复和重建政策。这包括制定一项以工代赈方案，以及保护脆弱群体，特别是许多成为孤儿的儿童。

在印度和泰国，国际劳工组织与三方成员及联合国机构合作，在联合国国家工作队内发挥主导作用，帮助移民工人重新回到生产性就业岗位。国际劳工组织与国际移民组织一道，协助移民工人（主要是来自缅甸的移民工人）重新办理注册文件，以便利其就业。

在印度，国际劳工组织支持社会合作伙伴——雇主组织和工人组织——

第五章　通过国际劳工组织监督促进国际劳工标准

努力扩大向受灾成员和家属提供的服务,以帮助他们恢复生计。为应对海啸灾难,发起了一场近年来规模最大的筹资行动。国际劳工组织在这次灾难发生后制定的项目的主要捐助者有比利时、荷兰、联合王国国际开发部、美国劳工部及开发署本身。

总之,过去几年中,尤其值得提及的是国际劳工组织对国际危机处理行动的参与。在应对危机过程中,倡导国际劳工组织的基本价值观、原则至关重要,这样做既是为了处理危机造成的直接不利影响,也是为了创造条件便利随后成功地发起发展进程。总体而言,这项战略主要侧重于就业相关援助,诸如推动就业密集型重建和恢复工程、受危机影响群体在经济——社会方面的重新融入、社会对话、技术培训、当地经济发展举措以及扶持小企业和合作社。其他活动包括收集数据和宏观经济分析、性别和其他平等问题、基本权利和社会保护。由于受危机影响最大的往往是妇女和儿童,因此,在规划国际劳工组织对危机后重新融入和重建进程的参与方面他们受到密切关注。

资料来源:作者根据《国际劳工组织在技术合作中的作用》内容整理,http://www.ilo.org/wcmsp5/groups/public/---ed_norm/---relconf/documents/meetingdocument/wcms_ilc_95_rep-vi_zh.pdf(last visited Jun. 11, 2009)。

问题与思考

1. 本案例中,国际劳工组织在应对南亚海啸危机采取了哪些具体措施?
2. 国际劳工组织在促进技术合作中的优势有哪些?
3. 国际劳工组织在哪些方面采取行动以增加得到的自愿捐款?

关键概念点评

1. 以工代赈(Work for the Dole):以工代赈是指政府投资建设基础设施工程,受赈济者参加工程建设获得劳务报酬,以此取代直接救济的一种扶持政策。

2. 国际移民组织(International Organization for Migration,IOM):在比利时和美国的倡议下,1951年12月5日在布鲁塞尔召开了"国际移民会议"并决定成立欧洲移民问题政府间委员会。该组织的章程于1953年产生,1954年生效,1955年交联合国秘书处登记并编入《联合国条约集》。1980年,

Case study 国际劳工标准案例评析

该组织改名为"移民问题政府间委员会"。1987年5月，该组织修改章程，新章程于1989年11月14日生效。根据新章程，该组织改用现名"国际移民组织"，截至2009年6月17日，该组织拥有125个成员国。国际移民组织是非政治性的人道主义组织，其宗旨是通过与各国合作处理移民问题，确保移民有秩序地移居接收国。

案例评析

1. 本案例中，国际劳工组织在应对南亚海啸危机采取了哪些具体措施？

国际劳工组织积极参与国际处理危机行动。在应对危机过程中，国际劳工组织利用它的基本价值观、原则及发展关切，这样既有利于处理危机造成的直接不利影响，也为随后成功发起发展进程创造了条件。在本案例中，南亚遭遇海啸灾害，不仅使各国的硬件遭受打击，还使各国的软件遭到破坏，失业率急剧攀升即是一例。最重受灾国印度尼西亚和斯里兰卡有100多万人失业：印度尼西亚60万人，灾区失业率为30%；斯里兰卡40万人，灾区失业率为20%。因此，国际劳工组织在帮助受灾国的计划中主要侧重于就业相关援助，诸如加大基础设施重建，以快速增加就业机会；制定地区经济发展计划，创造就业环境；恢复劳工市场，提供就业服务；保护弱势群体，维持社会稳定。例如，在印度尼西亚，国际劳工组织帮助建立了四个紧急就业服务中心，为基础设施项目制定一个以工代赈计划以及进行技能培训。此外，国际劳工组织还筹集资金，来帮助受灾国恢复生产建设。

2. 国际劳工组织在促进技术合作中的优势有哪些？

国际劳工组织在促进技术合作中的优势主要体现在以下几个方面：

（1）国际劳工组织是一个使政府与企业、工会组织建立联系的三方机构，后两者是经济的真正行为者，也是促成每个国家经济和社会进步的关键当事方，在决策方面享有平等地位。

（2）国际劳工组织还在促进对话、平衡和和解方面积累了独特的经验，这三者以旨在共同实现经济和社会目标的务实和坚持不懈的态度为基础。尊重不同利益，以及愿意找到对所有利害关系方都有利的实际、可持久的解决方法，是国际劳工组织的做法的标志。此种经验应当用以影响公民社会，尤其是雇主组织及工人组织参与广泛的发展对话和各项活动。

第五章 通过国际劳工组织监督促进国际劳工标准

（3）国际劳工组织已在就业、劳工权利、社会保护及社会对话所涉各方面都积累了技术专门知识。这种知识只是可用于政策制定和能力开发，并可用来获得技术咨询服务。

3. 国际劳工组织在哪些方面采取行动以增加得到的自愿捐款？

国际劳工组织仍需要设法增加目前得到的自愿捐款。在这方面，既需要设法发展劳工局抓住捐助者政策和方式提供的各种机遇的能力，又需要设法促进国际劳工组织捐助者之间的对话，以期增强政策一致性。为此，国际劳工组织需要在以下几个方面采取积极行动。

（1）提高捐助机构和捐助国对国际劳工组织因其三方机构和标准制定活动在发展合作方面具有的附加值的认识。海啸危机充分证明，国际劳工组织有必要有系统地与直接负责救济和紧急供资捐助者方案的部门建立联系，这些方案和部门往往不了解国际劳工组织在有利于就业的恢复和重建进程中的经验和潜在作用。

（2）劝说多边—双边捐助者结束临时关系，与国际劳工组织达成多年供资协议，同时说服已经经订有框架协议的捐助者使其协议逐步与国际劳工组织自身的计划周期和战略优先事项相一致。

（3）促进国际劳工组织捐助者之间的政策一致性，以便通过更加透明、有效的进程确定优先事项；通过围绕极为重要的问题，如全球化的社会影响面问题，展开的政策对话支持资源筹集工作；突出国际劳工组织对"千年发展目标"、减贫和联合国改革的贡献；降低许多不同的业务和订约方式的交易费用；减少捐助者附加条件，增强国际劳工组织技术合作计划与其战略目标和体面劳动国别计划的一致性。

（4）提高国际劳工组织对捐助机构及其利益和优先事项的认识，尤其是鼓励国际劳工组织地区办事处进一步与捐助者当地代表合作。

相关阅读

国际劳工组织：地震让 110 万巴基斯坦人失去工作

2005 年 10 月 8 日，南亚地区发生里氏 7.6 级大地震，造成巴基斯坦西北边境省和巴控克什米尔等地 7 万多人丧生，约 300 万人无家可归。据国际劳工组织和巴基斯坦劳工部估计，13 个地震灾区共有 110 万人因地震而丧失生

Case study 国际劳工标准案例评析

活来源。国际劳工组织声称,地震发生的地区正处于巴基斯坦最穷的区域,他们估计地震前有 240 万人在那里工作,其中 200 万人以及他们所在家庭的生活水平处于每人每天两美元的贫困线以下。国际劳工组织认为,数百万贫困人口的生活因地震毁坏变得更为窘迫,增加创造劳动密集型工作的机会对这些贫困人口非常紧迫。失去工作的 110 万人每人还承担着抚养家属的责任,这将影响这个地区另外的 240 万人,他们的其中一半是 15 岁以下的儿童。

国际劳工局局长胡安·索马维亚表示,报道称广泛的地震毁坏使数百万人的生计受到影响甚至彻底破坏。随着人道主义援助和重建工作的推进,我们必须为让他们重新获得工作开始马上行动起来。一份有关地震的初步评估显示,地震破坏了大部分地震涉及地区的公共设施和商店。这份评估表示,遭受地震灾害最深的居民需要在重建生产方面获得实质性支持。"失去工作,即使是很短的时间,对这个地区的人们而言就意味着彻底的贫穷。"胡安·索马维亚这样表示。

为应对这场大地震,国际劳工组织通过实施了一项旨在为地震灾民提供就业机会和技能培训的"振兴"计划,让灾民自主重建生活。国际劳工组织在地震重灾区巴拉考特和穆扎法拉巴德建立了两个"紧急就业信息中心",对求职的灾民和当地就业信息进行整理,建立数据库,以便求职者尽快找到工作。另外,国际劳工组织还在巴拉考特、穆扎法拉巴德和巴格等地建立了 3 个"职业训练中心",向灾民提供短期的专门技能培训。

与其他国际救援机构直接提供救济物资和设施不同,国际劳工组织把重点放在灾民就业和恢复生计上,主要是通过创造条件,让灾民能找到工作,通过劳动来维持生计。国际劳工组织在巴地震灾区的重建策略要点就是促进求职的灾民和本地工作机会之间的对接,向灾民提供短期的技能培训项目,并对包括妇女、孤儿以及残疾人在内的弱势群体给予特别的关注和保护。

资料来源:作者根据搜狐网新闻《国际劳工组织:地震让 110 万巴基斯坦人失去工作》和新华网新闻《国际劳工组织帮助巴基斯坦地震灾民重建生活》的内容整理。http://news.sohu.com/20051018/n227238334.shtml(last visited Jun. 11, 2009),http://news.xinhuanet.com/world/2006-10/07/content_5173847.htm(last visited Jun. 11, 2009)。

第五章 通过国际劳工组织监督促进国际劳工标准

案例四 国际劳工组织艾滋病毒/艾滋病和劳动世界计划（ILO/AIDS）

案例介绍

尽管国际劳工组织在同艾滋病毒/艾滋病作斗争方面的参与可追溯到1988年，当时它与世界卫生组织举行了一次磋商，然而国际劳工组织三方成员，特别是在非洲，对该问题的关注在10年后才达到高潮，从而导致于1999年在纳米比亚温得和克举行了一次三方区域会议。那次会议起草了《非洲劳动世界中有关艾滋病毒/艾滋病的行动纲领》。该纲领随后被国际劳工组织在非洲的三方成员在1999年12月于阿比让举行的其第九届区域会议上所批准。在此之后，国际劳工大会第88届会议于2000年6月一致通过了有关艾滋病毒/艾滋病和劳动世界的一个里程碑性的决议，该决议认识到"艾滋病毒/艾滋病以全方位的方式危及体面的劳动"，并要求局长扩大劳工局对其作出反应的能力。

新当选的胡安·索马维亚局长迅速采取了行动，而且于2000年世界艾滋病日成立了全球性的国际劳工组织艾滋病毒/艾滋病和劳动世界计划（ILO/AIDS），这是对国际劳工大会决议作出的迅速反应。该计划承认国际劳工组织三方成员为同艾滋病作斗争的国家努力做贡献的巨大潜力，主要重点是加强社会伙伴制定并实施预防艾滋病毒/艾滋病的传播的工作场所政策和计划、减少其对工人、其家庭和社会的影响以及保护那些受到影响人员的权利。国际劳工组织在制定标准和提供技术合作方面的长期经验为其帮助国际劳工组织三方成员实践这一新计划提供了独特的优势。

根据国际劳工大会的决议，国际劳工组织艾滋病毒/艾滋病计划的目标旨在增加对将艾滋病毒/艾滋病作为一个劳动和发展问题的理解；在地方、国家和全球级别动员三方成员的承诺和资源；通过工作场所政策和计划促进一种系统的反应；以及增强三方成员规划并发展这些内容的能力。因此，活动的主要领域为研究和政策分析；认识提高和倡导宣传；咨询服务、政策指导和培训；在国家和国际级别建立伙伴关系，重点突出有关技术合作方面的协作；以及整理并传播来自国家经验的良好做法。不断改善的抗逆转录酶病毒疗法

Case study 国际劳工标准案例评析

的可得性和可承受性以及对人力资源损失使企业承担的费用越来越多的认识，为将包括护理、治疗和社会保护在内的要素列入工作场所计划提供了动力。

下面主要介绍国际劳工组织艾滋病毒/艾滋病和劳动世界计划在印度的进展。自2001年以来，国际劳工组织倡导旨在劳动世界中建立关于艾滋病毒/艾滋病预防、护理和资助的可持续的三方行动的技术合作计划方，并根据该计划与其印度的三方成员开展了合作。由美国劳工部提供财政支持的这一计划主要分为三个阶段，其目的在于：使其成为劳动和就业部内部的主流行动，动员雇主组织和工人组织，帮助社会伙伴制定工作场所教育计划，就有关知识管理、政策制定、培训和研究提供技术支持，突出非正规部门和性别问题，以及建立并保持社会伙伴的能力，等等。

在印度4个邦实施的企业一级的举措在总共拥有184 000名工人的64个企业中直接支持了政策制定和工作场所艾滋病毒/艾滋病教育计划。其他类似的被纳入国家和邦计划的主流的举措正在惠及819 000名工人，包括非正规经济中的465 000个受益人。感染艾滋病毒/艾滋病的人员通过直接参加项目咨询委员会参与政策制定，以及其涉及培训、敏感化和研究活动对创造一种参与性和包容性的政策环境作出了显著的贡献。与劳动和就业部的机构以及与国家艾滋病控制有关NGO组织的伙伴关系和联合举措为合作努力提供了一个有效的框架，并促进了逐步使工作场所艾滋病毒/艾滋病教育举措在国家计划中的制度化。

资料来源：作者根据以下国际劳工组织网站资料整理：国际劳工大会第95届会议报告六《国际劳工组织在技术合作中的作用》，http://www.ilo.org/wcmsp5/groups/public/---ed_norm/---relconf/documents/meetingdocument/wcms_ilc_95_rep-vi_zh.pdf（last visited Jan. 10, 2009）；国际劳工局理事会："艾滋病毒/艾滋病和《体面劳动议程》：对需求作出反应"，http://www.ilo.org/public/chinese/standards/relm/gb/docs/gb288/pdf/esp-3.pdf（last visited Jan. 10, 2009）。

问题与思考

1. 国际劳工标准的促进具体有哪些形式？国际劳工组织艾滋病毒/艾滋病和劳动世界计划属于哪种？
2. 国际劳工组织出台艾滋病毒/艾滋病和劳动世界计划的初衷是什么？
3. 通过建立积极的伙伴关系政策和技术援助对促进国际劳工标准的实施

第五章　通过国际劳工组织监督促进国际劳工标准

有什么积极作用？

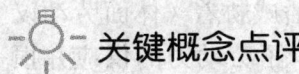
关键概念点评

1. 世界卫生组织（World Health Organization，WHO）：世界卫生组织是联合国下属的一个专门机构，只有主权国家才能参加。成立于1948年4月7日，总部设在瑞士日内瓦，其宗旨是使全世界人民获得尽可能高水平的健康。

2. 技术合作（Technical co-operation）：技术合作也称为技术援助，是指国际劳工组织利用国际劳工组织各会员国缴纳的一部分会费以及联合国相关机构（如联合国开发计划署）和一些捐赠国提供的资金，与联合国其他专门机构合作，对发展中国家进行劳工领域的技术援助和技术合作。

3. 艾滋病毒/艾滋病（Acquired Immune Deficiency Syndrome，AIDS）：艾滋病病毒（人类免疫缺陷病毒）是一种能够导致艾滋病（获得性免疫缺陷综合征）的病毒，这是一种在人体免疫功能低下时被各种疾病所感染的健康状况。艾滋病病毒本身不是一种疾病，而且并不立即导致艾滋病。一个艾滋病病毒感染者在发展成为艾滋病病人之前可以健康地生活很多年。

4. 邦（Pradesh）：邦是联邦制国家的地方自治行政区划名，其性质相当于州或单一制国家中的省级地方行政区划。

案例评析

1. 国际劳工标准的促进具体有什么形式？国际劳工组织艾滋病毒/艾滋病和劳动世界计划属于哪种？

国际劳工标准的促进具体有以下几种形式：同有关政府直接接触，召开研讨会和其他形式的培训，发挥国际劳工标准专家的作用，建立积极的伙伴关系政策，开展技术合作等。国际劳工组织艾滋病毒/艾滋病和劳动世界计划从性质上说是属于一个技术合作计划，但它的实现也需要国际劳工组织与其会员国建立起积极的伙伴关系，来更好地满足会员国的需要，如印度的2001—2007年关于艾滋病毒/艾滋病的三方行动。

2. 国际劳工组织出台艾滋病毒/艾滋病和劳动世界计划的初衷是什么？

Case study 国际劳工标准案例评析

根据国际劳工组织"艾滋病毒/艾滋病和《体面劳动议程》：对需求作出反应"文件显示，当前，全球性艾滋病毒/艾滋病的传播威胁着《体面劳动议程》的每一方面以及国际劳工组织的战略目标。它减少了劳动力的供应并损害千百万工人以及那些依赖于他们的人的生活。劳动力中的技能和经验损失危及生产率并削弱了国民经济在可持续的基础上提供商品和服务的能力。由于工作中的基本原则和权利对那些受影响人员的歧视而受到损害。由于依赖于人力资源，非正规经济——雇佣了世界工人的一半——尤其容易受到这一传染病的伤害。由于儿童变成孤儿或被迫离开学校以照顾生病的家庭成员或作为童工而工作，劳动人民后代的幸福受到了艾滋病的威胁。当前工人的死亡以及今后工人的机会的减少使对付以及超越艾滋病而向前发展的人力资本的储备和国家的能力变得枯竭。

在此背景下，国际劳工组织出台艾滋病毒/艾滋病和劳动世界计划的初衷是增加对将艾滋病毒/艾滋病作为一个劳动和发展问题的理解，在地方、国家和全球级别动员三方成员的承诺和资源，通过工作场所政策和计划促进一种系统的反应，以及增强三方成员规划并发展这些内容的能力。

3. 通过建立积极的伙伴关系政策和技术援助对促进国际劳工标准的实施有什么积极作用？

通过建立积极的伙伴关系政策，可以加强国际劳工组织与其会员国的关系，改善其对会员国的服务质量，加强国际劳工局地区机构的职能，充分发挥各个地区局、区域局和多功能工作队的作用，使国际劳工组织在劳工标准方面的技术合作活动与该地区成员的需求更加紧密地结合起来。而技术合作计划不仅帮助各国确保已批准公约的遵守，并为那些希望批准公约的国家提供宝贵的援助；通过提及国际劳工组织标准和权利，它们还为改善社会、经济和政治基础结构，以及通过寻求坚持并牢记工作中的权利的具体方面而为作为一个整体的发展进程的管理提供机会。

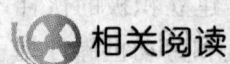
相关阅读

《国际劳工组织关于艾滋病毒/艾滋病和工作世界业务守则》关键原则介绍

1. 承认艾滋病是工作场所的问题

第五章　通过国际劳工组织监督促进国际劳工标准

艾滋病是一个工作场所的问题。应该像其他工作场所的严重疾病一样对待。这样做非常必要，不仅因为艾滋病对劳动力产生影响，而且工作场所是社区的一部分，在控制艾滋病的传播和减少其造成的影响方面起着重要的作用。

2. 不歧视

考虑到体面工作、尊重人权和艾滋病病毒感染者及受艾滋病影响者的尊严，不应该对确实或怀疑感染艾滋病病毒的工人有任何歧视。对艾滋病病毒感染者及受艾滋病影响者的歧视或偏见，阻碍了旨在促进艾滋病防治的各种努力。

3. 社会性别平等

应该认识到艾滋病的社会性别特征。与男性相比，由于生物学的、社会文化的和经济上的原因，妇女更容易感染，也更容易受到艾滋病流行带来的不利影响。社会性别歧视越严重，妇女地位越低，妇女受艾滋病的影响越大。因此，男女更加平等及赋予妇女权利，对成功预防艾滋病病毒传播并使妇女有能力应对艾滋病至关重要。

4. 健康的工作环境

为了预防艾滋病传播，遵照1981年《职业安全和卫生公约》（第155号），对所有相关团体来说，只要可行，工作环境应该是健康和安全的。

健康的工作环境有助于使与工作有关的生理和心理健康处于最佳状态，并且可以按照工人的生理和心理状况，使工作适合工人的能力。

5. 社会对话

成功执行一项艾滋病政策和规划需要雇主、工人及其代表和政府之间的合作和信任，如果合适的话，还有受艾滋病病毒感染和影响的工人的积极参与。

6. 以雇佣或确定工作岗位为目的的筛查

不应该要求求职者或已就业人员进行艾滋病筛查。

7. 保密

没有理由要求求职者或工人透露有关艾滋病病毒感染情况的个人信息。也不应该强迫同事揭露此类个人信息。对与工人艾滋病病毒感染状态有关信息的获取，应该受1997年国际劳工组织《关于保护工人个人信息的实施准则》中保密条款的限制。

8. 雇佣关系的延续

感染艾滋病病毒不是终止雇佣关系的理由。像许多其他疾病一样,只要医学上认可,患有艾滋病相关疾病的个人应该可以在已有的合适工作岗位上尽可能长的工作。

9. 预防

艾滋病病毒感染是可以预防的。通过实施符合国情和文化的多种预防措施,可以实现预防艾滋病病毒经所有途径的传播。

行为、认知、治疗的改变以及创造非歧视的环境,可以进一步深化预防工作。

社会伙伴在促进艾滋病预防,特别是在通过提供信息和宣传教育改变态度和行为方面,还有应对社会经济问题方面,处于独特的位置。

10. 团结、关怀和支持

团结、关怀与支持应该成为劳动世界应对艾滋病威胁的指导思想。所有工人,包括艾滋病病毒感染者,都有资格获取可负担得起的卫生服务。在他们及其抚养者获取和享受法定社会保障项目和就业计划规定的福利待遇时,不应该受到任何歧视。

资料来源:作者根据国际劳工组织网站《国际劳工组织关于艾滋病毒/艾滋病和工作世界业务守则》整理,http://www.ilo.org/public/english/protection/trav/aids/code/languages/chinese.pdf (last visited Jan. 10, 2009)。

案例五 促进结社自由和有效地承认集体谈判的技术合作——以国际劳工组织有关哥伦比亚的特别计划为例

 案例介绍

促进结社自由和有效地承认集体谈判的技术合作项目在许多国家(例如,印度尼西亚、坦桑尼亚联合共和国和一些西非国家)得到了成功的运用。其中,所导致的立法改革使各国处在更好的批准基本公约的地位(例如,乌干达批准了第87号公约);针对政府以及雇主组织和工人组织的倡导和能力建设活动则加强了社会伙伴吸引新的成员(例如,肯尼亚和乌干达)以及政府实施国家立法(例如,乌克兰和摩洛哥)的能力;促进国际劳工组织声明的项目对改善产业关系和劳资合作出了重大贡献(例如,越南成立了产业关系

第五章　通过国际劳工组织监督促进国际劳工标准

咨询中心,而在东帝汶和东非成立了劳动咨询委员会)。这些发展在某些情况下导致集体谈判协议数目的增加(乌克兰)或罢工数目的下降(印度尼西亚)。下面以国际劳工组织有关哥伦比亚的特别计划为例来加以说明。

根据哥伦比亚有关工会组织的信息,2002年,哥伦比亚有184名工会活动分子被谋杀。截至2003年10月,该年度的数字为62名。哥伦比亚针对工会活动分子的大规模违反人权的活动看来出自准军事团体,还有一小部分是武装反对派所为。其中公共服务,特别是教师是受影响最大的部门。在这种情况下,暴力削弱了工会活动并威胁他们的生存。在此期间,不断有人要求国际劳工组织派遣调查委员会。但是,这一措施在国际劳工局理事会上还没有得到足够的支持。2000年6月,理事会要求总干事任命一名特别代表与哥伦比亚政府合作,以便协助并检验为实施直接接触考察(2000年2月)的结论和结社自由委员会的建议而采取的行动。2001年6月,国际劳工组织应要求为哥伦比亚准备了特别技术合作计划。国际劳工组织的一个办事处作为启动这一计划的联络处,在波哥大工作到2002年9月。该计划的目的是创建保护基本权利、发展结社自由并促进社会对话的最低基础。该计划的6个组成部分是:人权和生存权,结社自由和促进组织权,鼓励发展集体谈判,促进基本劳工权利,使劳动法与国际劳工标准相符合,促进社会对话。

在计划的第一部分支持下,47名工会活动分子——其中有些带着他们的家庭,已被带领离开哥伦比亚去了美国、德国和加拿大。其他工会官员计划稍后离开。这一保护受威胁领导人的作法已用去了一半以上特别计划的现有资金。

在该计划的支持下,有关部门主要作出了以下几方面的努力来改善哥伦比亚工人和工会的结社自由和集体谈判劳工权利:

首先,制作一份详细的违反结社自由权利的示意图。最常见的控诉是公共部门大规模裁员、公共和私营雇主的反工会行动、不鼓励工人参加工会,以及拒绝给从事工会活动放假。仅2003年,至少40,000名雇员被解雇。

其次,举办数次三方研讨会,促使哥伦比亚国内立法符合结社自由委员会和实施公约和建议书专家委员会的建议。在发展集体谈判方面,最关键的领域是公共部门。哥伦比亚批准了1978年《(公务员)劳动关系公约》(第151号),但实施情况很差。因此,特别引起关注的是使本国立法与该公约一致。为此,就国际劳工标准,特别是结社自由问题对法官和地方行政官进行了培训。

最后，有关部门也认识到有必要促进一种社会伙伴和政府相互间信任的气氛来鼓励社会对话。哥伦比亚的三方成员开展了一系列活动来促进国际劳工组织《关于工作中基本原则和权利宣言及其后续措施》在该国的实施，召开了一次国家基本人权和工作中权利论坛，并请到国际劳工标准专家来做专项报告，并结合专家的意见开展了专项研究，分析哥伦比亚关于劳动力稳定、就业、培训和生产率的立法对经济的影响。另外，国际劳工组织还推动成立了一个处理冲突的专门委员会，并对劳动和工作政策协商委员会提供了技术支持。

通过这些活动，哥伦比亚国内不同层次和不同地区的工会领导人提高了他们关于对话和谈判技巧的知识。总之，国际劳工组织有关哥伦比亚的这个特别计划的可持续性取决于以下三个因素：捐助者随时准备向此种计划捐款，政府和其他机构继续这一计划的政治意愿和能力，以及这个国家今后的环境和寻求和平解决的前景。

资料来源：作者根据国际劳工组织网站整理：国际劳工大会第 92 届会议报告 1（B）《组织起来争取社会正义》。http://www.ilo.org/wcmsp5/groups/public/---ed_norm/---relconf/documents/meetingdocument/wcms_ilc_92_rep-i-b_zh.pdf（last visited Jan. 10，2009）。

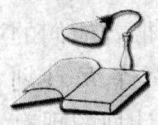

问题与思考

1. 国际劳工组织有关哥伦比亚的这个特别计划的性质如何？

2. 结合案例分析，国际劳工组织有关哥伦比亚的这个特别计划实施中涉及国际劳工标准促进的哪些方式？

3. 国际劳工组织的技术合作计划在国际劳工标准的促进中有什么重要意义？

关键概念点评

1. 公共服务（public service）：公共服务是指由法律授权的政府以及非政府公共组织和有关工商企业，在纯粹公共物品、混合性公共物品以及特殊私人物品的生产和供给中所承担的职责和履行的职能。

2. 社会对话（social dialogue）：对于国际劳工组织来说，"社会对话"一

第五章 通过国际劳工组织监督促进国际劳工标准

词包括政府、雇主和工人代表之间就涉及经济和社会政策共同关心的问题所进行的各种类型的谈判、磋商或信息交流。

3. 集体谈判（collective bargaining）：通过两个独立的当事方之间的自由和自愿谈判，提供一种手段来确定工人的工资和工作条件。这也是雇主和工人通过协议来确定它们之间的关系的规则。

案例评析

1. 国际劳工组织有关哥伦比亚的这个特别计划的性质如何？

国际劳工组织有关哥伦比亚的这个特别计划属于国际劳工组织对哥伦比亚工会组织的结社自由和有效承认集体谈判权利的保护的一项技术合作项目。每当国际劳工组织会员国国内有事关国际劳工标准核心标准之一的结社自由和有效承认集体谈判权利的问题发生时，国际劳工组织就会立即行动起来。这就包括启动相关程序、提供一些援助来解决会员国国内存在尊重结社自由问题，如支持政府立法和程序改革，或者进行干预，争取工会人员从监狱中释放等。

2. 结合案例分析，国际劳工组织有关哥伦比亚的这个特别计划实施中涉及国际劳工标准促进的哪些方式？

技术援助和咨询是国际劳工组织的监督机制工作的补充。它帮助各国处理它们立法和实践中的问题，以使它们符合其根据已批准的公约具有的义务。国际劳工组织有关哥伦比亚的这个特别计划实施中涉及国际劳工标准促进的以下几种方式：

首先，召开研讨会和其他形式的培训。为国际劳工组织会员国政府官员和工人组织成员提供与国际劳工标准基本知识有关的研讨会和其他形式的培训是国际劳工组织促进国际劳工标准实施的一项行之有效的活动。这种研讨会和培训班在不同的范围，针对不同的对象，选择不同的主题，有计划地进行，具有培训骨干和交流经验的性质。哥伦比亚的这个特别计划中举办数次三方研讨会，促使哥伦比亚国内立法符合结社自由委员会和实施公约和建议书专家委员会的建议，以及就国际劳工标准，特别是结社自由问题对法官和地方行政官进行培训等。这些正是对这种方式的运用。

其次，在整个计划的运作过程中还充分发挥了国际劳工标准专家的作用。

当某会员国在履行《国际劳工组织章程》的规定和标准有关的义务遇到困难时,这些国际劳工标准专家可以应邀前往会员国提供咨询服务和技术援助。咨询服务通常采取在有关国家举办研讨会的形式,国际专家和国内专家共同就准备批准的公约或是在实施劳工标准方面遇到的问题、法律和实际做法的比较研究进行交流。哥伦比亚的这个特别计划中邀请国际劳工标准专家参与召开的国家基本人权和工作中权利论坛,并结合专家的意见进行专项研究等。这是这一方式在劳工标准促进实践中的生动体现。

3. 国际劳工组织的技术合作计划在国际劳工标准的促进中有什么重要意义?

案例表明,将标准的促进和监督与技术合作结合起来带来显著的好处。由劳工局提供的技术支持是解决专家委员会认定的突出问题的最连贯和适宜的方法之一。国际劳工局采取各种措施促进技术合作同实施劳工标准之间的密切关系,指示技术专家尽可能了解其工作的国家关于批准和实施国际劳工标准的情况,尤其侧重技术专家参与的技术合作项目的相关标准。技术专家设计的合作计划和实施方案,应当促进有关劳工标准在受援国的实施。总之,劳工标准为技术合作活动指明了方向,技术合作则直接或间接地帮助发展中国家向实现国际劳工标准提出的目标努力。技术合作计划不仅帮助各国确保已批准公约的遵守,而且为那些希望批准公约的国家提供宝贵的援助;通过提及国际劳工组织标准和权利,它们还为改善社会、经济和政治基础结构,以及通过寻求坚持并牢记工作中的权利的具体方面而为作为一个整体的发展进程的管理提供机会。

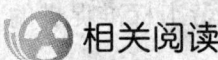相关阅读

加纳"体面劳动"试点计划介绍

加纳"体面劳动"试点计划是国际劳工组织面向成果的综合性"体面劳动"国别计划的先导。4/10 的加纳人被列为贫困者,因此,减贫已被宣布为最重要的国家发展优先事项。现在越来越多的贫困者依赖非正规经济维持生计。因此,"体面劳动"试点计划重点是减贫,集中于非正规经济。

加纳减贫战略是关键的国家政策和资源分配框架。目的是使"体面劳动"目标在加纳减贫战略中得到体现,同时辅以拨出资金,在非正规经济部门执行有效的战略和权力下放的减贫方案等。

第五章　通过国际劳工组织监督促进国际劳工标准

由于政策变革只能由国内合作伙伴促成,因此,"体面劳动"试点计划强调国家掌控。自从该计划于2002年年初发起以来,国际劳工组织三方成员在计划的设计、领导和执行方面发挥了中心作用。国际劳工组织的多数技术援助都旨在加强三方成员参与减贫战略进程的能力。

在2003—2005三年中,国际劳工组织三方成员参与了在三方协商一致基础上修改加纳减贫战略的工作。得到加强的2006—2009年加纳减贫战略草案将创造更多、更好的就业机会作为一项明确目标,该战略得到一些具体方案和资金的支持。为了设法影响加纳减贫战略修改工作,三方成员借助在执行"体面劳动"试点计划过程中积累的政策分析、制定和试行方面的经验。对经修改的加纳减贫战略投入,源自有关生产率和工资、技能开发和青年就业、劳动密集型公共工程计划、小企业扶持、残疾人扶助以及地方经济发展等方面的工作。

一个非常令人鼓舞的迹象是,2005年1月,总统宣布将改善非正规部门作为他第二个任期内的一个优先事项。这是原先由三方成员在2002年为"体面劳动"试点计划确定的中心目标,该目标现已成为国家元首的一项重要目标。私营部门发展部部长请"体面劳动"试点计划帮助拟订政府的非正规经济计划。人力资源、青年和就业部部长已经将"体面劳动"试点计划的地方经济发展方法扩展到40多个区,作为将在2006年年初发起的一项重要的青年就业计划的组成部分。总统办公室、加纳社会投资基金以及一些捐助者都表示有意支持现有和今后的区级计划。

"体面劳动"试点计划慎重地利用侧重政策的国家层面工作与当地直接的援助之间的互补性,以便推动制定便于实施、经过检验的政策。迄今为止,该计划已经投资大约100万美元,这些经费来自多种渠道。尽管计划的发起依靠的是国际劳工组织地区和总部的经常预算捐款,但如果没有预算外资金,就无法维持该计划。自2003年3月起,"体面劳动"试点计划的主要资金来源是荷兰伙伴关系方案项下的"劳动脱贫"项目。项目资金继续得到经常预算技术合作和其他经常预算资源的补充,具体而言,国际劳工组织投入了相当多的员工时间。

资料来源:作者根据国际劳工组织网站资料整理,国际劳工大会第95届会议报告《国际劳工组织在技术合作中的作用》。http://www.ilo.org/global/What_we_do/Officialmeetings/ilc/ReportsavailableinChinese/lang--fr/contLang--zh/docName--WCMS_ILC_95_REP-VI_ZH/index.htm (last visited Jan. 10, 2009)。

第六章
通过自由贸易协议方式
实施国际劳工标准

〔阅读提示〕

　　贸易与劳工标准挂钩的问题由来已久。目前，在全球层次针对这一问题的争论已经陷入"囚徒困境"。在地区层次，以美国和欧盟为首积极倡导将贸易与劳工标准挂钩。无论是美国在其地区性贸易协议中附加劳工合作协议或直接写入劳工条款，还是欧盟在对发展中国家实施的普惠制，都体现了权力主导之下的合作。在国家层次，随着全球化进程的加快，发展中国家在劳工标准问题上出现的分化已不可避免，美国在其双边自由贸易协议中将劳工标准问题正式写入协议。从美国和其他国家的力量对比来看，这一做法体现了非常典型的不对称合作。

　　纵观自由贸易协议谈判中的国际劳工标准谈判进程及发展态势，未来可能会出现更多的自由贸易协议直接与劳工标准挂钩的做法。

第六章 通过自由贸易协议方式实施国际劳工标准

案例一 从美国与其他国家签署的双边投资条约看劳工标准的实施

 案例介绍

《美国—卢旺达双边投资条约》

美国总统布什和卢旺达总统保罗·卡加梅（Paul Kagame）于2008年2月19日签署双边投资条约强调双方实施开放的投资与贸易政策的承诺。这个双边投资条约（Bilateral Investment Treaty，BIT）在美国参议院和卢旺达国会批准后开始生效。这是自1998年以来美国同撒哈拉以南非洲国家缔结的第一个双边投资条约。

《美国—卢旺达双边投资条约》将为美国和卢旺达投资者提供法律保护，强调两国实施开放的投资与贸易政策的共同承诺。这些保护包括：无差别待遇，与投资相关的资金的自由转移，发生征用时迅速、充足、有效的补偿，管理透明。BIT同时给予投资者有权将投资争端诉诸中立的国家仲裁机构。

《美国—卢旺达双边投资条约》将加强卢旺达政府自1994年种族灭绝后重建卢旺达经济方面的功绩。

1. 卢旺达政府开放经济，改善商业环境，支持贸易和投资作为一种手段来推动经济发展，并帮助减轻贫困。因此，卢旺达经济自1995年起每年增长超过9%。

2. 《美国—卢旺达双边投资条约》将加强这些努力，并促进新的有助于卢旺达繁荣的外国投资。

美国同卢旺达的双边经济关系是坚定和不断增长的，目前美国在卢旺达的投资水平适当，一些美国大公司与卢旺达公司开展业务。

1. 2007年双边贸易流量增加了40%，达到近2 900万美元。这一时期，美国从卢旺达进口的价值为1 300万美元，比2006年高43%。2007年，美国出口到卢旺达的价值为1 600万美元，比2006高37%。

2. 在《非洲发展与机会法案》（African Growth and Opportunity Act，AGOA）和普惠制下，卢旺达的产品有资格免税进入美国。

资料来源：作者根据美国贸易代表处网站内容翻译整理，http://ustr.gov/assets/Document_Library/Fact_Sheets/2008/asset_upload_file348_14476.pdf(last visited Jan. 11, 2009)。

问题与思考

1. 美国双边投资条约计划的内容是什么？
2. 美国如何通过双边投资条约实施劳工标准？趋势如何？

关键概念点评

1. 双边投资条约（Bilateral Investment Treaty, BIT，通称双边投资条约时也可简称为 BITs）：双边投资条约是指两国政府为保护资本输出国投资者利益，并促进两国间直接投资发展而签署的投资条约。

2. 国民待遇（National Treatment）：国民待遇又称为平等待遇，指所在国应给予外国人以国内公民享有的同等的民事权利地位。缔结贸易条约的一项法律原则。指一国给予外国公民、企业、船舶在民事方面以本国公民、企业、船舶所享有的同等待遇，通常以国民待遇条款的形式列入贸易条约。

3. 最惠国待遇（most favored nation treatment, MFN）：最惠国待遇是国际经济贸易关系中常用的一项制度，是国与国之间根据某些条约规定的条文，在进出口贸易、税收、通航等方面互相给予优惠利益、提供必要的方便、享受某些特权等方面的一项制度，又称为"无歧视待遇"。它通常指的是缔约国双方在通商、航海、关税、公民法律地位等方面相互给予的不低于现时或将来给予任何第三国的优惠、特权或豁免待遇。条约中规定这种待遇的条文称为"最惠国条款"。

案例评析

1. 美国双边投资条约计划的内容是什么？

美国贸易代表处网站对美国双边投资条约计划作出如下解释：美国 BITs 计划旨在帮助保护私人投资，在伙伴国家发展以市场为导向的政策，促进美国出口。它的基本目标是：①保护在国外的投资。在这些国家，通过现有协议（诸如现代友好通商航海条约或自由贸易协议）投资者的利益得不到保护；

第六章 通过自由贸易协议方式实施国际劳工标准

②鼓励以市场为导向的国内政策的实施，公开、透明、非歧视地对待私人投资；③支持与此目标相一致的国际法律标准的发展。

美国 BITs 为投资提供 6 项核心利益：

第一，美国 BITs 规定对待投资者和他们所"涉及的投资"（意思是，BIT 一方在另一方领土上的一个国家性的或公司的投资）应如同对待东道国自己的投资者及其投资或来自任一第三国的投资者及其投资一样友好。BIT 一般通过管理、运作和扩展在投资的全周期——从设立或收购到处置上，提供国民待遇或最惠国待遇中更优惠的待遇。

第二，BITs 在征用投资方面建立明确的限制，并在征用发生时提供迅速、充足、有效的补偿给付。

第三，BITs 规定投资相关资金具有可转移性，在流入和流出东道国时不会有延迟，并使用市场汇率。

第四，BITs 限制强加诸如当地成分要求或出口配额等履行要求。不得将其作为设立、收购、扩展、管理、实施或运作一项投资的条件。

第五，BITs 给予相关投资在雇佣高级管理人事方面权利，可以按照他们自己的选择，不需要考虑国籍问题。

第六，BITs 给予一方的投资者向国际仲裁提交有关另一方政府的投资争议的权利。无需应用那个国家的国内法院。

美国在范本的基础上进行 BITs 谈判。

2. 美国如何通过双边投资条约实施劳工标准？趋势如何？

美国极力主张将贸易与劳工标准挂钩，除了积极进行自由贸易协议谈判外，还积极同其他国家和地区进行双边投资条约的谈判。截至 2009 年 3 月 10 日，美国同其他国家和地区共达成 41 个双边投资条约，其中直接写入劳工条款的有 30 个，占全部双边投资条约的 73.2%。

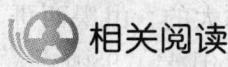 相关阅读

美国与其他国家和地区签署双边贸易与投资框架协议涉及劳工标准问题

美国积极同其他国家和地区进行双边贸易与投资框架协议（Trade and Investment Framework Agreements，TIFAs）的谈判。截至 2009 年 3 月 10

日，美国同其他国家或地区签署了 37 个双边贸易与投资框架协议，其中《美国—乌拉圭 TIFA 有关贸易与环境的草案》和《美国—乌拉圭 TIFA 有关促进贸易的草案》作为《美国—乌拉圭贸易与投资框架协议》在相关领域的草案，没有涉及劳工问题，但《美国—乌拉圭贸易与投资框架协议》本身涉及劳工保护问题，所以，可以看做这 37 个 TIFAs 全部直接写入劳工条款或涉及劳工保护的相关问题。

案例二 《北美劳工合作协议》下的申诉情况

 案例介绍

《北美自由贸易协议》（North American Free Trade Agreement，NAFTA）于 1994 年 1 月 1 日起实施。它促成了一项涉及劳工问题的辅助协议——《北美劳工合作协议》（The North American Agreement on Labor Cooperation，NAALC），可以说是第一个明确涉及劳工权益的贸易协议。

在《北美劳工合作协议》生效的前 12 年中（截至 2007 年 9 月），已经出现了一些侵犯工人权利的案件。截至 2007 年 9 月，已经有 34 起申诉（美国 21 起，墨西哥 8 起，加拿大 5 起）按照《北美劳工合作协议》的规定被提交。一些观察家称，考虑到在北美工人权利受侵害的巨大数目，这个数字令人痛心。然而，《北美劳工合作协议》的目标是致力于解决体系问题，而不是琐碎的工人抱怨。目前，案件涉及工人自由结社和集体谈判、工作环境的安全与卫生、季节工人保护、最低雇佣标准、反对歧视女工、工伤赔偿和其他至关重要的问题。

在 21 起由美国国家管理办公室（National Administrative Offices，NAO）收集归档的案件中，19 起是控告墨西哥的，2 起是控告加拿大的。由墨西哥 NAO 收集归档的 8 起案件全部是控告美国的。其中，美国 9501 号、9801 号、9802 号、9803 号、9804 号案件进行到部长级磋商的层次。在 5 起由加拿大 NAO 收集归档的案件中，3 起是针对墨西哥提起的控告，2 起是针对美国提起的控告。其中，加拿大 98-1 号案件进行了部长级磋商。

资料来源：作者根据美国劳动部国际劳工事务局网站内容翻译整理，http://www.dol.gov/ILAB/programs/nao/status.htm (last visited Feb. 17, 2009)。

第六章　通过自由贸易协议方式实施国际劳工标准

 **问题与思考**

1. 《北美劳工合作协议》的主要内容有哪些？
2. 《北美劳工合作协议》争端解决机制程序是怎样的？

关键概念点评

1. 北美自由贸易区争端解决机制：北美自由贸易区由 6 套机制组合而成。《北美自由贸易协议》第 11 章确定了解决投资者与东道国之间有关财产权利争端的争端解决机制。第 14 章对如何利用第 20 章争端解决程序解决金融部门争端作了具体规定。第 19 章建立了一套审查机制，确定国内法庭作出的反倾销和反补贴税的最终决定是否与其国内法一致。第 20 章规定了一般争端解决机制。此外，NAFTA 的两个附属协议《北美环境合作协议》（North American Agreement on Environmental Cooperation，NAAEC）和《北美劳工合作协议》分别建立了有关国内环境法和劳工法的国家间争端解决机制。①

2. 仲裁（Arbitration）：仲裁是指争议双方在争议发生前或争议发生后达成协议，自愿将争议交给第三者作出裁决，双方有义务执行的一种解决争议的方法。

 案例评析

1. 《北美劳工合作协议》的主要内容有哪些？

NAALC 共有七个部分②。NAALC 的目标是每一缔约方必须实施他们国内的劳工法，以保护劳工的权利。

NAALC 的第一部分包括一系列目标：改善每一个签约国工人的工作状况，促进劳工原则，交换信息，在劳工活动中进行合作，有效地实施劳工法，在劳工管理方面实施透明度原则。

---

① 费赫夫. 北美自由贸易区争端解决机制：一个独特的争端解决模式. 南华大学学报. 2006，6：73
② NAALC 协议的全部内容在 NAALC 劳工合作委员会秘书处网站可看到：http://www.naalc.org/naalc/naalc-full-text.htm (last visited Feb. 26, 2009).

Case study 国际劳工标准案例评析

NAALC 的第二部分强调,每一缔约方有权建立自己的劳工标准,每一方应该与它们本国的劳工法保持一致,并充分地促进实施和确保对违反劳工法的制裁。

《北美劳工合作协议》的签约国强调要在这 11 个领域中有效地执行本国有关的劳动法,并同意其他国家对本国遵守劳动法的状况展开批评。尤为值得一提的是,这些标准比国际劳工组织阐述的"核心劳工标准"广得多。国际劳工组织的定义仅限于结社自由、集体谈判、强制劳动、童工和歧视几个方面。但 NAALC 强调的是各国并不需要申请和执行国际社会承认的劳工标准,而是要执行各国自己的劳动法。"国际承认的劳工标准"这样的字眼并没有在协议中出现。在 NAALC 附录 1 中强调"国际承认的最重要的原则,如结社自由和集体谈判没有作为签约国各方必须遵守的义务,而只是作为各方促进实施本国劳动法的指导原则,也没有为他们本国劳动法建立一个共同的最低标准。这意味着各方可以按照自己的方式、法律、规则、程序和实践来保护他们各自劳动力的权益。"

NAALC 的第三部分是建立三国劳工合作委员会(Commission for Labor Cooperation,CLC)和三国分别设置的 NAO,并规定了两个机构的权力、结构和程序。前者作为 NAALC 的主管部门行使职责,它包括一个部长理事会及一个秘书处。秘书处由一位执行主任领导,对理事会提供行政上的支持。秘书处由 3 个国家的专业人士组成,主要研究和分析劳工法律体系和三国劳工市场的运行情况。国家管理办公室设立在每一国的劳工部中,由政府来决定是否就申诉进行国际协商,所以,最初想建立一个超国家机构来解决劳工问题的设想破灭了。但实际上这两个机构并无多少权力来处理和纠正违背 NAALC 指导原则的事件,就多数劳动指导原则而言并不存在强制执行的机制,唯有当三个 NAFTA 签约国之一一贯违背该国本身的劳动法时才能予以制裁。而且若工人的组织工会权、集体谈判权和罢工权遭到侵犯,三国劳工部可以进行协商,如果违反其他原则,可由专家进行调查和仲裁,只有在极个别情况下才能在贸易中予以制裁,而贸易制裁是双边的,只针对美国和墨西哥,而不针对加拿大,加拿大的问题是由加拿大法庭来判决的。国家管理办公室也为在 NAALC 下建立的不同机构提供信息。

NAALC 的第四部分是建立合作和评估机构。

NAALC 的第五部分是为不能强制实行的劳工标准提供争端解决机制。

第六章　通过自由贸易协议方式实施国际劳工标准

NAALC 的第六部分是总规：包括执行原则、各自的权利、信息的保护、与 ILO 的合作、义务的范围、委员会的基金、特别待遇、定义。

NAALC 的第七部分是最终条款，规定该协议自 1994 年 1 月 1 日起实行。

2.《北美劳工合作协议》争端解决机制程序是怎样的？

NAALC 提供了一个争端解决机制以保护工人权利不受公司和政府的侵犯。在 NAALC 中，有关争端解决机制的第五部分也是整个协议着墨最多的部分。

NAALC 提供的这一争端解决机制包括以下四个不同的内容[①]：①NAOs。三国分别设置国家管理办公室。他们彼此交换信息并接受来自请求者的关于违反 NAALC 的申诉。他们应该调查、公布他们发现的情况的报告、发展和执行合作活动。NAO 之间会进行磋商。这对于获取有关案件以及 NAO 所感兴趣的其他问题的详细信息是有必要的。如果一个国家的 NAO 判决有必要进行高级别的干涉，它可以联系它们的劳工部长。在 NAALC 中，NAO 的职能是协议监督和执行中最具特色的部分，它不仅赋予一主权国对另一主权国国内劳工执法情况的监督权，也是私主体监督协议执行的最重要渠道，是协议能否发挥作用总的关键环节[②]。②部长级磋商。本国的劳工部长可召集其他国家的一方或双方部长针对相关问题进行磋商。从理论上讲，即使在没有收到任一 NAO 建议进行磋商的情况下，他们也可以要求进行磋商，但在实践中，这从未发生过。③评估。在 NAALC 下各国有 5 项职责，分别是关于保护的级别、个人行动、程序上的担保、公布相关信息和政府执行行动。如果一个国家没有遵守"政府执行行动"，一国可以要求成立一个专家评估委员会（Evaluation Committee of Experts，ECE）。它由相关国家的专家组成。他们都是中立的，不属于 NAALC 的机构。他们分析案件并提出建议。④仲裁和罚款。如果还没有任何结果，劳工部长可以召集仲裁小组。它将发布一份报告。如果相关政府不能有效执行存在问题的法律，它将提出建议。如果政府仍不做任何改进，将得到一份最终的罚款决定。如果被告的政府不支付罚款，申诉的政府可以暂停对它的 NAFTA 利益（见图 6—1）。

---

① *Free Trade and Labour Cooperation：A Matching Couple or A Bureaucratic disaster? Analysis of the NAALC*，http://www.covalence.ch/docs/Analysis of the NAALC.pdf（last visited Jun. 29，2008）.

② 徐弘艳. 关于国际贸易与国际劳工标准挂钩的若干法律问题——以北美自由贸易协议为例. 2007，3：13

国际劳工标准案例评析

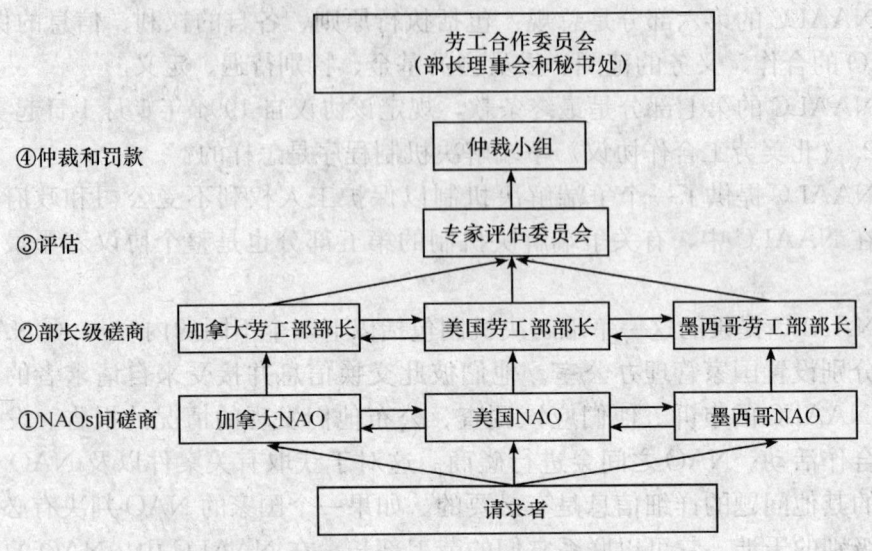

图 6—1　NAALC 争端解决机制

资料来源：Julia Knittel, *Free Trade and Labour Cooperation: A Matching Couple or A Bureaucratic disaster? Analysis of the NAALC*. P. 3, http://www.covalence.ch/docs/AnalysisoftheNAALC.pdf (last visited Jun. 29, 2008).

另外，NAALC 对 11 项原则所涉及的权利赋予了不同层次的争议解决和执行机制。它首先将 11 项原则所涉的权利区分为技术性标准和非技术性标准，后者主要包括：结社自由和组织权，集体谈判权以及罢工权；前者进一步划分为两类：最低工资、童工保护和职业健康与安全为第一类，禁止强迫劳动、消除就业歧视、男女同工同酬，保护移民工人以及除最低工资以外的其他最低就业条件等为第二类。对于非技术类标准，协议规定不论结果如何最高只能到达部长级磋商阶段；如果有关争议涉及第二类技术性标准，可进一步启动专家评估委员会机制；而仅有第一类技术性标准才可能适用 NAALC 提供的所有的争议解决措施，包括进入专家组阶段，及对不执行专家组建议的行为采取罚款和贸易制裁[①]。

相比 WTO 的争端解决机制主要在两个主权国家之间进行，NAALC 的争端解决机制赋予个人或团体直接向 NAO 申诉的权利。这是 NAALC 的一个特点。

---

① 徐弘艳. 关于国际贸易与国际劳工标准挂钩的若干法律问题——以北美自由贸易协议为例. 2007, 3: 15

第六章　通过自由贸易协议方式实施国际劳工标准

相关阅读

违反《北美劳工合作协议》的案例处理

美国 NAO 第 2006—01 号（科阿韦拉）请求书是 2006 年 11 月 9 日归档的。它是由美国钢铁工人联合会（United Steelworkers，USW）提出申诉的。USW 称墨西哥政府对墨西哥科阿韦拉的 Pasta de Conchos 矿的矿产工人和他们的联盟没有履行它在 NAALC 下的义务。请求者称工人们的结社自由权和通过正当的途径申请合适的劳工事务审判遭到拒绝，主要集中在墨西哥政府对全国矿工和金属业工人联盟和它的领导人所采取的行动上。对于职业安全与卫生，USW 声称墨西哥劳动和社会保障部没有履行它的义务，没有执行劳动法规要求雇主给工人提供满意的工作条件使他们远离卫生和安全的危险。USW 特别指出在 Pasta de Conchos 矿检查和执行行动均不充分。2006 年 2 月 19 日发生在那里的一次爆炸导致 65 名矿工死亡。在对申诉进行了解后，贸易和劳工事务办公室决定检查不能增进 NAALC 的目标，并在 2007 年 8 月 31 日拒绝接受这一案件。

加拿大 NAO 第 2005—1 号（墨西哥飞行员）请求书是 2005 年 5 月 31 日归档的。提出申诉的是 35 名飞行员。他们受到墨西哥航空公司飞行员工会的支持。这个请求称墨西哥政府没能执行本国在结社自由权和组织集体谈判权方面的劳工法。它进一步指出墨西哥政府不能提供公平、公正和透明的劳工事务审判程序。加拿大在 2005 年 1 月 23 日正式驳回这起申诉。

资料来源：作者根据美国劳动部国际劳工事务局网站内容翻译整理，http://www.dol.gov/ILAB/programs/nao/status.htm（last visited Feb. 17, 2009）。

案例三　柬埔寨更佳工厂项目

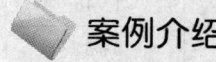

案例介绍

柬埔寨更佳工厂项目将按照柬埔寨国内及国际通行的劳工标准，对柬埔寨成衣工厂的工作环境进行监督、报告，以帮助工厂改善工作环境、提高生产力，与政府和国际采购商共同努力，确保拥有一个严格、透明的改善循环。

柬埔寨更佳工厂项目的展开是在不预先通知的情况下，对工厂的工作条件进行检查。监察人员根据柬埔寨劳工法和国际劳工组织的标准,以及经过政府和有关的成衣厂的雇主和工会的认可就500多个条目进行核查。为保证准确性,对工人和资方的面谈都是分开、保密的。对工人的面谈通常都不在工厂。监察人员也会约见工人代表和工会领导人。

资方会收到书面的调查结果报告,内容包括对进行改善的建议。这些建议会非常具体,抓住问题实质,如使用童工、入会自由、雇佣合同、工资、工作时间、工作场所的设施、噪声控制、机器安全防护等。经过讨论和跟进,监察员将再一次到厂检查进展,监督调查的结果将在报告中公布。第二次验厂之后,被指定的工厂和他们改善落实的进展将被记录在报告中。

截至2008年6月30日,国际劳工组织共发布了20次关于柬埔寨制衣业改善劳动条件状况的综合性报告,报告统计结果见表6—1。

表6—1　　　　国际劳工组织关于柬埔寨制衣业改善
劳动条件状况的20次综合报告统计　　　　单位:人

次数	时间	工厂总数	工人总数	女性	男性
1	2001年11月	30家	21 431	19 457	1 974
2	2002年4月	34家	30 207	26 044	4 163
3	2002年6月	29家			
4	2002年9月	65家	75 808	67 565	8 243
5	2003年6月	30家			
6	2003年6月	28家			
7	2003年10月	61家	52 349	46 144	6 205
8	2004年4月	62家			
9	2004年7月	59家			
10	2005年3月	26家			
11	2005年6月	50家	42 937	40 120	2 817
12	2005年8月	26家	21 729	19 981	1 748
13	2005年8月	60家	73 060	67 326	5 734
14	2005年10月	46家	46 483	42 218	4 265
15	2005年10月	24家	32 950	29 106	3 844
16	2006年3月	44家	24 183	21 932	2 251
总数		240家	222 732	199 330	23 402

第六章 通过自由贸易协议方式实施国际劳工标准

续表

次数	时间	工厂总数	工人总数	女性	男性
17	2006年10月	212家			
18	2007年1月	223家			
19	2007年12月	227家			
20	2008年4月	200家			
总数					

注：工厂总数标有下划线的为新调查的厂家，其他各次调查是根据这几次的调查所进行的后续调查。如第三次综合报告调查的是第一次所调查的30家中的29家（1家停产）；第五次调查为第二次调查的34家中的30家（1家关闭，1家被兼并，另2家停产）；第六次为第一次和第三次调查的30家中的28家（1家停产，另1家关闭）；第八次调查为第四次调查的65家中的62家（2家关闭），另1家在第五次调查中已包括，因此此次未调查；第九次调查为第七次调查的61家中的59家（2家在第九次调查前已关闭，3家在第九次调查中的第一次查访之后暂时关闭，另4家在第九次调查中的第一次查访之后关闭）。第十次调查的是第二次和第五次调查的30家中的26家（4家关闭或停产）。第十二次调查的是第一次、第三次和第六次所调查的30家中的26家（4家关闭）。第十三次调查的是第四次和第八次所调查的65家中的60家（4家关闭、1家被兼并）。第十四次调查的是第七次和第九次所调查的61家中的46家（14家停产、1家暂时停产）。第十五次调查的是第二次、第五次和第十次所调查的34家中的24家（10家关闭）。第十六次调查的是第十一次所调查的50家中的44家（5家关闭、1家停产）。240家是根据每一次新调查的厂家而统计的，请看下划线部分的统计。

资料来源：作者根据国际劳工组织"柬埔寨更佳工厂项目"（Better Factories Cambodia）所做的20次综合报告而统计（From First to Twentieth Syntheses Reports on the Working Conditions Situation in Cambodia's Garment Sector），http://www.betterfactories.org/resources.aspx?z=7&idtype=1&c=1#IdDoc=1（last visited Nov. 12, 2008）。

问题与思考

1. 柬埔寨为什么接受美国利用贸易压力促进提高劳工标准的做法？
2. 柬埔寨更佳工厂项目是否能够真正促进柬埔寨制衣业劳动条件的改善？

关键概念点评

1. 柬埔寨更佳工厂项目（Better Factories Cambodia）：柬埔寨更佳工厂项目成立于2001年，是国际劳工组织的一个特别项目，由国际劳工组织管

Case study 国际劳工标准案例评析

理，并得到柬埔寨王国政府及柬埔寨成衣公会的大力支持。本项目与国际采购商密切合作，并得到美国劳工部、美国国际开发署、法国发展机构、柬埔寨成衣公会和王国政府、国际采购商的资金资助。它使工人、雇主及他们的企业共同受益，也使西方国家的消费群体受益，同时也有助于这个全球最贫穷国家之一减少贫困。柬埔寨更佳工厂项目曾被称为国际劳工组织成衣业项目，新的名字可以更好地反映本项目的现实目标。

2. 美国劳工部（United States Department of Labor）：美国劳工部于1913年3月4日成立。主要职责是负责全国就业、工资、福利、劳工条件和就业培训等工作。主要机构有劳工统计局、雇工权益保障处、劳工标准处、就业与培训处、国际劳工事务局、矿业安全与卫生处、残障人员就业政策处、公共事务处、职业安全与卫生处等。

案例评析

1. 柬埔寨为什么接受美国利用贸易压力来促进提高劳工标准的做法？

美国利用贸易手段来促进柬埔寨改善劳动条件，这种做法多多少少带有一些强迫成分，美国利用大国优势，主导双方的贸易协议，并要求国际劳工组织介入，我们不禁要问，柬埔寨为什么同意这样做？

实际上，我们分析发达国家与发展中国家之间的贸易往来就可以得出结论：

世界银行发表 2001 年全球经济展望报告后，负责编写年度《全球经济展望》的世界银行经济政策和预测局局长尤里·达杜什（Uri Dadush）说："世界上许多最贫困的国家未能从全球经济日益开放中获益，一个原因是他们自身的政策和机构问题，但另一个同样重要的原因是工业国针对他们的产品设置的保护主义壁垒所产生的严重影响。对于希望增加向利润丰厚的工业国市场出口纺织品和农产品的发展中国家来说，这些贸易壁垒成了他们的主要障碍。"

工业国对农产品和加工食品进口所设置的高贸易壁垒与农业补贴一起，使得发展中国家在出口这些产品方面表现不佳，而所有这些产品都是发展中国家具有比较优势的产品。请看下列说明：

虽然美国、加拿大、欧盟和日本等国家和地区的平均关税不尽相同，日

第六章　通过自由贸易协议方式实施国际劳工标准

本仅为4.3%,而加拿大为8.3%。对美国而言,零关税应用于关税种类的1/3,而1995—1999年期间,最惠国关税从6.4%降至5.7%。但他们针对发展中国家的许多出口产品所设置的关税和贸易壁垒要远远高于此水平。这些国家和地区的高关税产品包括:

- 主要农业粮食产品,如肉类、糖、牛奶、奶制品、巧克力等,税率往往超过100%;
- 烟草和部分酒精类饮料;
- 蔬菜、水果,欧盟对超过配额部分的香蕉税率为180%,日本和美国对带壳花生的税率分别为550%和132%;
- 食品加工业产品,包括果汁、肉类罐头、花生酱、糖果等,几个市场的税率都超过30%;
- 纺织品、服装和鞋类,很多产品的税率都在15%~30%之间。

在美国和柬埔寨签署纺织品服装贸易协议时,柬埔寨不是WTO的成员,但由于柬埔寨出口美国的纺织品、服装是柬埔寨具有竞争力的部门,柬埔寨大约80%的成衣出口到美国市场,在其税率被美国征收了15%~30%的情况下,可以说柬埔寨是一个严重依赖纺织品配额制的国家[①],只有在这种情况下,柬埔寨才能够从优惠的配额制中获利。美柬协议实施的头两年,柬埔寨出口到美国的纺织品和服装几乎增加了200%,塞缪尔·格鲁米奥(Samuel Grumiau)、劳伦特·杜威廉(Laurent Duvillier)、纳塔扎·大卫(Natacha David)在2004年11月为国际自由工联提交的一份关于《2005年结束纺织品服装配额制的社会影响》的报告指出,柬埔寨出口到美国的成衣从1995年的6万美元增加到2003年的15.4亿美元。这特别要归功于美国和柬埔寨的纺织品配额协议,因为柬埔寨出口到美国的纺织品配额从1995年的8%增加到2004年的96%。当然美国也获利不浅,因为协议规定在对柬埔寨增加配额的同时,对美国出口到柬埔寨的纺织品和服装也要降低关税,所以,在协议实施头两年美国出口到柬埔寨的纺织品和服装也增加了225%,比柬埔寨获利更多,像Gap、Polo Ralph Lauren、Dress Barn这样的美国品牌公司依靠柬埔寨的工人也满足了消费者的需求。所以,柬埔寨迫切希望能为柬埔寨的纺织品、服装出口增加配额,这就解释了柬埔寨为什么需要在美柬纺织品服装协议中

---

① Mekong Capital, "WTO Agreement on Textiles and Clothing (ATC): Impact on Garment Manufacturing in Cambodia, Laos and Vietnam," pp. 2-3.

Case study 国际劳工标准案例评析

的劳工问题上听从美国的安排，并让国际劳工组织来监督检查的原因。

2004年12月31日《世界贸易组织纺织品与服装协议》（*WTO Agreement on Textiles and Clothing*，ATC）到期，与之同时结束的还有持续了30年之久的国际纺织品服装贸易的配额体制。根据一个名为Mekong Capital的投资公司（专门在越南、老挝和柬埔寨投资）在2003年12月30日的一项研究表明，从2005年1月1日起，WTO对其成员取消纺织品和服装的进口配额制，其影响非常不利于非WTO成员，也不利于特别是在欧盟和美国市场依赖配额制的国家，如柬埔寨等。塞缪尔·格鲁米奥、劳伦特·杜威廉和纳塔扎也这样认为。因为这类国家在纺织品和服装业的成本要高于像中国这样具有竞争力的国家。根据世界银行的估计，到2010年中国将占世界服装出口的一半左右，而目前只占约1/4[①]，而《世界贸易组织纺织品与服装协议》对服装的关税没有影响，目前WTO最惠国待遇的服装关税从0%到24%，平均为12.5%。配额取消后，对服装业进口的影响主要取决于关税政策。所以，在可预见的未来，对于柬埔寨和老挝的服装业的吸引力将依赖于发展中国家得到优惠的关税待遇。

2. 柬埔寨更佳工厂项目是否能够真正促进柬埔寨制衣业劳动条件的改善？

作者根据对国际劳工组织发布的20次综合性报告的统计，发现在20次的报告中强迫劳动现象一次也没有发生，这一项是被检查的项目中表现最好的。有关童工劳动，共有11次报告中表明没有发现，另外9次略有一些问题，但违反这一项的工厂数所占每次被检查工厂数的比率很低，均没有超过10%的。在非自愿超时工作、超过法律限制的超时工作时间、结社自由问题、针对工会的歧视等方面，统计结果显示这几项的违反情况都有不同程度的好转。但笔者也发现，"不按法定程序进行罢工"这一项在20次的报告中一直是比较严重的问题，违反这一项的工厂比率相当高，其中有14次是100%，5次高于（含）50%，另有一次情况不明朗。

通过对20次报告结果的分析，笔者认为，柬埔寨更佳工厂项目在一定程度上促进了柬埔寨制衣业劳动条件的改善，但其中仍存在一些问题。

[①] Samuel Grumiau, Laurent Duvillier and Natacha David, *Disaster Looms with the Ending of the Quota System*, Report for the International Confederation of Free Trade Unions (Brussels, November 2004), p. 3.

第六章 通过自由贸易协议方式实施国际劳工标准

相关阅读

柬埔寨制衣工业：挑战与机遇（2008年4月）

2008年12月，美国对中国进口货品的保障措施将终止。欧盟的配额早已经被去除及美国正在经历经济发展的减速——这些都是影响柬埔寨制衣工业的因素。该情况说明书描绘柬埔寨服装出口工业是怎样来处理所增加的压力的。

出口仍在增长吗？

尽管增长已经慢下来，出口值却已经持续增长。在2007年，柬埔寨服装出口总值增加到差不多28亿美元。在2006年，出口值为26亿美元，这比2005年高出21%。根据美国服装进口的统计，从柬埔寨的进口在2007年增加了13.5%，见图6—2。

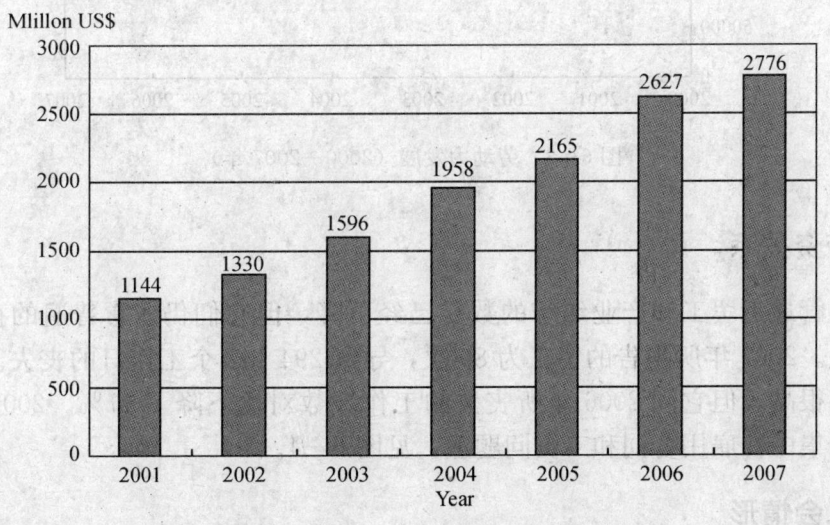

图6—2 2001—2007年总出口值的对比

2007年，美国仍是柬埔寨服装出口的主要市场。超过70%的出口是运往美国及22%出口到欧洲。这种模式已经有几年了。柬埔寨依靠美国市场的程度非常高，所以，美国零售商所减少的订单影响了出口。

就业意味着什么呢？

2006年1月1日至2007年12月31日，在柬埔寨的制衣工业共新增62 000就业机会。这表明在2年内就业人数增长了18%。整个制衣业目前的就业总人数为350 000左右。2007年年初，最低工资被提升为每月50美元及在该年平均每月收入为77美元，见图6—3。

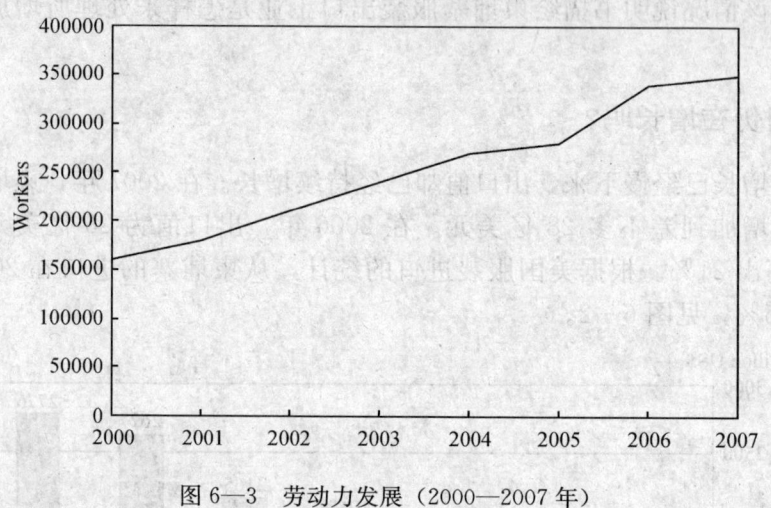

图6—3 劳动力发展（2000—2007年）

劳资关系

尽管最近罢工和产业纠纷的数目已经下降，但它们仍非常普遍的存在于制衣业。2007年所报告的罢工为80次，导致294 142个工作日的丧失。虽然该数字很高，但它同2006年所丧失的工作天数对比下降了17%。2007年多数纠纷集中在雇用合同和工资问题上，见图6—4。

工会情形

在2007年由柬埔寨更佳工厂所监督的工厂中，79%的工厂至少有一个工会，平均每家工厂有1.4个工会。

2008年展望

美国经济发展的减速或许会影响柬埔寨的制衣工业。没有迹象表明工厂

第六章 通过自由贸易协议方式实施国际劳工标准

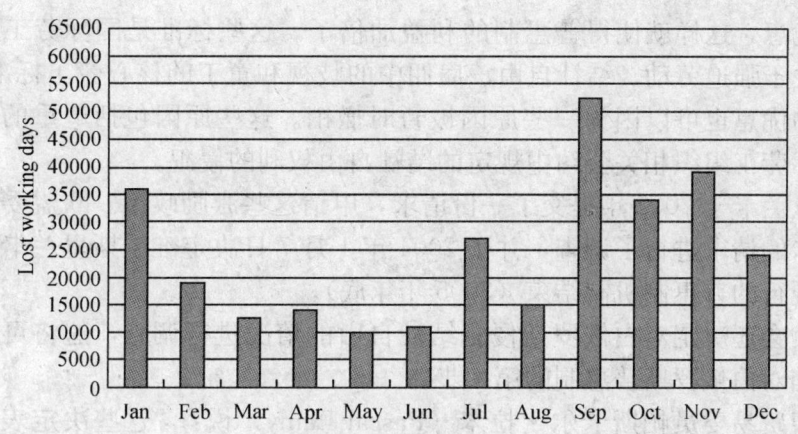

图6—4 2007年期间由于罢工所造成的工作天的丢失

或买家离开柬埔寨,但是在面对不断的竞争中来吸引更多的投资,柬埔寨将需要提高生产力和改善劳资关系。国际劳工组织鼓励雇主和工人制定申诉程序来进行谈判集体谈判协议,以避免纠纷和提高竞争力。

尽管竞争越来越激烈,柬埔寨的服装出口工业已经维持了高水平的对劳工标准的遵守。例如,在6个月内所监督的227家工厂,几乎所有工厂都遵守了正式工的最低工资要求。

最新发展

在2008年4月,对最低工资和其他权利又给予6美元的津贴。津贴的给予是为了适应高的通货膨胀和物价上涨。

资料来源:作者根据《柬埔寨制衣工业:挑战与机遇》整理,http://www.betterfactories.org/content/documents/Fact%20sheet%20April%202008(Ch).pdf(last visited Nov. 13, 2008)。

案例四 普惠制与国际劳工标准的实施

 案例介绍

为促进发展,欧盟普惠制给予来自发展中国家的商品关税减让。为促进尊重国际劳工标准,欧盟采取普惠制特别激励安排,对保护劳工权利的准予

Case study 国际劳工标准案例评析

额外的优惠,这样就使得普惠制的利益加倍了。这些标准是国际劳工组织所谓的"关于强迫劳动、结社自由、雇佣中的歧视和童工的核心劳工标准"。普惠制下的优惠也可以因为一些原因被暂时撤销。这些原因包括严重的、长期的对国际劳工组织相关公约中规定的结社自由权利的侵犯。

斯里兰卡于2002年提交了一份请求,申请这些激励政策。欧盟委员会对斯里兰卡的请求进行了调查,并于2004年1月7日决定准予斯里兰卡这些优惠直到现行的普惠制机制结束(2005年年底)。

委员会还决定对白俄罗斯侵犯结社自由的情况进行调查,这将可能成为暂时撤销对白俄罗斯普惠制的第一步。

欧盟贸易委员帕斯卡尔·拉米(Pascal Lamy)说:"这些决定表明了欧盟在运用关税优惠促进核心劳工标准方面采用的双轨并行的方法:奖励那些在实施核心劳工标准方面作出突出成就的普惠制下的受惠国家,撤销严重且长期侵犯劳工权利的国家的普惠制优惠。在斯里兰卡,我们的调查结果显示这个国家在遵守国际劳工组织规定的核心劳工标准方面表现良好,当然这还将被继续严格监督。另外,我们非常关注白俄罗斯的发展,所以决定对它展开调查。如果确定存在严重的、长期的对基本劳工权利的侵犯,这最终可能导致撤销对它的普惠制优惠。"

资料来源:作者根据 *Generalise System of Preferences* 整理。http://ec.europa.eu/trade/issues/global/gsp/pr070104_en.htm (last visited Nov. 13, 2008)。

问题与思考

1. 什么是普惠制?给惠国如何运用普惠制促使受惠国提高本国劳工标准?
2. 欧盟的普惠制是如何规定的?欧盟是怎样将普惠制与劳工标准挂钩的?

关键概念点评

1. 普惠制(Generalized System of Preference,GSP):普惠制是普遍优惠制的简称,普惠制是发达国家给予发展中国家制成品和半制成品的一种普遍的、非歧视的和非互惠的关税优惠制度(内容详见案例评析)。

2. 核心劳工标准(core labour standards):顾名思义,核心劳工标准就是在众多劳工标准中具有普遍性的最核心的标准。1998年,国际劳工大会通

第六章 通过自由贸易协议方式实施国际劳工标准

过了《国家劳工组织关于工作中基本原则和权利宣言及其后续措施》。该《宣言》将核心劳工标准称为"工人的基本权利",并将其规定为4个方面的内容:结社自由、自由组织工会和进行集体谈判,禁止童工劳动,禁止强迫劳动,同工同酬以及消除就业歧视。

3. 欧盟委员会(European Commission):欧盟委员会简称欧委会,总部设在比利时首都布鲁塞尔,是欧盟的常设执行机构。它负责实施欧盟条约和理事会决定、向理事会提出立法动议、监督欧盟法规的实施、代表欧盟负责对外联系及经贸谈判,对外派驻使团。实行集体领导和多数表决制也是欧盟唯一有权起草法令的机构。欧委会受欧洲议会的监督,其主要职责是:实施欧盟有关条约、法规和欧盟理事会作出的决定;向欧盟理事会和欧洲议会提出政策实施报告和立法动议;处理欧盟日常事务,代表欧盟进行对外联系和贸易等方面的谈判;在欧盟共同外交和安全政策方面,欧委会只有建议权和参与权。欧委会由20个委员组成,法国、德国、英国、意大利、西班牙各2人,其他成员国各1人,委员会由1位主席、5位副主席、27位委员组成。委员由成员国政府推荐,并征得欧洲议会同意,任期5年。

4. 关税(tariff):关税是指一国海关对进出境的货物或者物品征收的税收。

案例评析

1. 什么是普惠制?给惠国如何运用普惠制促使受惠国提高本国劳工标准?

1968年3月,第二届联合国贸易和发展会议在印度新德里召开,此次会议通过了《对发展中国家出口至发达国家的制成品及半制成品予以优惠进口或免关税进口》的著名的第21(Ⅱ)号决议,确立了普惠制的原则、目的和实施期限,并成立优惠问题特别委员会,对普惠制的具体实施进行协调和监督。普惠制由此建立。

普惠制是发达国家对发展中国家出口的制成品和半制成品提供普遍的优惠关税待遇。不幸的是,GSP的这些原则经常不是在赋予普惠制时使用,而

Case study 国际劳工标准案例评析

是被发达国家当作贸易谈判中的工具来使用[①]。例如，几乎所有的 GSP 计划都对原产地规则有限制，这就意味着，在普惠制下从欠发达国家出口的许多种成衣经常在关税或配额制方面是得不到优惠的，只能按最惠国待遇来对待（假定他们是 WTO 成员）。还有美国的普惠制把进口的成衣看做是"敏感"产品，所以对欠发达国家出口到美国的成衣不给予优惠。应该注意到某些国家的某些部门是被排除在 GSP 计划之外的，特别是假如这些部门的产品对给惠国的同类部门的生产引起了损失或可能引起损失时。受惠国如果想享受给惠国给予的这些贸易上的优惠政策，就必须要满足给惠国提出的附加性条件，其中遵照国际公认的劳工标准已经逐渐成为其中一项重要内容。

欧共体（后来的欧盟）和美国是世界上最大的两个给惠国。

2. 欧盟的普惠制是如何规定的？欧盟是怎样将普惠制与劳工标准挂钩的？

欧共体于 1971 年率先开始实施普惠制，允许发展中国家的产品以低于正常关税的税率进入欧洲市场，并且每隔几年对现行的普惠制方案进行一些调整，调整的范围一般包括受惠产品、关税减让幅度、受惠国家等。1995 年欧盟实施新的普惠制方案，关税优惠幅度降低，并逐步采取了"毕业"制度，根据各国的经济发展和出口实绩，逐步取消给予部分国家或部分国家的部分产品的普惠制待遇[②]。据欧盟统计，欧盟普惠制的受益国和地区多达 178 个，其中中国和印度是最大的受益国。

在欧共体（后来的欧盟）对发展中国家的贸易政策中，也将劳工标准纳入其范围，如 1994 年通过的欧盟理事会规则规定，如果受惠国违反国际公认的劳工保护公约（如国际劳工组织第 29 号公约和第 105 号公约等），发现使用强迫劳动时，普惠制的协议将暂停实施；如果受惠国能实施某些国际公约，保护本国工人结社自由和集体谈判权时，将对受惠国提供额外的优惠。此外，欧美发达国家还积极推行"社会标签"计划，对劳工标准不同的国际贸易产品进行区别对待。1993 年 6 月，欧共体哥本哈根首脑会议呼吁在欧共体与第三世界国家的贸易关系中进一步引入劳工标准。

欧盟 1995 年开始实施的一项规则规定，对那些遵守劳工标准的国家给予

[①] Mekong Capital, WTO Agreement on Textiles and Clothing (ATC): Impact on Garment Manufacturing in Cambodia, Laos and Vietnam, 30 December 2003, p. 7, http://www.mekongcapital.com/html/downloads.htm (last visited Apr. 8, 2005)

[②] 叶浩峰. 欧盟普惠制：又到轮回时. 大经贸. 2005, 4: 64

第六章　通过自由贸易协议方式实施国际劳工标准

额外的优惠。

欧盟与非洲、加勒比地区及太平洋沿岸地区国家集团（Group of African, Caribbean and Pacific Region Countries，简称 ACP 集团）间的贸易协议就是在 GSP 之下进行的，"社会条款"包含在其中。1998 年 1 月 1 日起开始实行的新的普惠制也包括"社会条款"。欧盟利用"社会条款"来"惩罚"那些不支持这些标准的国家。例如，在 1997 年欧盟在由国际自由工联和欧洲工会联合会（the European Trade Union Confedration，ETUC）调查了缅甸有童工现象后，决定撤回给缅甸的普惠制[①]。

欧盟成员国在 2002 年达成一项协议：通过未来的双边及地区谈判，寻找推动劳工标准的办法。这一问题被列入 2002 年 9 月欧盟同非洲、加勒比地区及太平洋沿岸国家集团之间进行的谈判议程中。事实上，2000 年 6 月在科托努签署《ACP－EU 伙伴协议》时，谈判框架就已囊括了对尊重核心劳工标准的承诺。在未来进行的"经济伙伴协议"谈判中，如果 ACP 国家承诺更加关注工人的权利，他们就能获得更多有利的条件。而且他们能够通过改善劳工权利，寻求欧盟进一步的技术和金融援助。为此，ACP 成员国也将在欧盟成员国中寻求同样的支持。例如，德国联邦议院全球委员会曾提出一项报告，力促把劳工权利纳入贸易协议中。ACP 的议员及工会也可以做到这一点，以此来强化这种支持。此外，发展中国家同欧盟的贸易谈判也可以建立这种战略[②]。

欧盟原有的普惠制于 2004 年年底到期。为此，欧盟委员会 2004 年 10 月 20 日宣布将对现行的普惠制进行一系列改革。新的普惠制简化了原有的方案，从以前的 5 个安排简化为 3 个，包括一般安排、针对最不发达国家地区的除武器外产品的特殊安排和旨在帮助竞争力微弱国家的附加普惠制（GSP Plus Scheme 或"GSP＋"安排）。改革后的普惠制在一般安排下享受优惠的产品新增了 300 多种，从原来的 6 900 多产品增加到了 7 200 个条目，并且新增产品主要是农产品和水产品。新的普惠制方案自 2006 年 1 月 1 日起生效。

---

①　Jagjit Plahe, The Labour and Trade Nexus, Paper to the conference "Trade and Labour Competing or Complementary Interests" held in Melbourne, 18 June 2000, p. 2

②　桑德拉·博拉斯基. 贸易与劳工标准——发展中国家的战略. 冯利译，门洪华校. 卡内基国际和平基金会. 2003, http://finance.sina.com.cn/g/20041121/16351169710.shtml（last visited Apr. 8, 2005）.

Case study 国际劳工标准案例评析

新的"GSP+"安排通常被称为"可持续发展与良好治理（sustainable development and good governmance）"安排，它代替了原有的3个特殊激励安排（保护劳工权利、保护环境、反毒品生产和毒品买卖的特殊安排），给予那些执行《京都议定书》和其他有关人权、劳工标准和环境等国际条约的发展中国家较低关税的奖励。对那些批准并实施27项"可持续发展和良好治理方面重要国际公约"的国家，欧盟委员会承诺将改善它们对欧盟市场的准入，并把这一点看做它对待外交事务与众不同的样板做法。所涉及的规则包括反对强迫劳动、童工、种族和性别歧视等方面的公约以及一项协议，内容是保护工人组织进行集体谈判的权利。有资格纳入上述计划的发展中国家必须在2008年前执行所有相关的公约。但官员们表示，这些国家将有"非常大的诱因"来这么做。这些国家将得到7 200种产品系列的免关税待遇，其中包括农产品等很多敏感产品。相比之下，按照正常的优惠计划，上述产品中仅有40%享受免关税待遇。新规则仅对经济脆弱而多样化欠缺的较小国家适用。中国、印度、俄罗斯和巴西等出口大国不在其列。欧盟委员会还证实，从中国进口的纺织品和服装将不再享有优先准入地位。但欧盟委员会负责贸易事务的帕斯卡尔·拉米先生指出，鉴于中国的竞争优势和低生产成本，这一举措不大可能阻碍来自该国的进口。

欧盟委员会说："常常有人谈论欧盟的'软实力'，我们认为这一方案是个很好的例证，它表明我们想如何运用这种软实力。我们想通过激励机制行事。"①

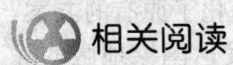 相关阅读

斯里兰卡希望欧盟延长 GSP+优惠方案

斯里兰卡自2004年以来即享有普遍化优惠关税特殊优惠方案（GSP+），该方案属单边优惠贸易措施，赋予其7 200项产品进入欧盟市场免关税的优惠。斯里兰卡是南亚地区唯一受惠该项方案的国家，2007年更因该方案而成衣输销欧盟惊人地成长22%。欧盟执委会将于近期决定是否延长斯里兰卡的GSP+关税优惠至2011年，此即意味着斯里兰卡输往欧洲产品的未来竞争力

---

① 欧盟将推低关税奖励规定，中国不在其列，2004年10月26日，http://info.news.hc360.com/html/001/002/008/021/007/78732.htm (last visited Jan. 24, 2009)。

第六章 通过自由贸易协议方式实施国际劳工标准

未定。

该项决定是否延长斯里兰卡适用GSP+至2011年,是2004年南亚海啸后的第一次检讨。GSP+方案的适用条件必须考虑发展中国家的劳工权益、人权与环境标准等国际协议。

斯里兰卡担心国际间对其违反人权的报导可能会导致欧盟停止延长其适用GSP+方案,若欧盟决定不延长,再加上美国(斯里兰卡第二大成衣出口市场)的经济发展迟缓,将会雪上加霜,因此,斯里兰卡政府对欧盟GSP+方案的检讨非常看重。

斯里兰卡总统于2008年年初指派4位部长处理本案,包括国贸部部长GL Peiris、企业发展投资部部长Sarath Amunugama、外交部部长Rohitha Bogollagama及灾难处理及人权部部长Mahinda Samarasinghe。GL Peiris部长表示,斯里兰卡政府已经与欧盟会员国个别展开对话,寻求其支持延长斯里兰卡GSP+方案。

外交部秘书长Palitha Kohona表示,双方可能在电话及信函的互动沟通后,决定GSP+延长适用的检讨日期。针对人权问题被抨击而影响GSP+优惠是否延长的恐惧,Kohona表示,那是肤浅的争论,因为世界上没有对人权、劳工等各项标准皆万无一失、执行完美的国家,甚至欧洲国家对这些标准也是择项执行,违反该等国际标准的事情早已在欧洲发生,并提报给欧洲议会及(现已废止的)日内瓦人权委员会,因此,要求斯里兰卡逐条执行所有认定的国际标准是不合理的。

Kohona表示,GSP+优惠的目的是协助斯里兰卡在南亚海啸后能快速复苏,其确已达到目的并对斯里兰卡的帮助颇多,对大型企业、小型企业及其劳工均有利。如果到欧洲的超市,会找到许多在多年前没有贩卖的斯里兰卡制品,其大多受惠于GSP+。因此,斯里兰卡试着说服欧盟:延长GSP+可达到其协助目的,也对欧洲的自由贸易政策有益。

尽管欧洲当地的贸易联盟支持延长GSP+,但之前有关斯里兰卡政府及雇主违反劳工权益的问题对延长GSP+不利。自由贸易区劳工工会秘书长Anton Marcus表示,虽然斯里兰卡不符合劳工标准,但若不延长GSP+,实际受影响的是劳工,因此不希望取消GSP+,但仍希望在斯里兰卡,国际劳工组织定义的核心劳动权利标准有被遵循的迹象。

资料来源:作者根据亚洲纺织联盟网新闻内容整理,http://www.tex-asia.com/html/news/world/2008/2/0822310121969.html (last visited Jan. 29, 2009)。

案例五 从《多米尼加共和国—中美洲—美国自由贸易协议》看国际劳工标准的实施

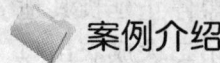案例介绍

美国贸易代表苏珊·施瓦布发表声明：CAFTA-DR 在哥斯达黎加生效

2008 年 12 月 23 日

美国贸易代表苏珊·施瓦布（Susan Schwab）今天作出以下声明，《多米尼加共和国—中美洲—美国自由贸易协议》（Dominican Republic-Central America-United States Free Trade Agreement，CAFTA-DR）在哥斯达黎加生效：

"总统发放公告 2009 年 1 月 1 日哥斯达黎加开始实施 CAFTA-DR，我非常高兴能够庆祝这一重要的多国协议开始生效。"

"我们已经同哥斯达黎加进行密切合作，正如我们同其他 CAFTA-DR 伙伴国一样，以确保他们履行协议下自己的义务和责任。哥斯达黎加目前准备加入多米尼加共和国、萨尔瓦多、危地马拉、洪都拉斯和尼加拉瓜的行列使该协议生效，以确保本协议的利益继续扩大。美国与 CAFTA-DR 伙伴国之间的贸易以及 CAFTA-DR 伙伴国之间的贸易都随着这一协议在这些国家的生效增加了。"

"我非常感谢阿里亚斯（Oscar Arias Sanchez）总统和他的政府的辛勤努力，他们通过立法和法规执行哥斯达黎加 CAFTA-DR 下的承诺。这一步在我们与哥斯达黎加的关系上是一个重要的里程碑，它建立在我们强大的经济和政治伙伴关系上。随着哥斯达黎加的加入，这个重要的区域性自由贸易协议将在 2009 年 1 月 1 日开始生效。至此，这一协议将在所有签署协议的国家生效。"

背景

美国、哥斯达黎加、多米尼加共和国、萨尔瓦多、危地马拉、洪都拉斯

第六章 通过自由贸易协议方式实施国际劳工标准

和尼加拉瓜于 2004 年 8 月签署了 CAFTA-DR。美国参议院于 2005 年 6 月、众议院于 2005 年 7 月在立法程序上通过了 CAFTA-DR。2005 年 8 月由总统签署。

CAFTA-DR 签署后，并非同一时间开始在各签约国生效的，而是陆续在各签约国生效的，具体生效时间见表 6—2。

表 6—2　　　　　　　CAFTA-DR 开始在各签约国生效的时间

国家	协议生效时间
萨尔瓦多	2006 年 3 月 1 日
洪都拉斯	2006 年 4 月 1 日
尼加拉瓜	2006 年 4 月 1 日
危地马拉	2006 年 7 月 1 日
多米尼加共和国	2007 年 3 月 1 日

自从 CAFTA-DR 于 2006 年初开始生效，贸易和商业机会就得到了增加。与 2005 年相比，美国同当时已经开始实施 CAFTA-DR 的贸易伙伴国（多米尼加共和国、萨尔瓦多、危地马拉、洪都拉斯和尼加拉瓜）之间的 2007 年的贸易总额增加了 16.7%，跳升至 326 亿美元。2007 年，美国出口到所有 6 个 CAFTA-DR 国家达到了创纪录的水平，达到 224 亿美元。

资料来源：作者根据美国贸易代表处网站新闻翻译整理，http://www.ustr.gov/assets/Document_Library/Press_Releases/2008/December/asset_upload_file215_15259.pdf（last visited Jan. 29，2009）。

问题与思考

1. 《多米尼加共和国—中美洲—美国自由贸易协议》的主要内容有哪些？
2. 与贸易制裁手段相比，《多米尼加共和国—中美洲—美国自由贸易协议》如何更加有效地保护劳工权利？

关键概念点评

1. 贸易壁垒（trade barrier）：贸易壁垒是指国际贸易中，影响和制约商品自由流通的各种手段和措施，可以分为关税壁垒和非关税壁垒。关税壁垒，

Case study 国际劳工标准案例评析

是指进出口商品经过一国关境时,由政府所设置海关向进出口商征收关税所形成的一种贸易障碍。非关税壁垒,是指除关税以外的一切限制进口措施所形成的贸易障碍。如进口配额制、进口许可证制、进口最低限价、歧视性的政府采购政策、苛刻的技术标准、卫生安全法规、检查和包装、标签规定以及其他各种强制性的技术法规等。

2. 加勒比盆地倡议(the Caribbean Basin Initiative,CBI):1982年2月,美国总统里根在美洲国家组织的常设理事会上宣布美国对中美洲和加勒比的援助计划(又称为加勒比盆地倡议),主要包括美对该地区向美出口的产品(纺织品、服装除外;糖有限额)免征关税12年;追加3.5亿美元紧急援助;采取措施鼓励美私人向该地区投资等。

3. 《加勒比海盆地经济复苏法》(the Caribbean Basin Economic Recovery Act,CBERA):《加勒比海盆地经济复苏法》是1983年8月5日制定的。美国授予加勒比海国家优惠关税措施,受惠国产品可免税出口到美国市场。

案例评析

1. 《多米尼加共和国－中美洲－美国自由贸易协议》的主要内容有哪些?

中美洲(中美洲5国包括哥斯达黎加、萨尔瓦多、危地马拉、洪都拉斯和尼加拉瓜)－多米尼加共和国－美国为了消除关税和贸易壁垒,为了扩大工人、制造商、消费者、农民、牧场主和服务提供商的区域机会,在2004年8月5日签署自由贸易协议。根据协议,CAFTA-DR将立即消除美国出口的超过80%的消费品和工业品的关税,并在10年后逐步消除其他关税。根据加勒比盆地倡议(the Caribbean Basin Initiative,CBI)、普惠制和最惠国计划,CAFTA-DR80%的产品进口到美国已经取消了关税。CAFTA-DR将为美国产品和服务的进入提供互惠条件。

该协议共22章,其中第16章专门写了有关劳工问题的规定,共有8个条款:各方对承担义务的声明,各国劳工法的实施,程序保障和公共意识,制度安排,劳工合作和能力建设机制,合作协商,劳工登记,定义。

第16章涉及各缔约方与贸易相关的劳工权利的义务和责任。第16章是在《北美劳工合作协议》及其他美国现今自由贸易协议的劳工条款的基础上起草的,借鉴了包括同约旦、智利、新加坡、澳大利亚和摩洛哥的自由贸易

第六章 通过自由贸易协议方式实施国际劳工标准

协议的内容。但它比以往的自由贸易协议更进一步,其中包括与贸易相关的劳工权利的更复杂的义务和责任。具体内容涉及:①为确保劳动法公正、公平、透明地实施的具体条款;②要求各缔约方在劳工事务方面提供公共投入;③建设一个具体的框架,以便协助各缔约方发展他们达成目标的能力。作者根据美国贸易代表处网站的信息,将 CAFTA-DR 的大致内容整理如下:

(1) 总则。根据第 16 章,各缔约方重申作为国际劳工组织的成员有义务和责任遵守国际劳工组织《关于工作中基本原则和权利宣言及其后续措施》。每一缔约方都必须努力确保《宣言》中所规定的基本劳工原则得到国内法的承认和保护。同时,应努力确保不会以损害或放弃劳动法的方式来加强同另一方的贸易和投资往来。各缔约方还承诺提供程序保障,以确保在劳动法执行方面工人和雇主有机会获得公平、公正、透明的程序。在缔约方承诺有效执行其自身的劳动法的同时,本章还认识到各缔约方有权建立自己的劳动法,谨慎行使调查、监管、起诉和遵守的事项,并分配执行资源。

(2) 有效实施。每一方都承诺不会以破坏劳工法持续、反复地有效实施的方式来作为影响同其他缔约方之间贸易的手段。第 16 章规定,劳动法包括涉及如下一些劳工权利:①结社的权利;②组织权和集体谈判权;③禁止强迫劳动;④雇用儿童的最低年龄限制和取消最恶劣形式的童工;⑤可接受的最低工资、工时和职业安全与卫生的工作条件。对于美国来说,"劳动法"包括解决这些问题的联邦法律和法规,但不包括国家或地方的劳动法。

(3) 程序保障。各缔约方承诺提供程序保障,以确保在劳动法执行方面工人和雇主有机会获得公平、公正、透明的程序。为此,各缔约方必须确保工人和雇主在执行其劳动法时有诉诸法庭的机会,并且法庭的这些决定需要被记录下来,公开提供,并是在各缔约方有机会听证相关信息或证据的基础上作出的。此外,听证会等程序必须向公众开放,除非司法行政有其他要求。为了确保其劳动法的实施,每一缔约方承诺提供补救措施。这些补救措施可能包括命令、罚款、处罚、临时关闭工厂。

(4) 争端解决。第 16 章规定了合作协商以解决如果一方认为另一缔约方不遵守本章中的义务的情况。如果该事项涉及缔约方遵守其有效执行劳动法的义务,第 16 章规定在经过最初的 60 天的磋商期后,投诉方可以援引第 20 章(争端解决)的规定,要求额外的磋商或召开该协议的政府级的自由贸易

Case study 国际劳工标准案例评析

委员会的会议。如果委员会无法解决争端，可以将此事提交给争端解决小组。各缔约方将持有一份专家的名册，这些专家可能任职于任一争端解决小组，被召集起来听取争端有关缔约方有效实施其劳动法的义务。

(5) 合作及能力建设。第16章建立了一个政府级的劳动事务理事会，负责监督该章的执行情况，并提供一个进行有关劳工问题的协商与合作的论坛。该章要求各缔约方指定一个联络点，便于其他缔约方以及关注本章的公众的通报。每一缔约方的联络点必须提供透明的程序，包括在提交、接收、审议来自公众的任何通报。

本章还建立了劳务合作和能力建设机制。通过这一机制，各缔约方将共同努力加强各自实现目标的机构能力。特别是该机制将协助各缔约方确定优先事项，并进行有关下列主题的双边和区域的合作和能力建设活动：有效实施基本劳工权利，在立法和实践方面遵守国际劳工组织1999年《最恶劣形式童工劳动公约》（第182号）的公约，加强劳动监察制度和劳动行政部门和法庭的机构能力，遵守有关工作条件的法律和法规的监督机制，消除就业中的性别歧视。

2. 与贸易制裁手段相比，《多米尼加共和国—中美洲—美国自由贸易协议》如何更加有效地保护劳工权利？

有评论家认为，在CAFTA-DR下，美国在促使这一地区劳工权利进步方面没有所需的工具，因为它放弃了在普惠制和《加勒比海盆地经济复苏法》（the Caribbean Basin Economic Recovery Act, CBERA）下的作用，即当一国不采取措施提供国际公认的劳工权利时，在通过普惠制和CBERA可以实施贸易制裁。但情况并非如此。①

这些法律规定已出现超过20年了，但美国行政当局（无论是共和党还是民主党）都未曾使用过劳动标准作为依据来实际撤销对中美洲国家的贸易优惠。在促进劳工权利方面，CAFTA-DR提供了比现有的贸易优惠计划更有针对性和更加有效的工具。

(1)《多米尼加共和国—中美洲—美国自由贸易协议》提供了一个更好的实施机制

---

① The CAFTA-DR Accomplishes More for Worker Rights than Trade Preference Programs, http://www.ustr.gov/assets/Trade_Agreements/Regional/CAFTA/Briefing_Book/asset_upload_file111_7787.pdf (last visited Jan. 29, 2009).

第六章 通过自由贸易协议方式实施国际劳工标准

在美国的贸易优惠计划下,唯一的选择就是收回贸易优惠利益。收回普惠制/CBERA 带来的优惠利益是一种生硬的手段,这可能恰恰损害了那些我们正力图保护的工人的权利。而根据 CAFTA-DR,如果一个国家被认为没有充分实施其劳动法律,政府将支付一大笔罚款,直至情况改善。贸易制裁将作为最后的手段。

(2)《多米尼加共和国—中美洲—美国自由贸易协议》在解决劳工问题方面提供了一个更有建设性的方式

与 CAFTA-DR 不同,普惠制/《加勒比海盆地经济复苏法》计划在处理这些问题时不包含贸易制裁以外的其他选项:没有正式的磋商机制,没有罚款,并且没有能力建设方面的援助。CAFTA-DR 提供了共同解决劳工问题的多种方式,包括协商条款。罚款是强制的,资金将用于旨在改善中美洲国家的劳动法实施。CAFTA-DR 还规定确保法庭在劳动执法方面的公正、公平和透明,并提高公众意识。

(3)《多米尼加共和国—中美洲—美国自由贸易协议》在劳工权利方面包含了更强大的义务

通过签署《多米尼加共和国—中美洲—美国自由贸易协议》,我们的伙伴国公开承诺有效执行其法律,承认和保护国际公认的劳工权利。根据 CAFTA-DR,国家有义务有效执行劳动法。劳动法覆盖所有国际公认的劳工权利。在普惠制和《加勒比海盆地经济复苏法》下,这些被用作资格标准。事实上,CAFTA-DR 要求国家有效执行其劳动法,而普惠制和 CBERA 只要求一个国家采取措施提供国际公认的劳工权利。

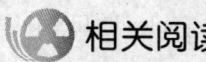 相关阅读

争端解决:商业和劳资纠纷相同的程序和补救措施

在 CAFTA-DR 下,解决商业和劳资纠纷(磋商后进行独立小组审查)的基本程序和时间安排是相同的。对于这两种类型的纠纷,可执行的补救措施包括罚款和暂停贸易优惠利益。CAFTA-DR 将罚款作为解决劳资纠纷的首选的措施,认为贸易补救措施可能反而损害了 CAFTA-DR 旨在保护的工人的权利。

CAFTA-DR 下商业纠纷和劳资纠纷的异同比较见表 6—3。

表 6—3　　CAFTA-DR 下商业纠纷和劳资纠纷的异同比较

顺序	程序	商业纠纷	劳资纠纷
1	以政府间磋商为开始	是的	是的
2	最高规定期限	60 天	60 天
3	部长级磋商	是的	是的
4	最高规定期限	30 天	30 天
5	仲裁小组成立	来自独立专家	来自独立专家，包括劳动专家
6	专家组程序	120~180 天	120~180 天
7	如果专家组发现有违反的行为，争议国家试图就解决方案达成一致	是的（45 天内）	是的（45 天内）
8	如果没有达成一致，违反的国家可以通过在另一领域提供"补偿"来避免惩罚	是的	不可以。劳工问题必须被纠正或适用惩罚
9	如果没有解决方案就进行惩罚	投诉国家可以实施贸易制裁	专家组确定每年最高不超过 1 500 万美元的罚款
10	可替代的惩罚	违反的国家可以选择支付相当于贸易损害的 50%的罚款	如果不能被给付罚款，投诉国家可以实施贸易制裁
11	罚款怎么用	投诉国家保留资金	资金用于解决劳工方面的问题；投诉国家在资金的使用上有否决权

资料来源：作者根据美国贸易代表处有关 CAFTA-DR 的内容翻译整理，http://www.ustr.gov/assets/Trade_Agreements/Regional/CAFTA/Briefing_Book/asset_upload_file881_7869.pdf (last visited Jan. 29, 2009)。

第七章
通过生产守则实施国际劳工标准

〔阅读提示〕

国际劳工标准的实施可以通过谈判之外的方式来实施,企业自愿的生产守则运动通过十几年的发展就是一个很好的例证。它既可以规范企业的行为,也可以对劳工权利的保护起到作用。生产守则的行为主体主要包括其利益相关者,即跨国公司、非政府组织、工会和消费者团体等,不同的行为主体有着不同的追求目标。生产守则是多层次的生产守则,其本质是跨国公司的行动,建立了一个具有可信性的公开遵守的标准,不具有法律约束性。生产守则在实施过程中也存在一定的局限性:不具有强制执行力,也不具有惩罚性,运动作用范围有限。监督的问题是生产守则有效实施的关键问题。

案例一 反"血汗工厂"运动

 案例介绍

在20世纪90年代美国大学校园掀起的反对"血汗工厂"的运动,源于1992年Levi's事件,以及其后不久美国一家电视台发现沃尔玛在孟加拉国的制衣厂使用童工,导致沃尔玛制定了自己的生产守则(Vendor Partners)。但

Case study 国际劳工标准案例评析

是，在1996年春天，沃尔玛发现自己陷入更大的麻烦之中，因为全国劳工委员会（the National Labor Committee，NLC）发现沃尔玛在洪都拉斯工厂的工作条件极为恶劣。美欧国家反对"血汗工厂"的活动分子已经意识到既不能利用法庭、也不能利用选举向发展中国家的政府施加压力让其改善工人的劳动条件。他们只能利用本国的消费者和利益相关者迫使跨国公司提高他们在海外工厂的劳工标准。此外，他们也向发达国家游说在贸易协议谈判中应该谈判劳工标准的问题。这些活动迫使跨国公司意识到自身在全球扩张的市场竞争及谋求最大利益的同时，必须承担包括环境保护和劳工权益在内的公司社会责任。

在美国，大学院校已成为众多关于"血汗工厂"和劳工标准争论的中心之一。一方面是由于学生活动家的推动，同时，由于大学间接地介入了服装生产（如帽子、运动衫等），而这些服装使用了学校的名称或标志，也从另一方面加剧了这场争论。一些较小的大学与生产商签订合同生产服装只供校内出售，而一些大规模的学校，主要是那些有著名运动队的大学（特别是美式橄榄球和篮球），它们的服装在校外也有市场。有时他们的运动衫和运动帽还在一定区域内、全美乃至世界范围内销售。这些大型的大学，如北卡罗来纳大学、杜克大学、哈佛大学、俄亥俄州立大学、密执安大学等，它们与很多企业签有合同，其服装的销售版税有时一年可达数百万美元。有一家大型公立大学，在它的运动队取得很好成绩的一年间，商标使用税收入超过700万美元。

劳工标准给全美各大学提出了严峻的挑战，那些因授权企业生产大学产品而受益的学校尤其如此。美国的学生运动始于在美国纺织及服装工会（The Union of Needletrades Industrial, and Textile Employees, UNITE）实习的那些大学院校的学生。1997年夏天，这些实习生与另外一些有志于推广劳工标准的学生一起拟订计划，旨在美国和其他国家范围内探讨有关"血汗工厂"的问题。反对"血汗工厂"学生联合会（United Students Against Sweatshops, USAS）于1998年成立，成为第一个全美反对"血汗工厂"的学生团体。USAS声称已在200所高校设有分会。学生活动组织者的主要目标对准了生产大学产品的工厂的工作条件，因为大学从这些产品中获得了经济利益，也因此对改变这些工厂的工作条件更具影响力。

此外，但凡在美国被发现属于"血汗工厂"的厂家不少都雇佣来自墨西

第七章 通过生产守则实施国际劳工标准

哥、中美洲和中国的非法移民,当然绝大多数的"血汗工厂"在欠发达国家。

随着美国学校社团及其大学本身参与到有关生产许可证的讨论中,公众对劳工状况的关注日益提高,尤其对反"血汗工厂"运动的热情很高,而且参与也越来越多,并组织了很多团体,如在制衣业、咖啡业和地毯业都成立了反血汗工厂的组织,但这些组织绝大多数是小团体,而不是大规模的群众组织。美国学者金伯利·安·埃利奥特(Kimberly Ann Elliott)和理查德·B·弗里曼(Richard B. Freeman)把这些团体分为四类:

- 左翼活动分子,在运动中能起到守护者(vigilant)的作用。
- 做好事者(do-gooders),可以从事检查工厂遵守劳工标准的人员,可以提供服务,如直接向工人提供法律援助。
- 道德取向的团体。
- 宗教团体,同教会有联系或以某一种信仰为基础的取向有关。

在美国的反"血汗工厂"的运动中,学生运动和民众团体结合起来采取共同行动。在 1995 年 UNITE 雇佣了一名年轻学生金尼·库格林(Ginny Coughlin)就校园出现的反对"血汗工厂"活动进行合作。美国工会也参与到其中,AFL-CIO 在 1996 年夏召集了一批对反对"血汗工厂"的运动感兴趣的学生共同搞活动。

资料来源:佘云霞. 国际劳工标准:演变与争议. 北京:社会科学文献出版社,2006. 191~194

问题与思考

1. 经济全球化条件下"血汗工厂"现象出现的原因是什么?
2. 参与反"血汗工厂"运动的主体有哪些?采取了什么途径来实现?
3. 反"血汗工厂"运动取得的效果如何?

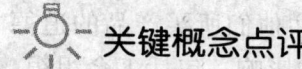

关键概念点评

1. "血汗工厂"(Sweatshop):"血汗工厂"的称呼源于18世纪下半叶英国工业革命时期工人阶级在工厂所处的悲惨状况,一般表现为工作时间长、工资低、强迫加班、性别歧视、禁止工人加入工会、缺乏职业健康保护,如封闭的工作间、不许外出、刺激的气味、身上没有任何防护服、工资很低而

case study 国际劳工标准案例评析

且难以维系生活。

2. 全国劳工委员会（the National Labor Committee，NLC）：全国劳工委员会成立于1981年，是一个以美国劳工为基础的组织，当时是为了反对美国政府（里根政府）对中美和加勒比海国家的干预而建立的。后将关注点转向经济全球化下的全球民主和社会正义，其主要任务是调查美国设在第三世界国家的跨国公司侵犯人权和劳工权利的问题。此外，该机构还从事公共教育、调研和各类活动，以促使美国公民支持他们为维护工人权益所作出的努力。

案例评析

1. 经济全球化条件下"血汗工厂"现象出现的原因是什么？

现代社会，经济全球化的发展下，以市场竞争为核心的非人格化负面影响在劳工问题上越来越明显。跨国公司为降低产品成本而关闭在较富裕国家的工厂。然后到较贫穷国家开办工厂，一般由专门的承包商来做。在处于这些全球产业链底端的工厂中，工人的技术水平要求低，制造过程主要是高度的重复。一个听话又廉价的劳动力对雇主来说成为其最大的竞争优势，因此，对跨国买主来说也是手中的优势。这已不仅是海外存在较差工作条件的问题，而且是跨国公司正在积极地寻求获得这种优势，以关闭本国工厂把穷国拉入竞争，从而提高他们自己的利润。针对跨国公司转包体系中存在的"血汗工厂"的问题，西方国家的消费者、非政府组织、工会组织、学生组织等发起对跨国公司的批评，要求跨国公司在全球扩张的市场竞争及谋求最大经济利益的同时，必须承担其包括劳工权益保护在内的社会责任。

2. 参与反"血汗工厂"运动的主体有哪些？通过什么途径来实现？

参与反"血汗工厂"运动的主体主要有消费者、非政府组织、工会组织、学生组织等。这些组织参与反"血汗工厂"运动主要是出于人权保护的公益目的，往往站在要运动的最前列。消费者团体主要关注他们所买产品的道德层面的问题，他们对公司的行为能够施加越来越明显的影响。包括工会组织、学生组织在内的这些非政府组织对全球的生产都非常关注，从微观的干预到宏观的发展援助，都在关注全球工作场所的工人。他们主要采取了以下几种方式来积极参与这场轰轰烈烈的反"血汗工厂"运动：

首先，利用本国的消费者和利益相关者迫使跨国公司提高他们在海外工

第七章　通过生产守则实施国际劳工标准

厂的劳工标准。利益相关者概念同企业社会责任有关，即影响和受影响于企业行为的任何个人或团体。涉及众多相关的行为体，包括跨国公司、跨国投资者、贸易商、承包商、分包商（或称转包商）、供货商、消费者团体、非政府组织（NGOs）、工会和雇员、妇女团体等。

其次，他们也向发达国家游说在贸易协议谈判中应该谈判劳工标准的问题。这些活动迫使跨国公司意识到自身在全球扩张的市场竞争及谋求最大利益的同时，必须承担包括环境保护和劳工权益在内的公司社会责任。

3. 反"血汗工厂"运动取得的效果如何？

反对"血汗工厂"的运动在各界参与下明显产生了两种效果：

一种效果很明显是政治方面的，反"血汗工厂"的各种团体要求把设定劳工标准所取得的成绩作为一个国家参加贸易协定的先决条件。有些人提倡世界各国应向国际劳工组织的规则和世界贸易组织解决争端的程序靠拢。该问题已在自由贸易谈判中出现，如《北美自由贸易协议》等。但这些建议的一大部分没有被采用或者被冲淡，因为贸易和劳工标准在很大程度上还没有被强制性挂钩。20世纪90年代南非种族歧视的终结和冷战的结束导致许多欧美国家的活动分子将关注点转向其他的人权问题，包括欠发达国家的劳工标准问题。一些反"血汗工厂"的活动有诸如公平劳工协会的参与，该组织曾参与过南非的反种族歧视运动。

另一种效果是消费者的市场力量问题，涉及每个人。这种力量是间接政治性的，因为它常常通过有组织的运动使人们意识到"血汗工厂"的问题，其最终目标是实现在市场中自由但文明地选择。针对跨国公司转包体系中存在的"血汗工厂"问题，跨国公司受到西方国家的消费者、非政府组织、工会组织、学生组织等的舆论攻击。尽管其拥护者拒绝称其为联合抵制某国货物，但它确实使得人们在购买时有条件要求企业在加工过程中遵循某项生产守则，且带有改变这种产品的目的。

相关阅读

玖龙"血汗工厂"背后的真相

在2008年全国两会上，因对劳动法的争议提案成为新闻人物的全国政协委员、玖龙纸业控股集团公司董事长张茵，因最近香港大学师生监察无良企

国际劳工标准案例评析

业行动（Students and Scholars against Corporate Misbehavior，SACOM）的一份《香港上市企业内地"血汗工厂"报告》，再次站在舆论的风口浪尖上。

4月15日，SACOM组织的报告称，玖龙纸业集团涉嫌违反《劳动合同法》，是"血汗工厂""港企之耻"。玖龙纸业集团是中国最大的箱板原纸产品生产商，于2006年在香港联交所主板上市。据SACOM发言人丘梓蕙说，他们于年初选择5家香港上市公司的内地工厂，并多次前往深圳、东莞等地的工厂附近做调查，以开放式问卷的方式，访问了83位工人。报告中描述，玖龙纸业经常发生严重的工伤事故，工人经常被运货车挤死、被货物从高处压死、被卷纸机碾死。不过，丘梓蕙也承认，这些都是受访工人的描述，事故发生的日期、伤亡者的名称无法得到确切的证实。报告中还称，玖龙要求员工义务加班，不支付加班费。玖龙只给员工交一份养老保险金，而且只按照当地最低工资标准交付，更没有失业保险、医疗保险、生育保险、住房公积金等。丘梓蕙说："张茵自恃'女首富'和'全国政协委员'的身份，粗暴践踏中国法律尊严，是名副其实的'港企之耻'"。此外，SACOM还致信富达、汇丰资产管理、摩根大通等机构投资者，希望他们沽出和拒买"玖龙纸业"的股票，并呼吁玖龙纸业的重要客户，如耐克、可口可乐、索尼等向玖龙施压。

5月7日，玖龙纸业集团在广东东莞面向媒体召开新闻发布会。集团董事长张茵承认有7%的职工福利待遇不完善，在餐费补助和劳保产品管理方面存在一些问题，但作为一家负责任的企业，玖龙有勇气面对并致力于改善企业管理中一些不健全的地方。近几周来，已经责成公司有关部门认真完善，玖龙绝对不是"血汗工厂"。

对于玖龙纸业集团被控"血汗工厂"事件，东莞总工会介入调查。工会的调查结果显示，作为一个高速发展的企业，玖龙纸业集团存在一些内部管理问题，但根本算不上"血汗工厂"。广东省东莞市劳动局也证实，没有接到玖龙纸业集团员工的投诉。

"劳资利益存在不平衡，希望企业能够通过与劳动者的协商、利益的协调来共同解决劳资关系的问题。"广东省总工会副主席孔祥鸿说，具体到玖龙纸业集团也是一样，希望张茵女士和她的管理团队能够更好地管理工厂。

资料来源：刘慧. 玖龙"血汗工厂"背后的真相. 中国经济时报. 2008年5月16日

第七章 通过生产守则实施国际劳工标准

案例二 耐克公司《2008年企业社会责任报告中国补充报告》中有关劳工方面生产守则运作情况报告

案例介绍

2008年3月17日,耐克公司发布了2008年企业社会责任报告中国补充报告,提供耐克在中国营运的真实数据和进度报告。报告指出:本补充报告将为耐克在中国是如何解决这些全球问题提供更多信息。耐克的每个供货国情况各有不同,有已成为最佳实践典范的合同工厂,也有在持续一贯地达到耐克标准并保证工人良好工作条件上面临着挑战的合同工厂。有些问题简单而直接;而有些则相当复杂。进行全行业的系统变革并不容易。经验告诉我们,可持续变革需要工厂、企业、政府以及其他利益相关方的长期协作和不懈努力。随着中国的持续发展,我们看到了不断出现的改善和最佳范例。然而,与在其他国家的生产合作者一样,耐克在中国的合同工厂还将继续面临挑战。其中有关劳工方面生产守则运作情况如下:

耐克非常重视未成年工人问题。合同工厂一旦被发现雇佣未成年工人,其评级将自动被降至最低的D级,并被要求立即纠正预防。耐克要求从事鞋类生产的工人最小年龄18岁,从事服装和运动装备生产的工人最小年龄16岁。中国法定的全职工人的最小年龄是16岁。这个问题需要工厂方面严格的尽职调查,确保工人在被雇佣时提供了准确的信息。耐克一直积极与中国的合同工厂开展合作,评估潜在问题并实施最佳实践,甄别提供虚假身份证明的工人,并确认工厂是在遵守有效的查证程序。

基于和利益相关方的交流以及大众媒体报道的一些情况,耐克决定在2007年对华南10个合同工厂(包括7个服装工厂和3个运动装备工厂)进行突袭的合规检查。当时在这些工厂中没有发现被证实的未成年工人个案。但是,还发现了3起虚假身份个案,表明这些工人在受雇时可能没有达到法定年龄。另外,还发现7个工厂没有年龄查证的书面规定、没有检查虚假身份的监控措施和制度。

疏于实施正确招聘实践已成为可能导致雇用未成年工人现象的最常基于这些发现,耐克启动了招聘实践及其自我评估活动,活动包括在全国各地召

Case study 国际劳工标准案例评析

开的招聘实践研讨会。耐克在华的所有合同工厂被要求根据研讨会的指导作为基准,自我评估其招聘实践。首先将注意力放在鞋类产品供应链上,因为这条供应链工人人数最多,耐克的年龄标准也最高。在这个自评项目内,如果任何合同工厂发现现有或曾经的招聘实践有漏洞,可能已经导致未成年工人被雇佣,耐克鼓励这些合同工厂主动坦陈问题,并与耐克合作共同寻求解决方案和改进措施。并不对这些工厂进行处罚,而是鼓励整个供应链的透明度并推动整个供应链的最佳实践活动。这个自评项目已经对耐克在华生产鞋类产品的合同工厂中约15万名工人进行了身份资料查证。工厂的报告显示,167名工人的身份资料不正确,他们受雇时的年龄低于耐克的最小年龄标准,但在查证时的年龄已经达到了18岁或更大。只有2名工人在查证时未达18岁,其中一名17岁的鞋厂的工人,被安排至一个非生产性的办公室岗位,直到她18岁为止。

耐克除了自己进行调查外,还一直与相关领域的当地组织建立关系和对话,从而加深对这一问题的理解和认识。同时还加强和他们合作,确保受影响的工人必要时能够得到帮助。例如,2007年,一个当地的非政府组织通知耐克公司,说耐克公司的一家制鞋合同工厂里有一名16岁的工人正在为得到合理的工伤赔偿而抗争。耐克鞋类制品供应链上工人的最低年龄限制是18岁,但是,这名工人15岁时凭借虚假身份证明得到了这份工作。因此,她的工伤赔偿登记资料也是错误的。耐克公司对她的个案给予了支持,并与工厂一起为这名工人找到一个与她原来工资相当的非生产性岗位。耐克一共发现约1 300起其他个案,这些个案中的工人受雇时符合法定年龄,但他们的身份证中仍有一些不正确的个人信息。被发现的违规行为尽管数量很小,但还是一个令人关切的问题。所有从事鞋类生产的合同工厂已经检查并改进了它们的招聘和身份甄别系统。

2008年耐克公司将继续在服装和运动装备供应商中开展自评项目,耐克正在审查这些自评项目并从中挑选更多的工厂进行突袭检查。

资料来源:作者根据《创新——为了一个更加美好的世界:2008年耐克中国企业责任报告附录》整理,http://www.nikeresponsibility.com/pdfs/color/Nike_China_CR_Report_Supplement.pdf (last visited Jan. 10, 2009)。

第七章 通过生产守则实施国际劳工标准

 问题与思考

1. 生产守则具有哪些特点？耐克的生产守则属于哪一类的生产守则？
2. 耐克公司出台的《2008年企业社会责任报告中国补充报告》是基于什么原因？有什么目的？
3. 从案例中可以看出耐克公司生产守则中劳工部分在中国的合同公司中执行情况如何？

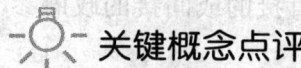 关键概念点评

1. 生产守则（Code of Conduct）：与劳动法不同，对企业的生产守则还没有一个公认的定义。这个概念指的是公司的政策声明，这个声明为公司的生产规定了道德标准。当然各公司所起草的声明差别很大。就内容而言，多数生产守则以联合国世界人权宣言和国际劳工组织的核心劳工标准为蓝本，承诺保障基本人权和劳动权并提供健康安全的工作条件。同时，多数生产守则承诺遵守投资所在国的相关法律。企业生产守则处理的是工厂的问题、劳工权利的问题，所以，生产守则的实施是在公司层面。

2. 合同工厂（Contract factories）：许多跨国公司将商品的订单安排在不同的国家生产，尤其是在发展中国家。一般来说，这些是由专门的承包商来做的，与其他国家的生产厂家发生关系，而这些厂家又会寻找一些小型工厂或是家庭作坊替他们赶货。这样就形成了一条以跨国公司为顶端、以别国生产厂家的工人为底端的全球生产链。而这些和跨国公司签订合同，生产该公司产品的工厂就是该跨国公司的合同工厂。

 案例评析

1. 生产守则具有哪些特点？耐克的生产守则属于哪一类的生产守则？

纵观全球，生产守则有这样几个特点：多层次、内容偏好不一、公开遵守、不具法律约束力等，但其中最主要的是多层次性。其多层次性体现在根据生产守则制定主体的不同可分为四种类型：内部生产守则、行业生产守则、

外部生产守则和多边生产守则。

内部生产守则的特点是通常由发达国家内的大型跨国公司自行负责制定、解释、实施并监测其效果，公司向公众作出承诺，同时还要求公司的承包商和供货商也要遵守它的守则。行业生产守则通常由行业协会、商贸协会制定以发展共同的标准和报告机制。外部生产守则具有以下特点：从内容上讲，以联合国《世界人权宣言》和国际劳工组织的8项核心公约为蓝本，但具有更为详尽细致的规定；以国际自由工联于1997年12月通过的基本守则为基本框架，引入了多利益相关者的守则，它带有明显的外部监督特征——第二方监督和第三方监督。多边生产守则是由国际机构以直接的或间接的政府参与的方式来制定的。

根据耐克公司生产守则自身所具有的特点，可知它是属于内部生产守则的。

2. 耐克公司出台的《2008年企业社会责任报告中国补充报告》是基于什么原因，有什么目的？

多年来，耐克公司一直因海外工厂的劳动条件差而受到工会组织和人权活动人士的抨击，一些组织甚至指责耐克开办"血汗工厂"。因此，迫于外界的压力，耐克公司在2007年和2008年出台了两份企业社会责任报告，而这次在《2008年企业社会责任报告》出台后又出台了这份中国补充报告，主要是因为中国目前是耐克最大的供货国，约有180家合同工厂，工厂工人总数超过21万。大部分高技术含量、高性能的耐克运动产品是由中国工人和工厂生产的。中国同时也是相当重要的耐克服装和器材供货市场。改善中国乃至全球产品供应链上工人的劳动条件一直是耐克的一个首要任务。因此，耐克公司表示，他们公布这份报告的目的是使耐克在中国的合同工厂的工人所得到的待遇和生产条件透明化，以促进劳工权利的改善。

3. 从案例中可以看出耐克公司生产守则中劳工部分在中国的合同公司中执行情况如何？

从案例中可以看出耐克公司生产守则中劳工部分在中国的合同公司中执行情况还是不错的。例如，报告指出，耐克在中国的供应链中有180家合约厂共雇聘21万名劳工。2007年耐克未事先通知地暗访中国南部的10家合约厂商，虽然未确实发现雇聘童工的案例，但之前耐克曾发现3家工厂有雇聘非法童工的情况。此外，报告还指出，有167个劳工使用假证件的案例，其

第七章　通过生产守则实施国际劳工标准

雇聘当时的年龄低于耐克规定最低年龄（18岁）的标准，目前已经18岁或高于18岁。此外两个案例是，仅有17岁的劳工在鞋厂工作，其年龄低于耐克规定，该劳工被派任到非生产部门的办公室，直到18岁再重返生产线。另外，报告显示约有1 300个案例，其状况为劳工年龄符合标准，但其身份证上的数据有其他错误。这些案例虽然为数不多，却仍是必须被关注的问题。耐克所有鞋类合约厂已经检视及提高其雇聘劳工的审核标准。

相关阅读

耐克公司生产守则介绍

耐克公司孕育于相互信赖。其深刻意义体现了我们愿意在彼此信任、团结合作、互相尊重的基础上和我们所有的合作伙伴开展业务。我们也希望我们所有的合作伙伴都遵循这一原则。

耐克公司企业文化的核心基于一个信念：耐克公司是由各种各样的人才组成，尊重他们与众不同的个性，并为每一位同事提供平等的机会。

耐克公司设计、生产并销售运动健身产品。在这过程的每一步骤中，我们不仅要尽我所能以求做到遵纪守法，而且尽力作出一个领导者应该做到这一点，我们期望我们的合作伙伴也能做到这一点。耐克公司也要求合作伙伴能共同遵循以下各个准则，并将其充分执行和不断完善：

1. 在管理实践当中尊重所有雇员的权利，包括其自由结社和集体协商的权利。
2. 尽量减小对环境的影响。
3. 提供安全和健康的工作环境。
4. 提升雇员的卫生和福利条件。

合约商必须尊重每一个雇员的尊严，同时尊重他们有权要求一个没有骚扰、辱骂或体罚的工作环境。雇员雇用、工资、福利、升职、终止合约及退休必须完全以其个人的工作能力为评定依据。不得因种族、信仰、性别、婚姻或怀孕状况、宗教或政治理念、年龄、性别取向等对任何人加以歧视。

无论何时何处，耐克公司都在这个行为准则的指导下运作，我们要求合约商也遵循这个行为准则。合约商必须在所有工作场所张贴此行为准则，把它翻译成雇员所能理解的语言并尽力培训他们，使其了解本行为准则和相关

Case study 国际劳工标准案例评析

地方法律所规定和赋予其的权利和义务。

当我们在此准则基础上建立起我们的合作精神后,我们还要求我们的合作伙伴能特别遵守以下各项:

1. 非法劳工:合约商不得雇佣任何形式的非法劳工——囚犯,已有合约在身者或其他。

2. 童工:合同工厂不得雇佣任何未满18岁者从事制鞋业,或未满16岁者从事服装、配饰或附件生产。如当耐克生产开始时,合约商已依当地法律雇佣了超过15岁的雇员,则雇佣合同仍可继续执行,但合约商此后不得再雇佣任何低于耐克和当地法律之年龄要求标准的人员。为了进一步确保此年龄标准被严格遵守,合同工厂不得使用任何形式的家庭代工来从事耐克产品的生产。

3. 工资:合同工厂保证至少支付工人法定的最低工资或同业最低工资(前述两项以较高者为标准),为每个雇员建立一个清楚的账目,明确记录每个发薪期的工资发放金额,且不得因雇员违反纪律而扣减其工资。

4. 福利:合同工厂为每个雇员提供所有法定的福利。

5. 工作时间和加班加点:合同工厂保证遵守法定工作时间制度;安排加班的前提条件是保证每个雇员必须得到法定的加班补贴;雇用时知会雇员必要的加班是雇佣条件之一;在正常的工作制度下,必须每7天休息1天;每周工作时间不得超过60小时,若此规定超过当地法定的最多工作时间,则以当地法律为准。

6. 环境、安全和卫生:合同工厂本身必须具备有关环境、安全和卫生方面的书面政策和标准,并且建立起相关体系,以求最大限度地降低对环境的负面影响,减少工伤和疾病,以提升雇员的整体健康状况。

7. 文件的提供和监察:合同工厂应将有关文件归档作为其遵守此行为准则及相关法律的书面依据;同意随时备有有关文件,以便耐克公司或其指定的核查员来监察;且无论事先收到通知与否,同意在调查时提供有关文件。

资料来源:作者根据耐克公司网站关于社会责任资料整理,http://www.nikeresponsibility.com/ (last visited Jan. 10, 2009)。

第七章 通过生产守则实施国际劳工标准

案例三 中国纺织企业社会责任管理体系 CSC9000T 试点

案例介绍

2005年5月，中国纺织工业协会发布了题为《中国纺织企业社会责任管理体系CSC9000T》的管理工具，从而产生了中国产业界自主开发的第一个标准化的社会责任管理体系。2006年3月，CSC9000T的试点工作正式启动，中国纺织业界在社会责任方面的自律尝试借此迈出了开创性的一步。

一、CSC9000T 试点工作具体进程

2006年3月28日，正式启动确定了首批10家试点企业和1家试点产业集群。2006年4月至6月底，初始评估依据CSC9000T对试点企业的企业社会责任现状通过现场观察、员工访谈以及文件查看等方式进行评估，之后作出关于该企业社会责任已有绩效和现存问题的分析和评估的报告。2006年8月中旬培训报告递送企业之后，企业首先根据报告中所指出的问题进行自我整改，同时试点企业管理层接受CSC9000T专家为期两天的关于绩效改善以及体系建设的培训，并与专家制定培训后体系建设的具体计划。在体系建设完成之后和复评之前，企业有两个月左右的试运行时间。复评考察体系建设的完整性及其运作的有效性。

2006年8月中旬，CSC9000T的试点实施进入培训阶段，CSC9000T专家对每家试点企业的管理人员和员工代表进行了为期3天共16小时的培训。试点企业受训总人数超过300人。培训内容包括两个主题，分别是CSC9000T初始评估结果分析和CSC9000T社会责任管理体系建设。前一主题着重展示和分析初始评估所发现的试点企业在各个要素方面所存在的各种问题，以此向企业管理层明确各个要素的具体要求和规则。第二个主题则主要说明社会责任管理体系的建立方法与运作过程，并传授体系文件的编写方法和体系运行的基本控制方法，以期企业管理者能够理解社会责任管理体系的基本原理。绝大多数企业都在生产旺季中安排中低层管理人员全程参与培训，甚至某些企业的高层管理者也参加了培训。在每家企业的培训结束之后，培训专家均与包括高层管理者在内的企业管理者进行了两个小时的沟通，主要确定培训

结束后企业在改善行动、企业社会责任团队建设、资源配置、宣传与再培训、体系文件编写等方面的具体工作和时间安排。其中，体系文件编写是社会责任体系建设的核心部分，各个企业在培训的基础之上，依据CSC9000T专家所提供的文件样本、CSC9000T实施指导文件以及本企业的具体情况开始编写社会责任体系文件并制定相关管理程序和制度。

二、试点企业社会责任方面的主要问题

在管理体系试点企业中，多数均已通过ISO9000、ISO14000或OHSAS18000管理体系认证，但客观地讲，企业目前仍处于被动应对阶段，表现为某几个社会责任要素表现尚可，但整体而言仍缺乏系统性，尚未建立起有效的立足于主动管理的持续改进机制。尤其是有不少企业没有完成体系建设的一些重要的基础工作，比如未及时进行法律法规的收集和识别。

另外，虽然在绝大多数企业未发现童工，而且所有企业都表示反对使用童工，但是，多数企业都未建立避免招用童工的程序和发现童工后的处理程序。在未成年工管理方面，有些企业没有建立未成年工特殊保护的程序，有些企业需要改善针对未成年工的安全及技能培训，有些企业缺乏对未成年工的体检及相应记录，甚至有的企业缺乏未成年工的登记证，未建立单独的未成年工名册。

强迫与强制劳动在少数企业还存在交存押金或工资、寄存身份证件的情况，也有少数企业在假期规定和辞职规定方面存在强迫劳动的嫌疑，例如，部分企业在员工手册写明原则上不允许批准事假，或者全年病假累计超过15日，就应主动辞职。工作时间方面最主要的问题就是超规加班现象普遍：试点企业中普遍存在加班现象，部分企业员工每天工作13个小时，晚上加班4~5个小时，每周工作达83~90个小时，有的企业的员工则在3个月内仅有1天休息，4个月内仅有3天休息。虽然有的企业实行综合计算工时制，但总加班时间仍超出法律允许的加班时间上限；有的企业从当地劳动行政主管部门取得了实行综合计算工时制的批准文件，但文件内容与现行劳动法关于工作时间的规定明显冲突。此外，有的企业存在未完全按照劳动法规定支付员工加班工资。

资料来源：作者根据梁晓晖的《CSR：中国纺企先行——中国纺织企业社会责任管理体系CSC9000T试点工作汇报》整理，http://www.sa8000cn.cn/Article/wsdt/200803/20080329171531_2963.htm（last visited Jan. 10, 2009）。

第七章　通过生产守则实施国际劳工标准

 **问题与思考**

1. 什么是CSC9000T？
2. CSC9000T试点的具体流程是如何设计的？
3. 试点企业社会责任方面的主要问题该如何解决？

 **关键概念点评**

1. 企业社会责任（Corporate Social Responsibility，CSR）：企业社会责任是指企业在创造利润、对股东利益负责的同时，还要承担对员工、对社会和环境的社会责任，包括遵守商业道德、生产安全、职业健康、保护劳动者的合法权益、节约资源等。企业的社会责任并非是个创新概念。

2. 行业生产守则（industry codes of conduct）：行业生产守则是指通常由行业协会、商贸协会制定以发展共同的标准和报告机制。

案例评析

1. 什么是CSC9000T？

CSC9000T是中国纺织企业社会责任管理体系的简称，是我国产业界自主开发的第一个标准化的社会责任管理体系。其性质属于行业生产守则，和其他的生产守则一样不具有法律约束性，而是作为一种志愿性规范，它的实际效力依赖于企业的自律性，所以产生的结果也是不一样的。总的来说，CSC9000T的定位并非一个"标准"，它既没有创造或设定任何企业社会责任方面的标准，也没有引用其他相关标准，而是一个集中体现中国相关法规以及中国批准的国际公约中的相关规范并结合中国国情，适当参照相应国际惯例所形成的中国企业能够参照执行的社会责任管理体系。CSC9000T强调守法经营和管理体系，希望企业通过建立和完善企业内部控制社会责任各要素的管理体系而落实这些法律规则，它是一个以管理为工具确保实现法律规则的体系，其目的是为企业在更高层面上实践社会责任打好基础。

2. CSC9000T试点的具体流程是如何设计的？

CSC9000T 试点的具体流程是：

（1）确定了首批 10 家试点企业和 1 家试点产业集群。

（2）初始评估——依据 CSC9000T 对试点企业的企业社会责任现状进行评估，并形成企业社会责任方面已有绩效和现存问题的分析、评估的报告。

（3）培训阶段——CSC9000T 专家对每家试点企业的管理人员和员工代表进行了为期 3 天共 16 小时的培训。

（4）编写社会责任体系文件并制定相关管理程序和制度，制定培训后体系建设的具体计划。

（5）复评——考察体系建设的完整性及其运作的有效性。

3. 试点企业社会责任方面的主要问题该如何解决？

试点企业社会责任方面的主要问题是缺乏整体系统性，尚未建立起有效的立足于主动管理的社会责任持续改进机制。要解决这个问题，可以从以下几方面入手：

首先，试点企业企业管理者要转变观念，从思想认识到企业社会责任是市场经济良性发展的必然需要。世界各跨国公司在诸多社会压力的促使下，对待其所承担的社会责任的态度正在由被动的到主动的发展过程中。而我国企业对这一问题也应该树立一个基本态度：正确认识、积极应对。

其次，企业社会责任理念主要从西方兴起，而实施也主要是通过跨国公司来实现。我国纺织企业在对外出口中，要想在海外市场中占得更多的市场份额，除了从劳动力成本上来获取竞争优势外，还需要积极应对企业社会责任这场革命，获得社会多方面力量的支持。这也就需要积极学习一些主要跨国公司在企业社会责任方面积累的宝贵经验，结合我国实际，建立适合我国企业发展现阶段的社会责任系统。这也包括学习国际劳工标准在保护劳工权益问题上的积极主张，特别是核心劳工标准，例如，结社自由、自由组织工会和进行集体谈判；禁止童工劳动；禁止强迫劳动；同工同酬以及消除就业歧视等，并应把它变为现实。例如，在对待童工问题上，除了应明确禁止雇佣童工的原则外，还应该建立避免招用童工的程序和发现童工后的处理程序。另外，在禁止强迫劳动方面，应杜绝交存押金或工资、寄存身份证件以及在假期规定和辞职规定方面过于苛刻的这些情况，切实保护职工的合法劳动权利和自由，最终达到改善企业管理、提高企业内聚力和获得竞争优势的目的。

第七章 通过生产守则实施国际劳工标准

相关阅读

CSC9000T 带来百万美金订单

"成为'社会责任管理体系（CSC9000T）试点企业'后，我们在践行自律性社会责任管理体系过程中收获了自信，还有了意想不到的收获。"福建省石狮市盖奇制衣有限公司董事长王衍筑日前高兴地告诉记者。原来，前些日子，盖奇公司与一位加拿大客商签订意向性协议书后，该加拿大总裁要亲自来中国对盖奇公司进行验厂考察。当得知中国纺织工业协会已经建立了中国第一个自己的社会责任体系 CSC9000T 标准，并且盖奇公司已经成为中国首批 CSC9000T 试点单位的 10 家企业之一后，加方总裁表示，能与首批进入中国纺织企业社会责任管理体系的试点企业成为合作伙伴是一个重大的收获，并当场免去验厂考察，签订了百万美金的商业合同。

加入社会责任管理体系，进行规范化管理，企业生产成本也势必大幅增加，对此王衍筑有自己的理解：企业生存发展与员工的实际利益休戚相关，善待员工、建立和谐的劳资关系是有社会责任感企业应尽的义务。生产和生活环境条件好，员工热情高，产品品质好，就有能力为世界级服装贴牌，或有资格创立中国人自己的品牌。随着纺织产业的迅速发展，单纯追求低值产品产量的经济增长方式已经过时，激发员工的创新精神，会给企业带来更大的经济利益，企业也完全有必要、有能力承担起保障员工合法利益的社会责任。

目前，盖奇公司在车间全部安装空调的基础上，又在为所有的普通员工宿舍安装空调；公司还在职工食堂、卫生设备等诸多方面，完善员工生活和工作的环境条件，一系列相关措施正在逐步推进和落实到位，以提高企业社会责任管理水平。除此之外，盖奇公司还科学规划新厂区的建设方案，按照 CSC9000T 中国纺织企业社会责任管理体系的要求，准备建设舒适的工作和生活环境，充分体现员工生活价值和人生价值，反映主人翁精神风貌，功能齐全的现代化服装生产新厂区。

通过落实社会责任管理体系，盖奇没有了"劳工荒"的烦恼；在国际贸易中，外商对企业的信任度明显增强，订单也大幅提升，企业切实尝到了社会责任管理体系的甜处。王衍筑表示，盖奇公司不仅要在具体落实员工利益方面有所作为，还要积极推进员工持股计划目标，要让员工真正成为企业的主人,并在劳动制度、计算工时、集体谈判权等方面有更多的发言权和决定权。

资料来源:作者根据中华纺织网《CSC9000T 带来百万美金订单》整理,http://www.texindex.com.cn/Articles/2006-7-4/63580.html(last visited Jan.10, 2009)。

案例四 "全球契约"峰会在中国

 案例介绍

2005年11月30日—12月1日,由联合国"全球契约"办公室主办、上海市人民政府协办、中国企业联合会作为协作单位之一的"联合国全球契约峰会"在上海召开。本次会议的主题是"全球契约:一个为全球经济可持续发展的联盟"。来自联合国等国际组织以及政府和非政府组织、企业、研究机构的800多名代表出席了会议。这是联合国首次在中国召开的规模最大、级别最高的"全球契约"会议,目的是推动中国企业按照世界标准衡量企业责任。

本次会议的主线是"全球契约"的10项原则。为此,会议设计了一系列相关议题,包括:促进可持续发展的公平贸易,扶贫合作、管理机制和商业道德,促进可持续发展的投资、开放的市场,贸易投资和消除贫困,企业公民责任意识及"全球契约"面临的挑战和机遇,职业健康和安全保障,工作场所的多样化和平等性,促进和谐的工作场所和社区关系管理,支持企业公民责任意识和"全球契约"的金融业联盟,促进公司环保责任意识(加工、制造和服务业),发展和推广有利于保护城市环境的技术、投资和开发有利于气候的能源等。

"全球契约"的成员大多是国际上财力雄厚的知名企业,如"辉瑞""壳牌"等。CEO们在管理偌大的公司时自然会更重视企业形象、塑造人文环境。对于规模小的企业来说,经营压力往往会使他们在社会责任上相对欠缺。没有相当数量财富积累的企业是否也能和商界巨头们并肩承担责任?"全球契约"组织主要官员在大会上指出:我们提倡的是价值观,而不是奢侈品。越重视社会责任的企业,未来发展的空间和速度也就越大,尤其是对强调可持续发展的企业来说。首先,峰会使本地企业有更多的机会和国外企业交流,了解对方的理念标准、操作模式,培养国际企业合作精神。其次,对于成绩

第七章　通过生产守则实施国际劳工标准

卓著的企业而言，峰会也向他们提供了一个向国际展示的平台。再说，承办如此高级别的峰会也能使上海在走向世界的成功之路上更加自信。该组织还强调说，"全球契约"峰会来到中国，这只是一个开始，未来我们还将尽一切力量帮助、支持中国企业。我可以保证，中国企业向联合国"全球契约"（办公室）提出的每个合理诉求都会得到认真对待。

在"全球契约"上海峰会上，来自全球各地的企业领袖、政策制定者及非政府组织代表，探讨了企业公民责任意识与全球经济成功之间的联系，就"全球契约"10项普遍原则等议题进行了深入的探讨。在讨论中，强调社会责任是否背离利润目标？承担社会责任仅仅是巨头们的事？以及经济全球化背景下如何使自己不受伤等成为大会的焦点。

"全球契约"上海峰会认为，企业从社会中来，反过来要向社会承担责任，要与社会和谐相处。而在中国举办的规模最大、层次最高的，峰会主题为"创建可持续的全球经济联盟"企业全球责任大会取得了极大的成功，也给经济迅速成长的中国，给大批的中国企业家带来了一股清新的风，使他们可以借鉴和利用"全球契约"大会所提倡的一些理念为自己所用。在大力发展经济的同时，更要反思经济政策和社会政策，如何使我们的经济社会发展更具快速、健康、可持续性，为国家和民族的和平崛起、民族复兴服务。

资料来源：作者根据华商杂志新闻网相关资料整理，http://www.hszz.cn/web/ReadNews.asp?NewsID=953（last visited Jan. 11, 2009）。

问题与思考

1. 联合国"全球契约"的性质是什么？属于生产守则中的哪种类型？
2. "全球契约"峰会在中国的召开有什么特殊意义？

关键概念点评

1. 联合国"全球契约"（UN Global Compact）：参见"第一章案例三的关键概念点评"。
2. 国际雇主组织（International Organization of Employers, IOE）：国际雇主组织于1920年成立，是目前国际上在社会和劳动领域代表雇主利益的唯一的国际组织，成员由世界各国国家级的雇主联合会或其他形式雇主组织组成,现有成员包括来自140国家的147个雇主组织。国际雇主组织目的是在国际场合,尤其是在国际劳工组织促进和捍卫雇主利益,保证国际劳工和社会政策有利于企业的生存,并为企业发展和创造就业营造有利的氛围。

3. 非政府组织(Non-Governmental Organization,NGO):非政府组织是指在地方、国家或国际层面上组织起来的非营利性的、自愿的公民组织。这类组织面对同样的任务,由兴趣相同的人推动。它们提供各种各样的服务和发挥人道主义的作用,向政府反映公民关心的问题,监督政策制定和鼓励在社区水平上的政治参与。它们提供分析和专门知识,发挥早期预警作用,帮助监督和执行国际协议。

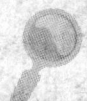

案例评析

1. 联合国"全球契约"的性质是什么?属于生产守则中的哪种类型?

"全球契约"是为承诺依据在人权、劳工、环境和反腐败方面普遍接受的十项原则进行运作的各企业提供的一个框架。作为已有100多个国家数以千家企业参加的世界上最大的全球企业公民行动倡议,全球契约的首要关切就是展示和建立企业及市场的社会正当性。一个公司签约加入全球契约就意味着赞同其信念,即植根于普世原则的企业实践有利于使全球市场更加稳定、更加公平和更具包容性,并有助于建设繁荣昌盛的社会。

"全球契约"是一项完全自愿的举措,它有两个目标:一是使十项原则在世界各地的企业活动中主流化;二是催化支持更广泛的联合国发展目标的行动,包括千年发展目标。为了实现这些目标,全球契约通过数种机制提供学习和参与的机会:政策对话、学习、地方网络以及合作项目。

参加"全球契约"是在广泛的公众视野中对这项举措的十项普遍原则的一种承诺。一个作出了这种承诺的公司将启动对企业业务的改革,使全球契约及其各项原则成为管理、战略、文化和日常运作的一部分;在年度报告或类似的公开的公司报告(如可持续性报告等)中说明支持全球契约及其各项原则的方法(进展情况通报);利用新闻稿、演讲等交流工具公开倡导全球契约及其各项原则。

截至2009年3月14日,全球已有7 052家单位参加了"全球契约",包括企业、行业联合会、联合国机构、劳工组织、非政府组织、市民团体、学

第七章　通过生产守则实施国际劳工标准

术机构等，其中企业为 5 093 家。中国有 192 家（其中 171 家为企业）参加了"全球契约"。它已成为全世界最大的自愿性质的企业公民行动。从性质上来说，它不具备法律性，而是一个完全自愿的举措——旨在为实现可持续的全球经济而倡导的企业责任网络，属于生产守则的范畴。

从国际范围内看，生产守则呈现出多层次的态势。根据生产守则制定主体的不同可分为四种类型：内部生产守则、行业生产守则、外部生产守则和多边生产守则。一般来说，从"全球契约"的性质和特点上分析，它是一种典型的多边生产守则，能够非常公正地表达其中心意旨，但其报告机制和透明度有限。

2. "全球契约"峰会在中国的召开有什么特殊意义？

"全球契约"是在经济全球化的背景下提出的，强调的是企业的社会责任。这就要求企业将自己作为"企业公民"对待，要求企业的每一个员工接受社会伦理、道德、社会观念和哲学的约束，建立全新的企业文化，从而提高企业的社会地位和形象，赢得社会的广泛支持和认同。"全球契约"的提出，为企业成为对社会负责的公司，为企业参与经济全球化条件下国际事务提供了一个机会，同时，也是企业扩大国际知名度、建立国际联系、寻找商业机会的一个机遇。参与"全球契约"计划的公司形式各异，代表不同的行业和地区，但是却有两个共同的特征：它们都是带头人，致力于以一种负责的方式来推动全球经济的发展。这种方式注意兼顾范围广泛的相关者，包括雇员、投资者、顾客、舆论团体、商业伙伴和社区的利益。参与全球契约公司领袖们一致认为：仅在几年前，许多人认为全球化是一种不可避免和无法阻挡的经济趋势。但事实上，它非常脆弱，其前景难以预测。实际上，全球化对发展中国家所带来的影响，如经济实力过于集中，收入不平等或社会动乱，已引起越来越多的人的担忧。这些担忧似乎表明现存的全球化模式是难以持续的。"全球契约"的创立就是帮助各组织制定新的发展战略及实施措施，以使全人类而非极少数人获益。

中国全国人大常委会副委员长成思危认为，"全球契约"的基本概念与中国正在做的事情也是相一致的。中国正在发展、完善社会主义市场经济体系，一方面要让市场在资源配置上发挥基础性作用，提高经济发展的效率和效益，学习国外市场经济发展积累下来的好经验，并结合中国实际加以运用；另一方面中国还要坚持社会主义制度，保障社会的公平、公正，特别要保障弱势群体的利益,在公平和效率之间取得一个很好的平衡。去年"非典"之后,中国提出建立以人为本、全面协调、可持续的科学发展观,这从精神上与"全球契约"的原则是相一致的。①

由于中国国情的特殊性,中国企业对企业社会责任的认识,尤其是在劳工权益、社会慈善和公益事业上与发达国家的差异很大,"全球契约"峰会在中国的召开给了中国企业一次了解全球企业社会责任发展情况的良好契机,对企业社会责任理念在中国的推广起到了极大的促进作用。

相关阅读

联合国"全球契约"峰会:中国《上海宣言》简介

2005年11月30日—12月1日　中国上海

我们,联合国"全球契约"中国峰会的与会者赞同下述声明:

企业在社会中的作用

企业可以成为一股永久有影响力和有效的力量。企业对社会的贡献是多方面的。从提供创造就业和收入,提供技术技能和社会福利,加强管理,到为迫切的社会和环境问题提供基于市场的解决方案,以及推广普遍原则。事实证明,负责任的企业是促进发展和提升人类状况的一个积极力量。

联合国"全球契约"所提出的负责任的商业行为可以有效地加强企业运作。通过确保安全与适当的工作条件、环境保护与良好的公司治理,积极的公司政策和行为可以为工人、社区甚至整个社会创造更多的可持续价值和福利。它们还可以让企业吸引和保留熟练工人、节约成本、提高生产效率、在利益相关者中间建立信任和好名声,同时塑造品牌。

负责企业应采取的行动

我们,联合国"全球契约"中国峰会的与会者,承诺不断推动联合国"全球契约"及其原则的实施。我们将努力在我们的活动中赋予基于原则的变革途径以具体意义。从我们的角度来说,这要求我们不断努力与社会的其他

---

① 成思危吁通过法律和道德手段促企业承担社会责任,http://finance.sina.com.cn/roll/20040625/1846834836.shtml (last visited Jan. 10, 2009).

第七章 通过生产守则实施国际劳工标准

部门保持伙伴关系,乐于学习,参与对话,并且致力于实际行动。

我们承诺以最佳实践为基础,与看法相同的企业建立联盟与合作关系,这些企业应包括外国和本地公司以及产业部门内的公司。

我们承诺采取跨部门方式来解决社会的挑战。我们将与社会其他部门的参与者建立联盟与合作伙伴关系,如非营利组织与教育机构,从而在联合国"全球契约"的实施方面分享经验与知识。

我们承诺通过教育和其他扩大努力,确保工作场所的完善与安全,并让雇员了解工人的权利,包括雇员意见应得到听取。

在那些可以解决由人类活动带来的环境恶化和对地球生命支持系统造成破坏的领域,如研究、革新、无污染的技术、合作、教育和自我约束,我们承诺将在可行的时候采取行动,从而解决关键的环境挑战。

我们承诺实际交易的透明化,推动无贿赂政策,并支持良好的公司治理文化。我们将确保供应链的能力建立在有效实施联合国"全球契约"的基础上。

我们承诺在我们的声音和能力可以为优先挑战的解决作出巨大的贡献的关键领域如艾滋病和其他关键的卫生问题积极努力,并参与社区的可持续和长期发展。

政府的作用

我们认为,只有当公共机构、法治以及透明和可预测的规章制度支持负责的商业行为时,企业的努力才能得以持续并形成规模。我们要求政府积极地鼓励符合原则的企业行为,促进问责制与透明性。政府可以通过教育支持、建立奖励良好行为的激励机制和限制消极行为的抑制措施来加强负责任的企业。我们认为,只有当政府建立和加强一个公开、公平与非歧视的多边贸易机制,并且通过建立有利于增长与发展的健全和有序的贸易金融环境进一步改善国际金融体制时,负责的企业行为才能实现更广泛的效益。我们尤其担心,保护主义和内顾倾向可能让发展中国家无法充分利用它们有相对优势的那些贸易机会。我们呼吁政府通过成功地结束多哈回合贸易谈判来展示它们对全球负责任的态度。只有到这时,企业才能够为消除贫困与和谐发展充分作出贡献。

资料来源:作者根据《上海宣言——联合国"全球契约"峰会:中国》整理. 上海企业. 2005. 12.

案例五 2008年版 SA8000 剖析

案例介绍

一、SA8000 的内容

不论是 2001 年版的 SA8000，还是 2008 年版的 SA8000，其内容都包括以下 9 个方面：
1. 公司不应使用或支持使用童工。
2. 公司不得使用或支持强迫性劳动。
3. 公司应提供安全、健康的工作环境。
4. 公司应尊重结社自由和集体谈判权。
5. 公司不得从事或支持歧视。
6. 公司不得从事或支持惩戒性措施。
7. 公司应遵守工作时间的规定。
8. 公司应保证达到最低工资标准。
9. 公司应制定社会责任和劳动条件的政策。

二、2008 年版 SA8000 的内容来源

SA8000 标准主要源于国际劳工组织相关公约、联合国有关人权的公约。

SA8000 规定应尊重的联合国条约，包括《世界人权宣言》《儿童权利公约》和《消除一切形式对妇女歧视的国际公约》；2008 年版的 SA800 又增加了《消除一切形式歧视妇女行为公约》《经济、社会和文化权利国际公约》和《公民权利和政治权利国际公约》。

SA8000 规定应尊重的国际劳工组织通过的公约及建议书，包括核心劳工公约（见表 7—1）、其他相关国际劳工公约和建议书（见表 7—2）、2008 年版 SA8000 增加的一些国际劳工公约和建议书（见表 7—3）。

表 7—1　　　　　　　　　八项核心劳工公约

公约号 Convention（C）	公约名称
C87	1948 年《结社自由与保护组织权利公约》（第 87 号）

第七章 通过生产守则实施国际劳工标准

续表

公约号 Convention（C）	公约名称
C98	1949年《组织权利与集体谈判权利公约》（第98号）
C29	1930年《强迫劳动公约》（第29号）
C105	1957年《废除强迫劳动公约》（第105号）
C100	1951年《同酬公约》（第100号）
C111	1958年《（就业和职业）歧视公约》（第111号）
C138	1973年《最低年龄公约》（第138号）
C182	1999年《最恶劣形式童工劳动公约》（第182号）

表7—2　　　　　　其他相关国际劳工公约和建议书

公约号 Convention（C）	公约名称
C135	1971年《工人代表公约》（第135号）
C155	1981年《职业安全和卫生公约》（第155号）
R164	1981年《职业安全和卫生建议书》（第164号）
C159	1983年《（残疾人）职业康复和就业公约》（第159号）
C177	1996年《家庭工作公约》（第177号）

表7—3　　　2008年版 SA8000 增加的国际劳工公约和建议书

公约号 Convention（C）	公约名称
C1	1919年《（工业）工时公约》（第1号）
R116	1962年《缩短工时建议书》（第116号）
C102	1952年《社会保障（最低标准）公约》（第102号）
C131	1970年《确定最低工资公约》（第131号）
C169	1989年《土著和部落居民公约》（第169号）
C183	2000年《生育保护公约》（第183号）

资料来源：作者根据 SA8000 网站资料整理，"SA 8000：2008"，http://www.sa-intl.org/_data/n_0001/resources/live/2008StdEnglishFinal.pdf（last visited Jan. 10，2009）。

问题与思考

1. 2008年版 SA8000 与 2001年版 SA8000 的差异有哪些？

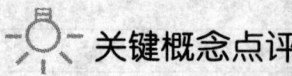国际劳工标准案例评析

2. 2008年版SA8000有哪些特点？

关键概念点评

1. SA8000（Social Accountability 8000）：SA8000是由总部设在美国的社会责任国际（Social Accountability International，SAI）制定的。按照SAI自己的解释，SA8000是一个管理体系，该管理体系的称呼是模仿了ISO9000质量管理体系和ISO14000环境管理体系的名称而得名的。SA8000是一个全球性的、可供认证的、用以解决工作场所诸多问题的审核和保证的管理标准。SA8000是一个自愿性的生产守则。如要得到SA8000的认证需要缴纳审核费、年费和文件费。SA8000在全球的认证机构一共18家，其中15家负责全球认证，另有3家分别负责巴西、葡萄牙、中华人民共和国的认证。截至2008年9月30日，全世界68个国家67个行业、1 835家企业获得SA8000认证，覆盖的雇员有985 847人。中国有214家企业得到SA8000的认证。

2.《世界人权宣言》（Universal Declaration of Human Rights）：《世界人权宣言》是联合国大会于1948年12月10日通过的一份旨在维护人类基本权利的文献。由于该文件是由联合国大会通过的，《世界人权宣言》并非强制的国际公约，但是，它为之后的两份具有强制性的联合国人权公约（《公民权利和政治权利国际公约》和《经济、社会及文化权利国际公约》）做了铺垫。

案例评析

1. 2008新版与2001年版SA8000的差异有哪些？

2008新版与2001年版的差异主要表现在以下几个方面：

（1）引用了更多的国际劳工组织公约及其他与工作条件相关的国际条约等内容。

（2）更多较清楚的名词定义。

（3）对各方面的要求有更清楚的规范内容、有更多条文的阐述。例如，对违反生产守则的补救措施规定得更加详细，在其第一条中规定，公司不应使用或支持使用童工，而且标准明确要求公司必须制定书面的童工救济政策和程序。公司即使从来没有雇佣童工，也必须制定童工救济政策和程序，以

第七章 通过生产守则实施国际劳工标准

便一旦发现童工时可以有效实施。一旦发现童工,公司不应立即辞退童工,以免他们可能陷入更加严重的困境。公司应采取合适的补救措施,立即报告当地劳动局,尽快安排健康检查;若有疾病,应先安排治疗直到痊愈,医疗费用由公司承担。公司应配合劳动部门将童工送回其父母身边,必要时提供经济资助,使他接受学校教育直到超过儿童年龄为止。标准还要求公司保护未成年工的安全和健康,必须制定书面的推广未成年工教育的政策和程序。

2. 2008年版SA8000有哪些特点?

2008年版SA8000的特点主要体现在以下几个方面:

(1) 2008年版的实施方式主要是通过达标认证来推进企业劳工人权的保证,核心是保护劳工权益。

(2) 具体条文的规定充分体现了对人的尊重,更加人性化。

(3) SA8000重点推广领域包括零售业、跨国公司、劳动密集型产业。

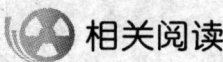相关阅读

浙江民企如何应对SA8000冲击?

国外采购团来购买产品,要先看企业员工工作时间是否在8小时之内,厕所是不是用了防滑砖……欧美一些国家推行的SA8000——社会道德责任认证标准,给浙江民企设置了新的门槛。

作为出口大户,中国义乌梦娜袜业有限公司不久之前接受了美国一家跨国零售采购集团的SA8000标准认证,该集团委托了美国天祥检验集团上海办事处的两位检测员来到义乌梦娜袜业有限公司,对该公司SA8000认证申报程序进行稽核。稽核结果和这家零售采购公司的对该稽核结果的满意与否,将直接影响到该采购集团给梦娜的订单数量。

与反倾销、技术壁垒、绿色环保壁垒一样,SA8000标准同样也完全可以成为贸易壁垒的一种,是企业面临的又一道高门槛。SA8000击中了浙江企业尤其是民企最脆弱的一面,那就是SA8000标准恰好是针对企业工人待遇等情况而制定的。而要想达到这个标准,企业要从源头做起,按照发达国家对企业工人的标准来对待工人,如减少工人工作时间、提高工资待遇、改善工作与生活环境等,这样将极大地提高企业产品的成本,直接导致产品价格大幅上扬,使得产品丧失价格的竞争优势。包括义乌在内的浙江民企的产品之所

Case study 国际劳工标准案例评析

以能够出口，能够在国际竞争中保持了一定的竞争力，关键就是价格优势。在浙江的出口民企中实行 SA8000 标准，特别是该标准对劳工劳动时间的规定，必定将削弱民企中因为劳动力价格低廉而具有的产品成本低廉的优势，从而大幅度降低企业的利润。

资料来源：作者根据中国服装时尚网《浙江民企如何应对 SA8000 冲击？》整理，http://manager.ef360.com/Articles/2007-11-15/48414.html (last visited Jan. 10, 2009).

第八章
中国与国际劳工标准

〔阅读提示〕

中国是国际劳工组织的创始会员国,在 1949 年至 1971 年期间,台湾当局窃取我国在国际劳工组织的合法地位,参与国际劳工组织的各项活动。1971 年,中国恢复在国际劳工组织的合法席位。1983 年,中国正式恢复了在国际劳工组织的活动并明确表示:对于旧中国政府签订、批准和加入的各项多边公约,我国政府对其内容进行审查,并根据中国的实际情况决定对旧中国批准的 14 项公约全部予以继承,而台湾当局窃用中国名义批准的 23 项国际劳工公约是无效的。中国一贯本着务实、认真、严肃和积极的态度继承、批准和实施国际劳工公约。

目前,我国积极参与国际劳工组织的活动,如"体面劳动"国别计划和"创办和改善你的企业"(Start and Improve Your Business,SIYB)计划等。并积极维护劳工权利,提高劳动条件,切实履行已批准的各项公约,并为批准新公约做准备。

案例一 "体面劳动"(中国)国别计划

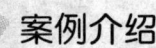 案例介绍

国际劳工组织对促进中国"体面劳动"的援助开始于代表中国政府的劳

Case study 国际劳工标准案例评析

动和社会保障部与国际劳工组织在2001年5月签订的谅解备忘录。该备忘录确定了双方共同商定的目标以及在"体面劳动"议程的四个战略性目标范围内进行合作的优先权。

在备忘录签订后，劳动和社会保障部、国际劳工组织建立了一个联合委员会，通过该委员会双方将制定技术合作建议书，调动一切资源，审查并评估备忘录的执行状况及考虑对其进行适当修改。

2005年在日内瓦召开的联合委员会总结会议期间，根据2001年8月的第13届亚洲区域会议的决议，三方代表接受了"体面劳动"的基本概念并强调它是在国际、区域、国家层面上整合经济与社会政策的关键因素。在会议的总结部分，各方代表商定每个国家要起草一份"体面劳动"国家计划。为了进一步促进谅解备忘录的实施，响应包括社会合作者和其他利益相关者等对"体面劳动"国别计划的要求，国际劳工组织将与劳动和社会保障部、中国企业联合会、中华全国总工会磋商举办"体面劳动"国别计划并考虑与相关机构进行合作。该计划以谅解备忘录和中国第十一个五年发展计划（2006—2010）（简称中国"十一五"规划）为基础，它与"体面劳动"议程有密切联系。该计划也将考虑联合国发展援助框架，在中国就业论坛上达成的共识、其他政策、宣言、在中国开展技术合作项目时形成的最佳实践方式等。在推行联合国发展援助框架的过程中，三方合作伙伴间就所有的投入进行了广泛磋商，该框架在2007年8月得到了全面赞同。

2006年9月的第14届国际劳工组织亚洲区域会议见证了亚洲10年"体面劳动"的开端，亚洲区各方代表承诺根据各自的国情和重点确定明确的"体面劳动"目标。

资料来源：作者根据国际劳工组织北京局网站的《中国"体面劳动"国别计划（英文版）》内容翻译整理，http://www.ilo.org/public/english/bureau/program/dwcp/download/china.pdf（last visited Jan.16, 2009）。

问题与思考

1. 中国"十一五"规划的目标和发展框架是什么？
2. "体面劳动"（中国）国别计划的优先领域是哪几个？
3. 中国为实现"体面劳动"在就业方面作出的努力和所取得的成就有哪些？

第八章 中国与国际劳工标准

关键概念点评

1. "体面劳动"国别计划（Decent Work Country Programme，DWCP）："体面劳动"国别计划作为国际劳工组织对各个国家的支持的媒介建立起来。"体面劳动"国别计划有两个基本目标。他们促使"体面劳动"成为国家发展战略的重要组成部分。同时，他们在以结果为基础的框架下，组织国际劳工组织的知识、工具、宣传与合作服务于三方成员，以推动组织中具有比较优势的领域中"体面劳动"的议程。三方机制和社会对话是规划和执行国际劳工组织对成员国连贯的和综合的援助计划的中心。

"体面劳动"国别计划完全是国际劳工组织对联合国国家计划的独立的贡献，它为更好地将常规预算和预算外技术合作相融合建立了一个主要的方式。

每个"体面劳动"国别计划都是围绕数量有限的国家计划的优先事项和成果而组织的。这些会在一个计划的执行过程中有更详尽的说明。监控和评估方针是对这一方法的补充。"体面劳动"国别计划是国际劳工组织的计划和预算应用于一个国家的体现。国家计划的优先事项和成果反映了国际劳工组织的战略性成果框架是适应国情和优先事项的。计划和预算的战略成果和指标是基于"体面劳动"国别计划的成果的。

2. 中国企业联合会：参见第一章案例一的关键概念点评。

案例评析

1. 中国"十一五"规划的目标和发展框架是什么？

我国"十一五"规划的目标是建立一个良好的劳动与社会保障体系和符合国家经济社会发展的运行机制，实现比较充分就业、合理的收入分配、和谐稳定的劳资关系、良好的社会保障体系、规范和有效率的管理和提供服务。为了达到以上目的，要做到以下几点：

把扩大就业面放在经济社会发展的重要地位，坚持实行积极的就业政策。重点加强下岗和失业人员、进入城市劳动力市场的新人和农村剩余劳动力的再就业。中国将探索建立一个适合社会主义市场经济的促进就业的长效机制，积极促进城乡就业，建立一个统一的、公平竞争的城乡劳动力市场。努力扩大就业渠道，增加工作岗位，改善就业结构及升级就业质量。密切关注和规范失业问题,更好地维持稳定的就业环境。

在"十一五"规划期间,目标是在城镇增加4 500万个岗位并使城镇失业率保持在5%以下,转移4 500万农村劳动力。

建立覆盖城乡地区、市场定位、规范运作、有效管理的职业培训和技能人才培训体系。面向所有工人的培训将得到加强,以便培养广泛专业、良好技能水平的大规模的熟练劳动力。

在"十一五"规划末期,技术工人的总量将会达到11 000万,其中技工和高级技工将占5%,高技能工人将占20%。

改善社会保障体系及其管理和服务提供,以便实现多元化资金来源、多层次保护和社会化管理和服务提供。社会保障体系的覆盖面将会扩大,以确保城镇地区所有类别的雇员能平等的获得社会保障。农村地区社会保障制度也会更完善。

在"十一五"规划末期,多种城镇基本保险体制的参与者为:22 300万人享受养老保险、12 000万人享受失业保险、3亿人享受医疗保险、14 000万人享受工伤保险、8 000万人享受生育保险,以及农村享受养老保险和企业年金人数的逐渐增加。

进一步改善劳资关系的监管机制,逐步实现以劳资关系条例为基础的法律。劳动合同制度将会得到全面执行,集体谈判制度也将得到发展,协调劳资关系的三方机制将会得到改进,改革劳动争议处理体系的重要进程将会成功。随着工人工资的稳步增加,企业收入分配将趋于合理化。

通过加强劳动和社会保障立法和进一步以法律法规促进劳动和社会保障事务的管理来改善劳动和社会保障的法律框架。覆盖城乡的劳动和社会保障的监管和执法网络将逐渐形成,并加强劳动法教育来增强工人与雇主的法律意识。

国家经济与社会发展框架基于第十一个五年发展计划(2006—2010)出发,以科学且人道的方法为依托。计划的目的是创新发展模式,提高发展质量,贯彻执行五个总方针并切实转变经济社会发展方式,追求综合的、协调的和可持续的发展。计划按照以下原则执行:

保持稳定且快速的经济发展,包括转变经济增长方式、促进信息化国家经济和社会的建构、采取新的工业发展路径、维持环保和安全的发展模式。

提高自主创新能力。这要求振兴国家的科技,人才成为科技发展的基础

第八章 中国与国际劳工标准

和调整产业结构、转变经济增长方式的中心环节。

促进各地以及城乡发展的平衡。优先解决农业、农村地区和农民面临的问题。工业支持农业，城市反哺农村。

构建和谐社会。按照以人为本的方针，更加强调经济与社会的平衡发展。以社会方案为依托扩展就业范围。更加强调促进社会公平、民主和法制，并以维持社会稳定和团结的方式进行改革。

深入改革开放。继续社会主义市场经济改革，促进企业、产业现代化，建立反映市场供求关系和资源稀缺的价格体系，使市场在分配资源方面发挥更加基础性的作用，提高资源分配的效率、转变政府职能，完善国家宏观调控体系。

根据上述指导方针，发展将促进扩大内需、优化和升级产业结构、节约资源和保护环境、加强科技和人才自主创新能力、深化改革开放、以提高人民生活水平和整体侧重于经济社会平衡发展的以人为本的发展方式。建设社会主义新农村、提高农民收入（包括农村地区的非农业收入人群）是其中的重点。

2. "体面劳动"（中国）国别计划的优先领域是哪几个？

"体面劳动"（中国）国别计划的优先领域是以下四个：

（1）促进就业、提高就业能力和减少不平等，并重点关注失业者和农民工。

（2）促进和谐的劳资关系，促进劳动力市场机制和劳动法规的效力（通过法律改革、集体谈判、争议解决、劳动监察、法律实施和三方机制）。

（3）扩大和改善社会保护（社会保障、职业安全、艾滋病等）。

（4）提高工人权利和基本劳工权利、原则。

3. 中国为实现"体面劳动"在就业方面作出的努力和所取得的成就有哪些？

中国非常重视当前的就业问题。从国际合作来看，2004年中国与国际劳工组织在北京成功举办了"中国就业论坛"；2007年8月又承办了国际劳工组织举办的"亚洲就业论坛"。通过与各国交流，为解决中国的就业问题提供了新思路。

为解决中国自身的就业问题，在就业政策的战略上，实行经济发展与就业相结合的方针，鼓励和扶持劳动密集型的中小企业和微型企业。在就业服

Case study 国际劳工标准案例评析

务上,通过加强教育培训带动劳动者特别是贫困群体的劳动者就业能力的开发。在就业法律制度上,《中华人民共和国促进就业法》已在 2007 年 8 月 30 日通过,其很多内容借鉴了国际劳工组织促进就业的劳工标准。通过各种努力,中国政府希望在"十一五"规划期间(2006—2010),实现全国城镇新增加就业 4 500 万人,城镇登记失业率控制在 5% 以内,转移农村劳动力 4 500 万人的目标。

工会还积极采取"1+1群"的创业模式,带动 10 万人实现再就业。"1+1群"再就业模式由上海市纺织工工会首创。"1+1群"再就业模式,就是选择和扶持一批再就业比较成功、具有一定组织能力的职工为自主创业的带头人,由他们去吸纳和带动一批年龄相对较大、依靠个人能力到市场就业相对困难的下岗职工。目前这种"1+1群"的创业模式正在得到大力推广。

相关阅读

"体面劳动"(中国)国别计划有关就业的内容

在就业和劳动力市场领域,未来 5 年中国需要迎接很大挑战,劳动力持续供大于求并且现行就业结构面临的巨大压力。尤其是失业和下岗工人、农村剩余劳动力、大学毕业生、新进入劳动力市场者占据了求职者的主导地位。所以,要使用一切方法增加就业岗位。在发展议程中要凸显就业政策。积极的就业政策需要接受监督和调整。面临就业困难的弱势群体需要针对性的帮助,要特别强调贫困地区的发展和性别观点。

中小型企业仍将在创造就业机会方面发挥重要作用。为了使其更好的创造就业机会,金融方面、贷款、信贷和税收需要改革以更好地支持企业启动和扩大规模。这个领域也需要更多的培训。

同时有一个关于技能缺乏的鉴定,求职者的就业水平和技能水平需要在各种层面得到提高。高技能工人的发展正在得到优先重视。职业培训和教育课程需要得到进一步发展并适应最新的劳动力市场需求。要在学校、培训中心、企业和工厂学习之间建立更好的合作。

建立城乡统一的、公平竞争的劳动力市场,并减少就业歧视。

减少对农民工进城务工和跨区域就业的限制,并改善他们的就业环境。

国内区域间合作应得到加强,实行综合性培训、就业与权益保护的三位

第八章 中国与国际劳工标准

一体的方法来保障农业劳动者平稳过渡到非农业部门和城镇地区。

农民工的就业能力应通过给予生活和职业培训以及企业发展和管理培训来得到加强。通过规范的就业服务来提供就业信息和指导的方式需要得到开发和提供。这需要加强私人和公共就业服务的体制的作用、法制、管理和功用。

不同部门、地区和公民之间的收入差距越来越大。要促进教育、就业机会和薪酬水平趋于公平合理化。最低工资制度要严格执行,其支付数额要逐渐增加。

私有和国有企业的管理模式要逐渐现代化、效率化。建立能够联系城镇居民的就业、失业保险和最低生活保障制度的体制,使其为失业、下岗工人的再就业提供便利。

在这方面,中国拟在以下一些领域进行合作从而取得一些成就:

1. 制定和实施国家政策,促进就业、提成技能和就业能力。合作领域:对起草和实施《中华人民共和国就业促进法》给予建议,评估积极就业政策的影响,解决劳动力市场中残疾人、年轻人、大龄人员、妇女和农民工等弱势群体的就业问题,完善国家人力资源发展政策,评估和改善技能和职位的匹配情况,开发高技能劳动力、提高竞争力。

2. 采用多元化方式以促进中小型企业和商务支持服务的开发、提升和改善。合作领域:继续"创办和改善你的企业"(SIYB)活动,并提供技术咨询支持来维持和推广它;在大学中开发、测试和推广使用"了解企业文化";运用地方经济发展方法促进就业和减少贫困;提升劳动和社会保障部、企业联合会、中华全国总工会以及开展培训的能力,促进和支持女企业家的发展;支持政府和工会的小额信贷担保体系;改进小额信贷政策和管理。

3. 改善农民工的权益保护、提升其就业能力、并加强对他们的法律援助。合作领域:城乡劳动力市场的统一,评估和改善就业服务,促进第111号公约的实施。

4. 改善国际劳工组织三方成员对劳动力市场信息的采集、分析和使用,提升就业服务。合作领域:劳动力调查(季度),分析和使用制定政策和实施的数据。

资料来源:作者根据国际劳工组织北京局网站的《中国"体面劳动"国别计划(英文版)》内容翻译整理,http://www.ilo.org/public/english/bureau/program/dwcp/download/china.pdf (last visited Jan. 16, 2009)。

案例二 "创办和改善你的企业"(SIYB)项目在中国的实施

 案例介绍

嘉兴市"创办和改善你的企业"(SIYB)项目培训出成果——627人实现创业开业率达55.9%

2008年10月28日，记者从嘉兴市就业管理服务局获悉，自2008年嘉兴市启动创业促就业培训服务以来，先后有1 121名SIYB学员毕业。其中627人已经实现创业，培训后开业率达55.9%。

由于嘉兴市SIYB培训在嘉兴高级技工学校进行，给农村学员带来不便。为此，南湖区劳动部门就把创业培训班开进乡镇，在每个乡镇办一期。余新、新丰两镇的59名农村学员已全部结业，部分学员正在寻找适合自己的创业项目。为了提高创业成功率，10多名来自税务、工商、妇联、劳动保障等部门的创业顾问，与学员结成一对一或一对二的帮助对子，为学员解答疑问和出谋划策。

据介绍，2008年出台的《嘉兴市创业培训服务工作实施方案》，不仅规定了农村劳动力与城镇失业人员在创业培训补贴、创业服务、税收、金融扶持等方面享受同等政策，还把创业培训和创业服务指导结合起来，提供创业培训、开业指导、项目开发、融资服务、创业孵化、跟踪扶持等"一条龙"服务。4月份市劳动保障部门启动的SIYB创业培训项目，就是嘉兴市鼓励城乡居民自主创业的一大举措。有创业愿望的城镇失业人员、就业困难人员、被征地人员、残疾人员、军队转业退役人员、小企业具有创业愿望和创业条件的人员均可以参加SIYB创业培训，并且如果是前5类人员，可免费参加培训。

资料来源：作者根据《市SIYB项目培训出成果627人实现创业开业率55.9%》（见嘉兴频道新闻中心栏目）整理，http://jx.zjol.com.cn/05jx/system/2008/10/29/010078876.shtml (last visited Jan. 16, 2009).

第八章　中国与国际劳工标准

 **问题与思考**

1. "创办和改善你的企业"（SIYB）项目实施的背景是什么？
2. "创办和改善你的企业"（SIYB）项目的主要内容有哪些？
3. "创办和改善你的企业"（SIYB）项目的实施及其成果有哪些？

关键概念点评

1. SIYB培训：SIYB培训是国际劳工组织为帮助微小企业发展，促进就业，专门研究开发的一系列培训小企业家的培训课程，它包括"产生你的企业想法"（Generate Your Business Idea——GYB）、"创办你的企业"（Start Your Business——SYB）、"改善你的企业"（Improve Your Business——IYB）、"扩大你的企业"（Expand Your Business——EYB）四个培训课程。

2. 被征地农民：被征地农民是指征地时享有农村集体土地承包权的在册农业人口，在城市规划区内（含县城、镇政府所在地）因征地失去1/2以上农用地的人员；在城市规划区外，被征地农户人均耕地面积低于所在县（市、区）农业人口人均耕地面积1/3的人员。

 案例评析

1. "创办和改善你的企业"（SIYB）项目实施的背景是什么？

中国劳动力资源丰富，就业任务繁重。劳动力总量供大于求与结构性供不应求的矛盾长期存在，下岗失业人员、城镇新生劳动力（包括大学生）以及农村转移劳动力的就业问题相互交织，当前，就业问题突出反映在下岗失业人员再就业上。

中国政府高度重视就业和再就业工作，强调就业是民生之本，也是安国之策，将控制失业率和增加就业岗位作为宏观调控的重要指标，纳入国民经济和社会发展计划，并先后于2002年和2003年两次召开再就业工作会议，制定出台了一系列鼓励和扶持下岗失业人员再就业的优惠政策措施，包括税费减免、小额贷款、免费培训、场地扶持等，为促进下岗失业人员再就业营

国际劳工标准案例评析

造了良好的政策环境。

自谋职业、自主创业正日益成为下岗失业人员再就业的重要渠道。随着国有企业深化改革和结构调整的推进,国有企业作为吸纳劳动力就业主渠道的功能已逐步减弱,而私营个体等非公有制经济和第三产业以及小企业的迅猛发展,为劳动者就业提供了广阔的天地,正日益成为市场经济条件下劳动者就业的重要渠道。特别是随着国家鼓励创业政策的陆续出台和创业服务体系的逐步完善,越来越多的下岗失业人员通过自谋职业或自主创业实现了再就业。

劳动者总体素质偏低,迫切需要加大培训力度。劳动者总体素质偏低,特别是下岗失业人员文化技能水平较低,竞争能力较弱,缺乏创业必备的经营管理知识和能力、技巧,严重影响了下岗失业人员的再就业和创业活动,有的人走了很多弯路才开业,有的即使开了业,但企业办得非常艰难,不到半年,就濒临倒闭。在这些人员当中,女性创业则面临更大的风险和压力。因此,迫切需要加大创业培训工作力度,提高广大下岗失业人员的就业能力和创业能力[①]。

这些为引入和推广 SIYB 项目奠定了工作基础。

2. "创办和改善你的企业"(SIYB)项目的主要内容有哪些?

中国政府从 1998 年开始在部分城市进行创业培训试点,面向有创业意愿和一定创业条件的下岗职工开展培训,帮助他们掌握创办小企业所必需的知识和方法,并通过制定和落实一系列优惠政策和扶持措施,推动其成功创办小企业。取得经验后,向全国推广。期间,2001 年,通过实施中国城市就业促进试点项目,引进了国际劳工组织 SYB 培训课程,并在项目的三个试点城市(包头、吉林、张家口)和全国其他城市取得积极进展,培训了一批 SYB 培训教师和培训师,帮助一批下岗失业人员成功创办了微小型企业。与此同时,为更好地推动工作,劳动保障部结合区域布局,依托工作基础较好、促进创业效果较为显著的北京、天津、鞍山等 11 个城市建设了一批国家创业示范基地,探索创业培训、项目开发、开业指导、融资服务等有机结合促进创业的工作机制,取得初步的进展,并开始在全国发挥示范和带动作用。

该项目到目前为止已实施三期。一期从 2004 年 7 月至 2005 年 7 月,二期

---

① 项目背景,2007 年 8 月 23 日,http://www.siyb.com.cn/htm/6154/104324.html (last visited Dec. 3, 2008)

第八章　中国与国际劳工标准

从2005年7月至2006年7月。2006年7月,为进一步增强中国创业培训实施机构的能力建设,使这项工作获得可持续的发展,以便帮助更多的下岗失业人员和其他劳动者成功地走上创业之路,经中国劳动和社会保障部、国际劳工组织以及英国国际发展署三方协商,在中国正式实施SIYB培训项目三期(截至2007年7月)。在过去两年项目一期和二期实施的基础上,SIYB项目三期继续依靠2004年以来培养起来的地方机构能力来实施。项目通过试点来展示如何将创业培训和相关服务扩大到地方外来务工人员群体当中特别弱势的群体身上,然后项目把这些创新性做法在SIYB中国整体计划当中推广。项目的目标是通过帮助地方外来务工人员群体当中特别弱势群体掌握创办和经营自己的小型社会企业的能力,来推动他们融入当地的社会经济生活中。三期项目在中国西部城市和省份开展,包括甘肃、宁夏、青海、陕西、山西和重庆[①]。

3. "创办和改善你的企业"(SIYB)项目的实施及其成果有哪些?

本着"减少贫困、扩大就业、促进经济和社会发展"的宗旨,为保证项目顺利实施,劳动保障部、财政部、国家发改委、中国人民银行、国家工商总局、国家税务总局以及全国总工会、全国妇联、共青团中央等有关部门联合组成了项目指导委员会,对项目的实施进行指导。

项目取得一定成效和经验后,将向全国全面推广,培训对象也将由下岗失业人员逐步向青年学生、农村转移劳动力、妇女等群体扩展,逐步在全国建立一个运转高效、信息互通、质量有保障的培训网络和管理服务网络,实现项目的可持续发展。

SIYB三期项目的实施取得了积极的成果,创业培训对象不断扩大,地域不断拓展,创业促进就业效果凸显。从对象上看,已从下岗失业人员逐步扩展到青年学生、农村转移劳动力以及残疾人、复转军人、刑满释放人员等特殊群体;从地域范围看,从项目地区到非项目地区都得到广泛开展和推广,目前包括西藏在内的各个省(自治区、直辖市)都不同程度地引进了SIYB培训技术,据不完全统计,2004—2007年,全国共组织76万人参加SIYB培训,其中,SYB项目培训占98%,参加培训的创业者中,从性别看,女性占60%,男性占40%;从人员构成看,下岗失业人员占91%,农村转移劳动力

---

① SIYB中国项目(第三期),http://www.ilo.org/public/chinese/region/asro/beijing/whatwedo/siyb.htm (last visited Dec. 3, 2008)

占7%，大学生占1%，其他群体占1%。从培训效果看，培训合格率平均在90%以上，创业成功率平均在60%以上，累计创造就业岗位近200万个，平均1人创业成功带动就业4.8人（岗位）；从创办企业的类型看，从事销售、零售行业的占55%，从事餐饮、服务业的占30%，从事加工制造业的占10%，从事其他如种植、养殖等行业的占5%。从企业的法律形态看，个体工商户占90%，个人独资企业占5%，其他形态的占5%。项目的实施，为中国的就业工作作出了积极贡献，这一点，项目合作各方都给予了充分的肯定；英国首相布朗在担任财政大臣期间于2005年访华时，在会见了北京市10位经过创业培训后成功创业的小老板，也对项目取得的成果给予了高度评价。

在师资培训方面，培养了一批创业培训专业化师资队伍。通过开展师资培训和提高研修活动，目前，全国已有6 814名SIYB教师，其中项目地区有1 420名。这些教师中，已有1 811人获得了认证。认证了169个（其中项目省市29个）培训质量高、社会信誉好、管理规范、能在社会上起到示范作用的培训机构，这些机构主要包括就业训练中心、技工学校、高等院校、民办培训机构等。

在项目方面，国家项目办先后组织举办了6期有597名全国优秀SYB教师提高培训班，选拔培训了116名SIYB培训师，其中，项目地区有54名。在这些培训师中，已有83人完成了项目业绩考核，获得了培训师资格认证。这些教师是中国SIYB事业蓬勃发展的"火种"。

相关阅读

"创办和改善你的企业"（SIYB）项目为西部青年铺就创业之路

为深入推动我国创业培训工作，加快建立创业促就业的工作机制，实现就业的倍增效应，在实施"创办和改善你的企业"（SIYB）一期和二期项目的基础上，SIYB三期项目向中国更广阔的地域拓展。

山西、重庆、陕西、甘肃、青海、宁夏等六省（自治区、直辖市）全面实施、落实《关于做好创办和改善你的企业（SIYB）项目三期工作的通知》。

根据《通知》要求，陕西省一年培训GYB和SYB学员应不少于1万人，甘肃省不少于5 000人，山西、重庆、青海、宁夏等省每省均不少于2 000人。其中面向拟在城镇社会服务业创业的外来务工人员的培训不低于30%。

第八章 中国与国际劳工标准

各省市创业培训结束后半年内新企业（或非正规劳动组织）创办成功率达到50%以上，并实现1人创业平均带动至少3人就业的效应。成功开业的企业中，稳定经营一年以上的比率达到80%上。力争使创业培训和创业服务工作水平与以前相比有较大提高，使创业成为就业新的增长点。

结合各地实际，面向青年学生、进城务工的农村劳动者、下岗失业人员以及社会其他群体开展"产生你的企业构思"（GYB）和"创办你的企业"（SYB）培训，有步骤地推动"改善你的企业"（IYB）和"扩大你的企业"（EYB）培训的实施；结合对我国社会服务业市场行情的调研和分析，开发与之相关的创业项目分析指导手册，为创业者在社会服务业领域选择合适的项目创业提供指导和帮助。三期项目结束时，我国基本形成符合我国国情的SIYB培训组织管理体系、技术支持体系和质量监控体系，实现项目的可持续发展。

资料来源：作者根据《SIYB中国项目助青年圆创业之梦》整理，http://news.qq.com/a/20060925/000472.htm（last visited Feb. 16, 2009）。

案例三　童工事件不能止步于叹息和谴责

案例介绍

四川凉山中小学生被拐骗至沿海地区做童工

2008年4月28日，《南方都市报》刊登了四川凉山童工被拐骗到东莞打工的报道。

2007年12月4日或者5日，未满16周岁的四年级学生马海布，在他父母毫不知情的情况下，和十余名玩伴一起，被工头拐骗到东莞，开始了他悲惨的童工生涯。而马海布外出打工近半年的时间里，他的家里一分钱都没有收到。

马海布只是四川凉山美姑县牛牛坝乡屯地村被拐童工的一个缩影，屯地村又是整个凉山被拐童工的一个缩影。记者在凉山州采访发现，不管是普通老百姓、公务员、警察，还是老师和民间组织的志愿者，都清楚地知道工头拐骗童工的现象。他们将此现象称为"带工"。据介绍，从大约四五年前开始，这种活动便在凉山蔓延。

case study 国际劳工标准案例评析

目前,带工现象在凉山非常普遍。一份尚未完全统计好的流失表显示,仅2008年春节期间,离牛牛坝乡20里开外的昭觉县四开片区就有76名凉山小学生流失。其中42名学生已被确认外出打工,最小的年仅7岁。

这一事件引起中央和省领导同志高度重视。中共中央政治局常委、国务院总理温家宝,中共中央政治局常委李长春分别作了重要批示,要求严肃查处,防止炒作。省委、省政府认真贯彻落实中央领导同志批示精神,中共中央政治局委员、省委书记汪洋,省委副书记、省长黄华华,省委常委、宣传部部长林雄,副省长李容根先后作出批示,要求按照中央领导同志批示精神,对使用童工问题进行一次彻查,及时向社会公布查处结果。

国家人力资源和社会保障部、公安部根据中央领导同志批示精神,派出联合工作组于2008年4月29日晚赶到东莞指导查处工作。广东省劳动监察总队4月28日向东莞市劳动局发出《重大劳动保障违法案件督办函》,省劳动保障厅副厅长张凤岐29日带领工作组赶赴东莞,指导当地劳动保障部门开展调查。东莞市委书记刘志庚、市长李毓全要求市公安局、劳动局立即介入调查,了解事实真相,尽快以事实回应社会和媒体。四川省凉山彝族自治州派出的工作组也于4月30日下午赶到东莞市,协助调查工作。

资料来源:作者根据《四川凉山中小学生被拐骗至沿海地区做童工》和《温家宝批示严肃查处东莞童工事件》整理,http://news.sina.com.cn/c/2008-04-28/023815439606.shtml 和 http://news.sohu.com/20080502/n256620856.shtml (last visted Feb. 16, 2009)。

问题与思考

1. 国际劳工组织有关童工概念的界定是什么?相关公约和建议书有哪些?
2. 中国在禁止童工方面有哪些法律及措施?具体内容是什么?

关键概念点评

1. 劳动密集型产业:劳动密集型产业是指进行生产主要依靠大量使用劳动力,而对技术和设备的依赖程度低的产业。其衡量的标准是在生产成本中工资与设备折旧和研究开发支出相比所占比重较大。劳动密集型产业是一个相对范畴,在不同的社会经济发展阶段上有不同的标准。一般来说,目前劳动密集型产业主要是指农业、林业及纺织、服装、玩具、皮革、家具等制造

第八章 中国与国际劳工标准

业。随着技术进步和新工艺设备的应用,发达国家劳动密集型产业的技术、资本密集度也在提高,并逐步从劳动密集型产业中分化出去。

2. 国家人力资源和社会保障部:参见第二章案例二的关键概念点评。

 **案例评析**

1. 国际劳工组织有关童工概念的界定是什么?相关公约和建议书有哪些?

国际劳工组织1919年成立以来,在它的章程里就把保护童工和未成年工人作为自己的一项迫切任务。在国际劳工大会的第一届大会上,就通过了1919年《(工业)最低就业年龄公约》(第5号);在分别对不同行业和职业(如工业、非工业、海员等)的准许就业的最低年龄制定了10项公约以后,战后就业的最低年龄概念扩大到各个不同经济部门,最终通过了全面性的1973年《最低就业年龄公约》(第138号)和同名的建议书(第146号)。后来国际社会对童工劳动达成了共识,即童工劳动代表着对世界任何地方的经济和社会可持续发展的严重威胁。国际劳工组织在1999年通过了《最恶劣形式童工劳动公约》(第182号)。

按照国际劳工组织第138号公约规定:通常情况下,15岁以上的人就可以从事经济活动。根据这项规定,大多数研究把15岁以下的人看做是"儿童"。美国劳工部的研究指出,尽管国际劳工组织的第138号公约"已经被国际劳工组织四分之一的会员国所认可,但却未被国际公认,也没有被用来指导国家关于童工的政策和实践"[①]。更为重要的是,美国并没有批准该公约。大多数发达国家也将儿童定义为15周岁以下。但事实上,不同的社会对儿童的界定有不同的标准。在一些社会,明确"成年人"和"儿童"之间的差异的某种社会习俗和责任可能是非常重要的。在另外一些社会,儿童向成年人的转变的界线可能不那么清楚。还有一些社会,诸如"青春期"或"当一个男孩很强壮时",或"当一个女孩嫁出去时",可能是成年人的标志。所以,进入社会的是一个社会化标志的儿童,而不是按日历长大的儿童。但一般的国家法律规定会运用以日历为基础的儿童的定义。

---

① Hasnat Baban, International trade and Child Labor, Journal of Economic Issues, Vol. XXIX No. 2 (June 1995), p. 423.

Case study 国际劳工标准案例评析

国际劳工组织认为,要消除的童工劳动包括三种类型:

(1) 由最低就业年龄以下儿童从事的工作,该最低就业年龄是为这种工作而具体规定的(由国家法律按通常的国际标准确定),而且这种工作因此可能妨碍儿童受教育和全面的发展。

(2) 由于其性质或是工作条件而损害儿童的身体、智力或道德健康的工作,即被认为是有危害的工作。

(3) 绝对最恶劣形式的童工劳动,国际上规定的奴役、贩运儿童、债务奴隶和其他形式的强迫劳动,在武装冲突中强迫儿童服兵役,卖淫和色情服务以及非法活动。

在世界范围内的反对童工劳动的斗争中,各式各样的法律和干预都曾被尝试,但却不可能有一个统一的方式来解决。巴苏(Kaushik Basu)认为,有国内的、超国家的和国外的三种[①]。作者认为国内干预较为有效。

国内的干预包括一国为了保护儿童的权利所颁布的法律和其他的干预手段。在这方面,很多国家都曾尝试过各种各样的手段,例如,颁布较为详尽的法律文件,如1992年尼泊尔劳工法案和儿童法案,都对本土的儿童工作做了严格的限定。此外,为监督法律的有效实施,有些国家还专门设有管理机构,许多国家还作出了重要的非政府的、国家内部的努力来抑制童工。消除文盲计划和义务教育在一定程度上阻止了童工劳动,可以被看做是国家的内部干预。

2. 中国在禁止童工方面有哪些立法及措施?具体内容是什么?

中国在童工问题上应该说有自己的独特做法,在国际层面已批准了国际劳工组织有关童工问题的两项核心公约:第138号《就业最低年龄公约》和182号《最恶劣形式童工劳动公约》,中国也承认了联合国的《儿童权利公约》。中国还有配套的法律文件,如劳动法、未成年人保护法、禁止使用童工的规定等都对童工问题作出了规定。但并不意味着没有问题,在某些领域问题还是很严重的。

国务院2002年10月授权新华社播发了《禁止使用童工规定》。与1991年的规定相比,新的规定措辞更严格,对违反者处罚加重,体现了国家对未成年人的认真保护。

---

① Kaushik Basu, "Child Labor: Cause, Consequence, and Cure, with Remarks on International Labor Standards," *Journal of Economic Literature*, Vol. XXXVII (September 1999), p. 1091

第八章 中国与国际劳工标准

按照新的规定，无论是国家机关、社会团体，还是企业事业单位、民办非企业单位和个体工商户，任何用人单位都被禁止招用不满16周岁的未成年人。同时，禁止任何单位或个人为不满16周岁的未成年人介绍就业。在对待不满16周岁的未成年人开业从事个体经营活动的问题上，过去的规定是禁止工商行政管理部门为这些人核发个体营业执照，而新法规规定"禁止不满16周岁的未成年人开业从事个体经营活动"。新法规规定，用人单位招用人员时必须核查应聘者的身份证，一律不得录用不满16周岁的未成年人。对此，县级以上各级政府劳动保障行政部门负有监督检查的义务，公安、工商行政管理、教育、卫生等部门以及工会、共青团、妇联等群众组织也负有相应义务。新法规对使用童工的现象规定了严厉的处罚措施：为不满16周岁的未成年人介绍就业的，每介绍一人处5 000元罚款；用人单位使用童工的，按照每名童工每月5 000元罚款的标准给予处罚；用人单位经劳动保障行政部门责令限期改正后逾期仍不将童工送交其父母或者其他监护人的，罚款标准提高1倍，并吊销营业执照；将童工送回原居住地交其父母或者其他监护人所需交通和食宿费用，全部由用人单位承担。如果用人单位是国家机关、事业单位的，直接负责的主管人员和其他直接责任人员将面临降级或者撤职的处分。而此前的旧法规，没有任何罚款标准方面的具体处罚规定。

值得一提的是，对于拐骗童工，强迫童工劳动，使用童工从事高空、井下、放射性、高毒、易燃易爆以及国家规定的第四级体力劳动强度的劳动，使用不满14周岁的童工，或者造成童工死亡或者严重伤残的，按照旧法规的规定，首先是进行行政处罚，但新法规明确规定直接依照刑法关于拐卖儿童罪、强迫劳动罪或者其他罪的规定，依法追究刑事责任。对于劳动保障等有关部门工作人员发现使用童工的情况后不予制止、纠正、查处的；警察违反规定发放身份证或者在身份证上登录虚假出生年月的；工商行政管理部门工作人员发现申请人是不满16周岁的未成年人，仍然为其发放个体营业执照的——新法规规定给予这些人员记大过以上直至开除的行政处分；构成犯罪的，依照刑法关于滥用职权罪、玩忽职守罪或者其他罪的规定追究刑事责任。对于文艺、体育单位招用不满16周岁的专业文艺工作者、运动员的情形，法规规定必须先经未成年人的父母或者其他监护人同意，并由用人单位保障被招用者接受义务教育的权利。

规定自2002年12月1日起施行。1991年4月15日国务院发布的《禁止使用童工规定》同时废止。

中国政府一直重视保护儿童权益,同样也非常重视童工问题,解决这个问题主要依靠法制手段。中国一贯支持并积极参加国际上反对、禁止使用童工的活动。

以上可以说明中国政府对童工问题的态度非常明确,一是禁止使用,二是禁止介绍,三是禁止允许。禁止使用,就是法律规定,所有机关、事业单位、企业、社会团体、个人都不准使用童工;禁止介绍,就是所有的中介机构、劳动机构都不准介绍童工到各个实体中去工作;禁止允许,就是儿童的父母或者儿童的收养人,不能允许这些儿童到企事业单位或其他经营单位去工作。法律明文规定,违反者都要依法受到惩处。中国对使用童工的违法行为坚决依法打击。全国成立了专门负责执法的劳动保障监督机构,对机关、企事业单位的招工名册和劳动合同进行审查。有关部门还开展经常性的执法检查活动,以充分保障儿童的权益。

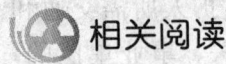相关阅读

记者所见黑砖窑童工最小者仅8岁

2007年5月9日,河南电视台都市频道记者付振中听几个家长反映说自己的孩子丢了,可能被拐卖到山西做苦力,而且他们还救出了十来个孩子。

随后,付振中和被解救出的多名河南籍男孩取得了联系,结果令他大吃一惊:这些孩子都是被绑架或被拐骗到黑窑场的!其中有一个孩子被人在饮料中下了迷药,麻醉后强行拉走。甚至还有的人贩子以农村孩子为主要目标,以高薪招工为诱饵,先将他们关到火车站附近的小屋里,凑够一车人后,连夜拉到山西晋城和运城的黑窑场,以每人四五百元的价钱卖到那里。付振中3次奔赴山西,走访了大大小小1 000多个黑窑场,亲眼目睹了窑工的惨状。令他震撼最深的一次,是在山西万荣县一个黑窑常在这里做苦工的孩子,最小的8岁,最大的13岁。

山西黑砖窑事件曝光之后,2007年6月8日晚,郑州警方组织抓捕"人贩子""黑职介"集中行动,5个淅川籍犯罪团伙被打掉,13名团伙成员当场被抓获,警方在一出租屋内解救出了被非法拘禁、尚未来得及转卖的8名受害人,其中年龄最大的70岁,最小的只有16岁。该省公安机关共出动警力

第八章 中国与国际劳工标准

3.5万余人,集中清查砖窑场500余座,建立务工人员信息档案7 000多份。

资料来源:作者根据《记者所见黑砖窑童工最小者仅8岁》整理,http://news.qq.com/a/20070616/000548.htm (last visited Feb. 16, 2009)。

案例四 我国重视残疾人就业工作

案例介绍

2008年9月8日,北京残奥会主新闻中心举办主题为《中国残疾人事业的发展状况》新闻发布会。会上,人力资源和社会保障部就业促进司司长于法鸣表示,中国政府高度重视残疾人就业工作,将残疾人就业工作纳入就业促进工作的总体战略来考虑。截至2007年年底,全国城镇残疾人就业人数已经达到433.7万人,农村残疾人就业人数达到了1 696.6万人。

有关抽样调查显示,中国残疾人已达8 296万人,占全国人口的6.34%。作为特殊的弱势群体,残疾人的权益保障日益引人关注。在就业方面,我国残疾人就业实行集中就业与分散就业相结合的方针,主要有三条途径:一是集中就业,将残疾人集中安排到专门为解决其就业而开办的福利企事业单位工作。二是分散按比例就业,按照《中华人民共和国残疾人保障法》和《残疾人就业条例》,国家机关、社会团体、企业事业单位、民办非企业单位应当按照规定的比例安排残疾人就业,并为其选择适当的工种和岗位。三是自谋职业,国家鼓励残疾人充分发挥自己的聪明才智,参与市场竞争就业,通过自谋职业和个体就业,实现自我价值,奉献社会。目前,通过强化落实残疾人就业保护政策,鼓励残疾人自主择业、自主创业,帮助农村残疾人多渠道、多途径就业,完善残疾人就业服务等一系列措施,有效地促进了我国的残疾人就业。

"我国残疾人全部纳入了整个社会保障体系,在制度设计上没有漏缺。"于法鸣说。中国有8 000多万残疾人,真正有工作能力和劳动能力的只有4 300多万,目前解决就业的总数超过一半。解决就业的大部分集中在农村,在农村的就业基本上是自然的就业形式。集中在城镇的绝大部分解决了,没解决的纳入了城镇和农村的社会保障体系,包括失业人员有失业保障,不是失业人员且还没有就业的、新成长的、没有交失业保险的纳入城市低保,现在城市低保已经向农村延伸,都有保障。

case study 国际劳工标准案例评析

资料来源：作者根据中国人事报网站新闻频道《我国重视残疾人就业工作》整理，http://www.rensb.com/showarticle.php?articleID=10284（last visited Feb. 16，2009）。

问题与思考

1. 我国遵守国际劳工组织公约，针对残疾人保护制定了哪些法律法规及措施？
2. 我国有关残疾人劳动就业工作的指导方针、主要形式及任务是什么？

关键概念点评

1. 职业康复（vocational rehabilitation）：职业康复是指提供职业服务（如职业指导、职业训练等）和有选择地安置工作，使精神或躯体残疾者能够有适当职业。

2. 残疾人按比例就业（the disabled employment in proportion）：残疾人按比例就业是指依据《中华人民共和国残疾人保障法》的有关规定，机关、团体、企业事业组织、城乡集体经济组织，应当按照一定比例安排残疾人就业，并为其选择适当的工种和岗位。省、自治区、直辖市人民政府可以根据实际情况规定具体比例。

案例评析

1. 我国遵守国际劳工组织公约，针对残疾人保护制定了哪些法律法规及措施？

1987年9月5日，中国批准了1983年制定的《（残疾人）职业康复和就业公约》（第159号）。1988年2月2日，中国向国际劳工组织交存批准书。1989年2月2日，该公约对中国生效。

根据该公约，政府应根据条件尽可能保证让残疾人在充分参与和平等的基础上从事各项合适职业并加入社会。中国政府一向高度重视残疾人各项权利的保障，特别是残疾人就业工作，将残疾人就业工作纳入就业促进工作的总体战略来考虑。改革开放30年来，党和政府为切实改善残疾人就业状况采

第八章 中国与国际劳工标准

取了一系列重大举措。我国自1991年5月15日正式施行《中华人民共和国残疾人保障法》,将残疾人事业纳入法制化轨道;1999年8月31日,劳动保障部、国家计委、民政部、财政部、人事部、税务总局、工商局、中国残联等部门共同发布《关于进一步做好残疾人劳动就业工作的若干意见》,经国务院批准,转发各省、自治区、直辖市人民政府、国务院各部委、各直属机构认真贯彻执行;自2007年5月1日起正式施行《残疾人就业条例》。

2. 我国有关残疾人劳动就业工作的指导方针、主要形式及任务是什么?

我国残疾人劳动就业工作本着集中与分散相结合,采取优惠和扶持保护措施,通过多渠道、多层次、多种形式,使残疾人劳动就业逐步普及、稳定、合理的指导方针[①]。目前,在城市残疾人劳动就业主要有以下三种渠道:一是在福利企业中集中就业;二是在机关、团体、企业事业组织、城乡经济组织中按比例就业;三是因地制宜、因人而异、机动灵活、自愿组织起来的就业、个体就业及社区就业。在农村,残疾人根据自身特点,参加种植业、养殖业或家庭手工业等多种形式的生产劳动实现就业;同时,在乡镇企业和村办企业中应实行残疾人按比例就业[②]。

当前市场竞争更加激烈,劳动力供大于求的矛盾十分突出,残疾人的劳动就业面临严峻的挑战。残疾人的命运与国家的发展是休戚相关的,国家发展、强盛,残疾人才有出路。因此,残疾人劳动就业工作,也必须适应国家劳动就业整体工作的大局,面向市场,转变观念,提高素质,增强竞争能力。同时,对于残疾人,这一社会生活弱势群体,国家有责任提供特别的扶持与保护,这是社会公平、公正的要求,是社会主义制度的本质体现。在市场经济条件下,竞争就业与保护就业不是互相对立、互不相容的,而是互为补充、互相配套的。

要做好残疾人就业工作,必须以政府为主导,动员全社会,分工负责,齐抓共管,形成社会化的工作格局。尤其要发挥残疾人组织的引导、组织、带动作用,指导残疾人努力进取,不断提高自身素质和调整就业心态。

尽管目前集中就业面临前所未有的困境,推行按比例就业和扶持残疾人

---

① 今后一个时期残疾人劳动就业的指导方针和任务是什么. 2007年11月18日, http://www.cdpf.org.cn/jiuy/content/2007-11/18/content_75969.htm (last visited Dec. 14, 2008)

② 什么是残疾人劳动就业?其主要形式和渠道有哪些, 2007年11月18日, http://www.cdpf.org.cn/jiuy/content/2007-11/18/content_75967.htm (last visited Dec. 14, 2008)

case study 国际劳工标准案例评析

个体就业与自愿组织起来就业也还存在着一些亟待解决的问题，社会上忽视与歧视残疾人的现象还没有根本消除，但是，随着党和政府的进一步重视，各项政策措施不断明确、完善，残疾人自身素质的不断提高，特别是《关于进一步做好残疾人劳动就业工作的若干意见》和国家一系列促进经济发展的重大措施的出台，必将为残疾人劳动就业创造新的机遇和条件①。

我国在当前和今后一段时期残疾人劳动就业工作的主要任务将是进一步制定、完善有关法规和扶持政策，广泛开展职业培训和就业服务，全面实施按比例安排残疾人就业，大力扶持个体就业和自愿组织起来就业，稳定、搞活，集中就业，使残疾人劳动就业工作提高到一个新水平②。

相关阅读

政策扶持拓展就业通道　上海残疾人就业率达88%

上海市通过就业，让残疾人平等参与社会，找到生活尊严。

就业层次低、稳定性差、面窄、结构不够合理是困扰残疾人寻觅工作岗位的四大瓶颈。上海市不断拓展残疾人就业通道，以分散按比例安置与集中安置为主渠道，以扶持残疾人个体开业、自主创业和非正规就业为辅助渠道，同时依托社会力量开拓公益性劳动岗位，构建残疾人就业立体模式。截至2008年4月，全市12.4万处在就业年龄段、拥有就业能力的持证残疾人中，通过分散安置让5.3万残疾人就业，通过集中安置让4.5万余残疾人就业，个体开业和非正规就业安置残疾人约1.6万人，就业率达88%。

为提高残疾人就业的成功率，上海市相继出台了一系列政策法规，对超额完成残疾人安置的单位进行奖励，对残疾人个人创业提供担保贷款、开业指导、社会保险费补贴。

为了延伸残疾人就业通道，上海残联协调各方，将残疾人纳入劳动整体资源通盘考虑，通过政府购买服务的形式鼓励中介机构参与残疾人就业培训及推介。市残联劳动服务中心与市室内装潢协会合作，开办了为期6个月的

---

① 市场就业机制下如何做好残疾人劳动就业工作，2007年11月25日，http://www.cdpf.org.cn/jiuy/content/2007-11/25/content_76845.htm（last visited Dec. 14, 2008）

② 今后一个时期残疾人劳动就业的指导方针和任务是什么，2007年11月18日，http://www.cdpf.org.cn/jiuy/content/2007-11/18/content_75969.htm（last visited Dec. 14, 2008）

第八章 中国与国际劳工标准

设计培训班,在培训班学习的残疾人接受订单式培训,即先确定工作岗位,后进行培训。据介绍,在这个培训班中学习的残疾人得到组办方承诺,只要考核通过,都能进入设计装潢工厂,从事基础草图绘制工作。

资料来源:作者根据《政策扶持拓展就业通道 上海残疾人就业率达 88%》整理,http://shwomen.eastday.com/renda/dfwm/wmdt/node3395/u1a1491689.html(last visited Feb. 16, 2009)。

案例五 中国批准国际劳工公约的情况

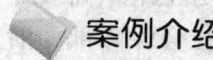案例介绍

1930 年《强迫劳动公约》(第 29 号)和 1957 年《废除强迫劳动公约》(第 105 号)是国际劳工组织 8 项基本公约之一。我国目前正在积极考虑批准这两项公约。

2000 年国际劳工组织"消除童工国际计划"在中国的云南实施了"湄公河次区域反对跨境拐卖妇女儿童项目"。在国际劳工组织的指导下,中国又实施了"中国预防以劳动剥削为目的的拐卖女童和青年妇女项目"(The Project to Prevent Trafficking in Girls and Young Women for Labour Exploitation in China, CP-TING)。项目采取以预防为主的方式来应对拐卖,主要目标是人口输出地和输入地实施有效的、可持续的应对以劳动剥削为目的的预防拐卖措施,强化国家及地方的政策。2004 年,该项目在安徽、河南、湖南三个人口输出省及广东和江苏两个人口输入省建立了项目办公室。

据国际劳工组织反强迫劳动行动项目负责人罗格·普兰特(Rogge Plant)透露,2007 年 2 月,中国国家劳动和社会保障部官员在湖南省和国际劳工组织举行了高层会谈,讨论中国批准 1930 年《强迫劳动公约》(第 29 号)事宜。国际劳工组织称赞中国这一做法"意义非凡"。普兰特在接受法新社采访时说,中国在这方面"肯定正在取得进展"。他认为,中国在批准公约方面是"非常认真的",而且中国已经认识到在贩卖人口和强制劳动方面存在的问题。公约要求废除所有形式的强迫或强制劳动。但允许某些例外,如服兵役、受到公众监督的服刑人员劳动以及战争、火灾、地震等紧急情况下的征召性劳动。目前国际劳工组织 182 个会员国中已经有 173 个国家批准了该项公约。

据国际劳工组织估计,全球的强迫劳动个案有 1 200 万,其中 950 万在

亚洲。

在这方面，越南走在前列。越南在加入世界贸易组织后，已经于2007年6月批准了《强迫劳动公约》。

但普兰特认为，早已加入世贸组织的中国批准过程会相当漫长，可能需要"几年的时间"。他指出，引起广泛争议的中国"劳动教养"制度和国际劳工组织的公约存在抵触。但强调，不管中国什么时候批准《强迫劳动公约》，都要落实在行动上，而不是口头上。

2007年10月18日，国际劳工组织与我国三方在杭州共同组织了"反对强迫劳动公约研讨会"。国际劳工组织北京局局长康妮，国际劳工组织高级专家罗格·普兰特、提姆·德梅尔（Tim Demel），国家劳动和社会保障部、浙江省劳动和社会保障厅的领导和上海、江苏、安徽、浙江、福建五省市三方机制的人员参加了这次国际研讨会。研讨会就国际上关注的强迫劳动有关问题进行了深入探讨。

资料来源：作者根据德国之声中文网、凤凰网和福建企业家网相关报道整理，http://www.dw-world.de/dw/article/0,2144,2352885,00.html，http://news.ifeng.com/mainland/200702/0216_17_77919.shtml，http://www.fjec.org.cn/article.asp?id=5387（last visited Jan. 19，2009）。

问题与思考

1. 我国在批准国际劳工公约方面的基本情况如何？存在哪些问题？
2. 试分析我国未来批准国际劳工公约的趋势。

关键概念点评

1. 中国预防以劳动剥削为目的的拐卖女童和青年妇女项目（the Project to Prevent Trafficking in Girls and Young Women for Labour Exploitation in China，简称CP-TING项目）：2000年，国际劳工组织"消除童工国际计划"，在中国云南省实施了"湄公河次区域反对跨境拐卖妇女儿童项目"。根据在云南省实施项目的经验，国际劳工组织与全国妇联、国家劳动和社会保障部（现为人力资源和社会保障部）及其他有关部委，共同设计了CP-TING项目。项目采取以预防为主的方式来应对拐卖。

第八章 中国与国际劳工标准

2. 劳动教养制度（the system of reeducation through labour）：中国的劳动教养制度是根据 1957 年 8 月 1 日全国人大常委会第 78 次会议批准颁布的《关于劳动教养问题的决定》以及有关法律、法规建立的。它的建立是为了维护社会治安，预防和减少犯罪。

案例评析

1. 我国在批准国际劳工公约方面的基本情况如何？存在哪些问题？

自 1983 年以来，截至 2009 年 3 月 10 日，中国批准了 11 项公约，加上以前旧中国批准，经新中国继承的 14 项公约。所以，中国一共批准了 25 项国际劳工公约，其中有 4 项是国际劳工组织的基本公约，涉及两个方面的内容：有效地废除童工劳动、同工同酬和消除就业与职业歧视。另外 4 项涉及结社自由和集体谈判权、废除一切形式的强迫和强制劳动两方面内容的基本公约，我国还没有批准。

由此可以看出，虽然我国政府在批准和实施国际劳工标准方面的态度是积极的，但在批准国际劳工公约的问题上有两个问题：一是数量相对偏少，二是批准公约的进度相对也较慢。从数量上讲，只批准了 25 项公约，低于国际劳工组织会员国批准公约的平均数 41 项公约。此外，由于 20 世纪 80 年代末以来不少新加入 ILO 的会员国都在较短时间内批准了较多的劳工公约，包括基本公约，有的 3～5 年内批准公约数达 10 多项，而中国从 1983—2008 年的 25 年中只批准了 11 项公约，平均每年只有 0.44 项。尽管这种简单的类比并不完全合适，但中国批约速度较慢的确是一个实际情况。

2. 试分析我国未来批准国际劳工公约的趋势。

我国政府对批准公约和实施国际劳工标准的态度是积极的。2001 年 5 月 17 日，时任劳动和社会保障部部长的张左己在与到访的国际劳工局局长索马维亚会谈时，再次阐述了中国政府的立场，指出："国际劳工标准对维护工人的合法权益、促进社会进步具有积极意义。中国政府一贯重视对公约的研究、批准和实施工作，对于这些工作采取积极和认真负责的态度，今后我们将根据条件和实际需要陆续批准一些国际劳工公约，包括核心公约。"但在中国恢复活动初期，中国确定批准公约的原则是：尽力避开政治性公约，选择技术性、但又有一定政治影响的、中国立法和实践条件基本具备的公约加以批准。

Case study 国际劳工标准案例评析

1983—2000年间先后批准了6项公约。2001年10月批准了第150号和第167号公约，2002年8月批准了第182号公约，2005年8月批准了第111号，2007年1月批准了第155号公约。

我国自2000年就开始实施国际劳工组织有关反对强迫劳动的项目。2007年，我国积极同国际劳工组织接触，讨论批准《强迫劳动公约》事宜。但正如普兰特指出的，引起广泛争议的中国"劳动教养"制度和国际劳工组织的公约存在抵触。因此，中国政府批准《强迫劳动公约》的过程可能需要很长时间。

根据目前的国际形势和我国的需要，加快批准公约的步伐已现实地摆在我们面前。

第一，国际劳工公约有积极的借鉴意义。国际劳工公约中绝大部分都是技术性的，而且内容涉及的多是国内劳动问题，如工时、职业安全与卫生、社会服务、住房和闲暇时间、社会保障部门给予的保护儿童和未成年人的就业、特殊类别等，无论是资本主义制度还是社会主义制度都可以采用。

第二，有条件地吸收。对于国际劳工公约我们也不能拿来就用，必须从中国的需要和现实出发，正确区分利用人权标准干涉内政与改善劳工待遇要求的不同性质。例如，20世纪90年代以前，我国不可能接受集体谈判的机制，而现在签订集体合同的权利已经写进了中国《中华人民共和国劳动法》和修改后的《中华人民共和国工会法》。2004年5月1日起实施的《集体合同规定》也规定了这项权利。显然，集体合同制度已经成为工会维护职工合法权益的重要手段，也是中国劳动者享有的一项重要基本权利，因此，距批准实施98号公约的差距在逐渐缩小，将来条件成熟时是可以加以批准的。还应该主动树立标准意识，不仅加快熟悉国际标准，而且积极参与国际标准的制定，善于运用国际标准维护正当权益。就1948年《结社自由与保护组织权利公约》（第87号）来看，第87号公约中最关键的是第2条，即"为了促进和保护他们各自的利益，不论工人和雇主均有权成立和加入他们自行选择的组织"。虽然公约规定："雇主和工人及其各自的组织应遵守本国的法律。"但同时又规定："本国的法律及其实施方式不应损害公约所规定的保障。"即使不从意识形态角度考虑，这也是一个相当苛刻的要求。在实践中，很多国家做不到，包括已经批准公约的国家在如何理解和运用结社自由原则上，与国际劳工组织方面也一直存在分歧和争议。至于中国，中国的工会体系是在全国

第八章 中国与国际劳工标准

建立统一工会体制的法律框架，与公约第 2 条可不经批准建立工会的规定是明显不一致的。这不但是历史形成的，而且在中国的具体国情下，特别是在社会转型时期，对组织工人建立工会和维护他们的权益，比其他工会体制更有益。当然，这并不意味着中国在这方面没有问题。因此，对这项公约不是急于批准的问题，而是在一些原则上如何取得共识的问题。

第三，应实事求是，逐步接轨。虽然国际劳工公约和建议书普遍适用于所有会员国，但在执行中有一些必要的变通办法，以适应各国的具体情况，这就是所谓的"灵活性"。例如，第 138 号公约允许发展中国家将最低就业年龄规定为 14 岁，比发达国家低一岁。不少公约还允许批准国只遵守其中的主要条款，对达不到的条款可暂时作出保留。中国完全可以量力而行，根据国际劳工标准的一些特点逐步接轨。对于我国暂时达不到的标准，可以先行吸收一部分，其余部分待条件成熟后再采纳。

另外，作者分析认为将劳工标准与国际贸易某种形式的挂钩或联系，将是一个必然的要求和趋势。在这种背景下，如果我们依然持谈都不要谈的态度，既对中国企业增强国际竞争力不利，也与中国在国际上的大国形象不符，况且这一要求与我国实施劳动法的要求并不矛盾。

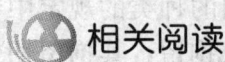 **相关阅读**

我国劳动教养制度与相关国际公约之比较

劳动教养制度是一项极具中国特色的制度设计。劳动教养制度最早出现于中共中央的文件中，当时针对的是"镇反"和"肃反"运动之后为解决一部分不够判刑而政治上不宜回放到社会的"坏分子"采取的措施。1957 年，国务院第一次以行政法的形式确立该制度，后来国务院和公安部单独或联合陆续出台了一些规范。关于劳动教养的性质在学界是有争议的。一种观点是，劳动教养是"对被劳动教养的人实施强制性教育改造的一种措施"，即行政强制措施；另一种观点是，"劳动教养是我国特定的行政机关对有轻微违法犯罪行为、尚不够刑事处罚的人所采取的一种以限制人身自由为内容的具体行政行为，是行政处罚行为最严厉的一种，即行政处罚"。国务院新闻办公室于 1991 年向全世界发布的《中国人权状况》白皮书中指出"劳动教养不是刑事处罚，而是行政处罚"。不管学理上如何给劳动教养制度定位，我们均可以发

现我国现有的劳动教养具有以下几个特点:

1. 劳动教养是以限制人身自由的劳动为内容的行政制裁。劳动教养人员在1~3年的长时间内和警力戒备的特殊场所接受劳动和教育,劳动教养实际处于行政处罚和刑事处罚之间,其对人身自由的限制甚至比较刑事处罚的某些种类有过之而无不及,如刑罚轻可处1~6月拘役,处拘役者每月可回家1~2天,参加劳动者可酌量发给报酬。

2. 劳动教养制度的程序不当。劳动教养管理委员会由公安、司法、民政、劳动等部门的负责人组成,领导和管理劳动教养工作。劳动教养的审批机构设在公安机关,受劳动教养管理委员会的委托,审查批准需劳动教养的人。劳动教养的执行由公安机关负责。这种管理体制导致两个消极后果:一是劳动教养制度缺乏严格的程序和规范,管理委员会虚置,公安机关一家独揽容易失去监督;二是劳动教养作为一项较为严厉的制裁,完全作为行政裁判似乎"错位",法院的司法作用难以体现。

由上面对劳动教养制度的论述,可以发现其与相关国际公约的差异是明显而直接的。

1. 作为限制人身自由的劳动教养法律依据不足。首先,《中华人民共和国行政处罚法》(以下简称《行政处罚法》)第8条对行政处罚的种类的规定中并没有将"劳动教养"纳入其中,最严厉的行政处罚是行政拘留,其拘留期限不得超过15天。但劳动教养作为行政强制措施的说法明显是站不住脚的,1~3年的期限与行政强制措施的"暂时性"特征相差甚远。其次,《行政处罚法》第9条规定:"限制人身自由的处罚,只能由法律创设"。第10条规定:"行政法规可以创设除限制人身自由以外的行政处罚。"而劳动教养制度的法律依据都是由行政法规、部门规章或者其他规范性文件组成,制定主体不一,效力等级参差不齐。在涉及人身自由的立法领域,宪法提供的标准是"逮捕"这种刑事强制措施。在宪法对其他限制人身自由的强制措施未作明确规定的情况下,法律法规设立的限制人身自由的强制措施不能比"逮捕"更严厉。因此,有人认为:"强制性教育改造行政措施明显比'逮捕'更严厉,限制人身自由的期限比逮捕更长,显然,这已超过了宪法的授权。"

2. 劳动教养制度的程序不合理。目前,各省、自治区、直辖市和大城市的劳动教养管理委员会主要职责有两项:一项是审查批准收容劳教人员,另一项是批准提前解除劳动教养、延长和减少劳动期限。这两项职责在实践中

第八章 中国与国际劳工标准

主要由公安机关以劳动教养管理委员会的名义实施。所以,公安机关作为劳动教养工作之管理机关,同时又掌握了审批劳动教养人员的大权。有学者认为,"作为一项可以长达四年之久的剥夺劳动教养人员人身自由的一种相对严厉的处罚,实际上由治安部门即可作出决定,这在当今世界实施法制的国家恐怕也是绝无仅有"。中国对这类性质的处罚要求以法院裁判形式作出,长时间剥夺人身自由的决定只有通过正当程序由法院作出判决,才符合人权保护的精神。

中国的做法与联合国1966年通过的《公民权利与政治权利国际公约》(该公约于1976年3月23日生效)的规定相差甚远。作为世界人权法律的标准性文件之一的《公民权利与政治权利国际公约》得到国际人权领域甚至政治领域最为广泛的接受,中国于1998年也签署了《公民权利政治权利国际公约》,但目前还未获批准《公民权利与政治权利国际公约》。劳动教养制度与《公民权利与政治权利国际公约》的差异是显而易见的。在表层上劳动教养制度与人权公约直接抵触,深层上是这种制度设计受制于历史的政治因素而没有真正纳入法治轨道。根据《公民权利与政治权利国际公约》有关监督机制的条款,公约设立人权事宜委员会作为监督机构,"接受并审议一缔约国指称另一缔约国不履行本公约义务之来文"。

2009年4月13日,中国国务院新闻办公室发表了《国家人权行动计划(2009—2010年)》。这是我国第一次制定的以人权为主题的国家规划,行动计划明确了未来两年中国政府在促进和保护人权方面的工作目标和具体措施,所以,如何改进中国的劳动教养制度使其符合我们的保护人权工作是非常重要的。

资料来源:作者根据以下网站内容整理:"论我国劳动教养制度与国际人权公约的冲突及其调整——对免于强迫劳动权的剖析",http://www.rafz.net/onews.asp? id=378 (last visited Jan. 19, 2009);国新办发布《国家人权行动计划(2009—2010年)》,http://news.xinhuanet.com/newscenter/2009-04/13/content_11176973.htm (last visited Jun. 18, 2009)。

第九章
中国在劳工标准方面与其主要贸易伙伴间所发生的纠纷

〔阅读提示〕

　　随着中国经济的飞速发展，中国与主要贸易伙伴之间的贸易量和贸易额逐年增加。中国作为最大的发展中国家之一，同时作为世贸组织的一个新成员，正在国际经济的发展中发挥着越来越重要的作用，但有些涉及劳工标准、劳工权利问题的分歧可能已经影响了中国能否获得市场经济地位，并进而影响了中国的对外贸易，经贸摩擦逐渐增多。中国不同意把劳工标准作为新一轮贸易谈判议题，担心劳工标准成为发达国家限制中国产品出口的新型"贸易壁垒"。当然，中国也不能回避国际劳工标准问题。国际劳工标准的有效实施既能为中国劳动关系的调整起到促进作用，也有助于帮助中国在对外关系中树立良好的国际形象。

案例一　欧盟诉中国彩电企业倾销案

 案例介绍

　　20世纪80年代末，中国彩电产品就开始大幅出口欧盟市场。当时出口产品主要是小尺寸彩电。由于中国彩电优质低价冲击了欧盟当地的彩电企业，

第九章　中国在劳工标准方面与其主要贸易伙伴间所发生的纠纷

1988年欧盟对来自中国小尺寸彩电产品进行反倾销立案调查。由于中国被视为非市场经济国家，欧盟指定以韩国CT－1455型彩电作为确定中国彩电正常价值的参照物。1991年7月18日，欧盟终裁时决定对中国国有企业统一征税，税率为15.3%（为期5年）。只对福日和华强三洋两家合资企业进行分别裁决，税率分别为13.1%和7.5%。该案的裁决在欧盟影响很大，因为这是欧盟较早的反倾销案件之一，也是第一次对"非市场经济国家"分别裁决的案例。

这次裁决并没有给中国企业致命打击，当时中国彩电出口量比较大，欧盟的这次裁决并没有把中国的彩电完全排除在外。

1992年11月25日，欧盟又对来自中国、韩国、马来西亚、泰国和新加坡的彩电立案反倾销，由于中国的小彩电已经在一年以前被征收反倾销税，所以该案只涉及中国的大彩电（42厘米以上）。1995年4月1日，该案终裁，对所有的中国企业征收25.6%的最终反倾销税。

按照欧盟的有关规定，1991年裁定的对中国小彩电征收的反倾销税应于1996年7月到期。但是，当时一些欧盟彩电厂家认为，如果取消反倾销税，中国彩电将重新进入欧盟市场，欧盟委员会还借此机会主动发起对大彩电案的临时复审，并将大小彩电视为同一品种。1995年8月8日，该案立案，该案同时涉及马来西亚、韩国、新加坡和泰国的彩电。

这次反倾销调查，欧盟指定中国的市场经济替代国是新加坡。

1998年12月2日，欧盟决定对所有来自中国的彩电统统征收44.6%的反倾销税。如此高的反倾销税使得中国彩电出口欧洲成为泡影。至此，中国彩电出口欧洲的通道基本被欧盟的这一裁决封死，中国企业基本被赶出欧洲市场。

资料来源：作者根据于永达主编《反倾销MBA/MPA案例》（北京：清华大学出版社，2003年）整理。

 问题与思考

1. 中国彩电的价格为什么被认定为倾销？中国是否在对外贸易中存在人工成本低廉的比较优势？
2. 市场经济地位和非市场经济地位在倾销产品的价格认定上存在哪些差

Case study 国际劳工标准案例评析

别？中国被列为哪种地位？

🔆 关键概念点评

1. 倾销（dumping）：根据世界贸易组织的《反倾销协议》，倾销是指一国以低于正常价格向另一国销售的行为。确定正常价格有三种方法：①采用国内价格，即相同产品在出口国用于国内消费时在正常情况下的可比价格；②采用第三国价格，即相同产品在正常贸易情况下向第三国出口的最高可比价格；③采用构成价格，即该产品在原产国的生产成本加合理的推销费用和利润。这三种确定正常价格的方法是依次采用的，即若能确定国内价格就不使用第三国价格或构成价格，以此类推。另外，这三种正常价格的确定方法仅适用于来自市场经济国家的产品。对于来自非市场经济国家的产品，由于其价格并非由竞争状态下的供求关系所决定，因此，西方国家选用替代国价格，即以一个属于市场经济的第三国所生产的相似产品的成本或出售的价格作为基础，来确定其正常价格。[①]

2. 反倾销税（anti-dumping duty）：反倾销税是指对实行倾销的进口货物所征收的一种临时性进口附加税。征收反倾销税的目的在于抵制商品倾销，保护本国产品的国内市场。因此，反倾销税税额一般按倾销差额征收，由此抵消低价倾销商品价格与该商品正常价格之间的差额。

按《反倾销协议》规定，对进口商品征收反倾销税必须满足以下三个必要条件：①倾销存在；②倾销对进口国国内的同类产业造成实质性的损害或实质性的损害威胁；③倾销进口商品与所称损害之间存在因果关系。进口国只有经充分调查，确定某进口商品符合上述征收反倾销税的条件，方可征收反倾销税。[②]

3. 比较优势（comparative advantage）：比较优势是大卫·李嘉图（David Ricardo）发展了亚当·斯密（Adam Smith）的观点，认为决定国际分工与国际贸易的一般基础不是绝对优势，而是比较优势或比较利益。也就是说，即使一国与另一国相比，在商品生产上都处于绝对劣势，但只要本国集中生产那些绝对劣势较小的商品；而另一国在所有商品生产上都处于绝对优势，但

[①②] 陈宪，张鸿编著.国际贸易（第二版）——理论·政策·案例.上海：上海财经大学出版社.2007，8. 263

第九章　中国在劳工标准方面与其主要贸易伙伴间所发生的纠纷

只要本国集中生产那些绝对优势最大的产品,即按照"两优取其重,两劣取其轻"的原则,进行国际分工与国际贸易,同样不仅会增加社会财富,而且交易双方都可从中获益和实现社会劳动的节约。①

4. 非市场经济国家(non-market economic country):非市场经济国家又称为国家控制经济国家(state-controlled economic country)或国家控制贸易国家(state-controlled trade country)。在西方国家的反倾销法中,非市场经济国家通常是指那些实行公有制和计划经济、企业的生产销售和产品价格由政府决定、货币不能自由兑换的国家。②

案例评析

1. 中国彩电的价格为什么被认定为倾销?中国在对外贸易中是否具有人工成本低廉的比较优势?

WTO认为倾销是不公平的贸易竞争手段,为此制定了《反倾销协议》,规定出口国以低于正常的价格向进口国销售,并对进口国内相关企业或产业造成实质性的损害,进口国可以对其征收幅度不超过倾销差价的反倾销税。

根据大卫·李嘉图的比较优势理论,我国在劳动力成本方面占有比较优势。我国的对外贸易产品多以劳动密集型产品为主。因此产品出口价格比较低。在这种情况下,我国的出口产品很容易遭到进口国的反倾销。我国一旦面临反倾销就遇到了两大难题,一是"非市场经济地位"问题,二是"替代国"问题。

2. 市场经济地位和非市场经济地位在倾销产品的价格认定上存在哪些差别?中国被列为哪种地位?

根据WTO的相关规定,在确定正常价格的时候,针对具备市场经济条件的国家和不具备市场经济条件的国家有不同的方法。绝大多数WTO成员国可以根据本国价格确定正常价格。中国在2001年年底正式加入世界贸易组织,成为该组织的一员。然而在《中国入世议定书》中允许包括欧盟在内的其他成员方在2016年之前继续在反倾销中将中国视为"非市场经济"国家。

---

① 陈宪,张鸿编著. 国际贸易(第二版)——理论·政策·案例. 上海:上海财经大学出版社. 2007,8. 77

② 于永达主编. 反倾销 MBA/MPA 案例. 北京:清华大学出版社. 2003,10. 264

Case study 国际劳工标准案例评析

议定书第 15 条规定：在确定正常价格时，中国受调查的企业需要首先证明，其产业在制造、生产、销售该产品方面具备市场经济条件，方可采用本国价格，否则就采用替代国价格，即引用与出口国经济发展水平大致相当的市场经济国家的成本数据来计算正常价格，并确定倾销幅度，施以对应的税率。

市场经济地位问题，一直以来堪称中国对外贸易的软肋。因为中国被列为"非市场经济国家"，一旦中国的出口企业遭遇反倾销诉讼，成本统计和倾销幅度计算都要参照第三方的价格水平，这给企业证明产品价格是否低于成本带来难度，也已经使中国企业遭受了很多不公平待遇。例如，1993 年欧盟对中国彩电提起"反倾销调查"时，以新加坡为参照国。新加坡的劳动力成本为中国的 20 倍以上，中国彩电被判定为"倾销"。此后几年内，中国彩电在欧盟市场都无法翻身。

经过中国政府部门反复努力，1998 年欧盟调整了对华反倾销政策，规定被诉中国企业可以申请市场经济地位，如果获得认可，对该企业倾销幅度的计算就以其自身的成本来比较。所以，能否取得市场经济地位，成为反倾销诉讼中中国企业被外国政府攥在手心的"命门"。如果取得市场经济地位，在反倾销案中，企业最终取得的税率往往会比别的企业低很多，甚至是零税率。比如，在 2001 年 8 月中国输欧钼铁案中，通过市场经济待遇审查的南京新资源公司，最终被裁定的税率为 3.6%，而其他未主动应诉的企业，获得的是以美国为替代国计算的高达 26.3% 的统一税率。而即使没有被通过市场经济待遇审查，积极应诉的企业也能通过向欧盟提出分别裁决申请，获得独立和相对公正的裁决。在钼铁案中，另有三家未通过市场经济待遇审查的应诉企业，也分别获得了 9.8%、12.7% 和 17.2% 的较低税率。[1]

相关阅读

欧盟正式对中国彩电恢复征收 44.6% 反倾销税

欧盟于 2006 年 3 月 31 日发表官方公报称，由于中国彩电企业拒绝遵守 2002 年达成的相关承诺，欧盟将从即日起对中国 7 家彩电企业恢复征收 44.6% 的反倾销税。

---

[1] 胥晓莺. 应诉欧盟：非政府组织的困境. http://finance.qq.com/a/20060620/000323.htm（last visited 23 Oc. 2008）

第九章 中国在劳工标准方面与其主要贸易伙伴间所发生的纠纷

欧盟在这份官方公报中表示，中国彩电厂家康佳集团 2005 年拒绝接受欧盟方面有关现场调查的要求，因此违反了 2002 年的协议。欧盟为此决定废除这一协议，恢复征收反倾销税。

欧盟曾于 2002 年与中国机电进出口商会和 7 家彩电企业达成协议，同意在中国彩电企业作出数量限制和价格承诺的基础上，免除其自 1998 年开始征收的反倾销税。

中国驻欧盟使团商务处一位官员此前证实，包括康佳在内的一些中国彩电企业数月前确实曾致信欧盟委员会，提出执行价格承诺已无实际意义。而根据 2002 年的协议，如果中国企业单方面终止承诺，欧盟将有权据此"自动"恢复对中国彩电征收反倾销税。

资料来源：作者根据新华网财经频道财经要闻整理，http://news.xinhuanet.com/fortune/2006-04/01/content_4374438.htm（last visited Jan. 7, 2009）。

案例二　美国劳联—产联起诉中国案

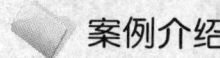
案例介绍

2004 年 3 月 16 日，美国最大的工会组织劳联—产联向美国总统布什递交了针对中国劳工权利和劳工标准的 301 调查申请（共达 103 页）。劳联—产联认为在中国有各种侵害工人权益的行为（镇压罢工、禁止成立独立的工会组织、不设最低工资，缺乏卫生与安全上的保护，许多打工妹甚至一天工作 18 小时，还经常被拖欠工资）等，因此，中国能够人为压缩生产成本，同美国工厂进行不公平的竞争，导致盈利欠佳的美国工厂裁减人员，流失了 72.7 万份职位或者更多。自布什 2001 年 1 月入主白宫以来，全美工厂裁减了 300 万个职位，劳联—产联对此表示关注。劳联—产联主席约翰·斯威尼（John J. Sweeney）更是宣称美国有 130 万工人的职业"出口到中国去了"。美国一个与工会有联系的研究机构在 2005 年 3 月发表了一份 1989—2003 年关于中美贸易的分析报告，报告指出在这些年间，由于中美贸易往来而导致美国丢失了150万个工作岗位①。劳联—产联认为中国的做法也是造成美国对中国每年1 240亿美元贸易逆差的原因之一,所以,劳联—产联要求布什对中国施加高达77%的惩罚性重税。同年4月28日,美国政府否决劳联—产联的申请并宣布不会对中国施加惩罚性关税。

2004年9月9日,美国的劳联—产联联合36家美国的纺织公司、钢铁公司、农业公司组成"中国货币联盟",向美国政府提出一份长达200页的文件,要求动用301条款对中国是否操控货币进行正式调查,他们认为,中国在过去10年来将人民币汇率固定在1美元兑换8.28元人民币的做法构成非法出口补贴,从而违反了公平贸易原则。并认为中国为了确保出口商品的价格低廉,采取了一整套不公平做法,人为地压低人民币的汇率,使中国出口商品价格比竞争对手的产品价格上便宜了40%,中国还禁止工人成立自由工会谋求公平合理的报酬等。所以,他们要求美国政府实施制裁,寻求额外征收40%关税。而事实上,在劳联—产联提出调查中国人民币汇率问题的诉求后仅仅过了几个小时,布什政府就迅速作出回应,拒绝了这个诉求。在2005年10月13日劳联—产联又曾向国会参众两院提出申请,要求国会认定中国政府人为地操纵人民币对美元的汇率以促进商品出口。

2006年3月,劳联—产联在其网站称该组织已经致信美国贸易代表,指责中国工人工资低下,使美国工人失去大量就业机会,并请求政府动用"特别301条款",以"制止中国人为压低劳动力成本"的行为。美国政府于7月21日拒绝劳联—产联的这一申请。

资料来源:作者根据美国劳联—产联网站、网易财经、联合早报网站、中国经济网相关新闻内容整理,http://www.afl-cio.org/mediacenter/prsptm/pr03162004.cfm; http://stock.163.com/economy2003/editor_2003/040921/040921_231485.html; http://www.zaobao.com/gj/gj011_180304.html; http://www.ce.cn/ztpd/hqmt/main/yaowen/200510/14/t20051014_4920105.btk (last visited Jan. 7, 2009)。

---

① Dr. Robert E. Scott, "U. S.—China Trade, 1989—2003 Impact on jobs and industries, nationally and state-by-state," Economic Policy Institute Working Paper, January 2005, http://www.epinet.org/content.cfm? id=1959 (last visited Jan. 7, 2009)

第九章 中国在劳工标准方面与其主要贸易伙伴间所发生的纠纷

 **问题与思考**

1. 简述美国劳联—产联的形成及其发展。
2. 美国为何频频在经贸问题上向中国发难？

关键概念点评

1. "301条款"（Section 301）："301条款"是对美国《1974年贸易法》第301条规定的俗称，最早见于《1962年贸易扩展法》，后经《1974年贸易法》修订，主要是针对贸易对手国所采取的不公平措施。该条款授权美国贸易代表办公室可以中止、撤回美国在相关贸易协议中所作让步的承诺；可以对外国商品施以征税或其他进口限制；可以限制、中止或撤销对外国的免税待遇等。美国国会于1988年对"301条款"做了修改，增加了"超级301条款"和"特别301条款"。

2. 永久性正常贸易关系（Permanent Normal Trade Relations, PNTR）：永久性正常贸易关系是原来的最惠国待遇，但不需年审。2002年1月1日，美国对华永久性正常贸易关系法案正式生效，免除了美国国会每年一度的对中国贸易地位的审议，保证中国商品进入美国市场时能够享受与其他国家相同的低关税待遇，为此中国也将向美国进一步开放从农业到电信在内的市场。

3. 劳联—产联（American Federation of Labor and Congress of Industrial Organizations, AFL-CIO）：劳联—产联是美国最大的劳工运动组织，在美国政治和外交中代表劳工的利益。

 案例评析

1. 简述美国劳联—产联的形成及其发展。

劳联—产联由美国两个最大的工会组织合并而成。劳联成立于1886年，前身是荷兰移民塞缪尔·龚帕斯（Samuel Compers）于1881年成立的"美加产业和劳动工会联合会"。劳联诞生时约有30万名会员，到第一次世界大战结束时的1919年，其成员猛增到500多万人，成为美国最大的劳工组织。劳

Case study 国际劳工标准案例评析

联在争取提高工人收入、缩短工时、伤亡赔偿、实行八小时工作制、禁止使用童工等方面维护了工人的权益。

20世纪20年代，由于西方国家的反共反苏政策以及世界性的经济危机，美国工人运动陷入低潮。1932年民主党的罗斯福总统上台后，实行"新政"，采取了保护工人权益的政策。此后，美国工人运动进入一个新阶段。1935年，劳联下属的8个工会为了将汽车和钢铁工业这类大型生产行业的工人组织起来而成立了产业工会委员会（Committee for Industrial Organization，CIO）。这些工会主张将同一家公司中的熟练和非熟练工人同时组织在一起，但是控制苏联的行业工会反对将非熟练和半熟练工人同组在一个工会中，而宁愿跨工业部门按行业建立工会。但是，产业工会委员会成功地在许多工厂中组建了跨行业的工会。1938年，劳联将设有产业工会委员会的工会开除，而这些工会随即建立起新的联盟——产业工会联合会（Congress of Industrial Organizations），由联合矿业工会领导人约翰·刘易斯（John L. Lewis）领导。产联的政治倾向比较激进，不断鼓励工人更积极地参与政治。

1935年，美国国会通过了《全国劳工关系法》（National Labor Relations Act，又称为"瓦格纳法"，or Wagner Act），用法律来保护工人组织与雇主进行集体谈判的权利，规定雇主拒绝谈判即是非法的。第二次世界大战结束初期，工人罢工此起彼伏。共和党控制的国会于1947年通过了"塔夫脱—哈特莱法"（Taft-Hartley Act），限制工人罢工。此后，罢工不再是工人和企业主对话的主要手段，劳资对话从罢工转向谈判桌。第二次世界大战结束后，美国内笼罩着反共气氛，工会组织也深受影响。1948年，产联明令禁止共产党人在该组织内任职。1949—1950年，产联开出了11个附属工会，理由是这些组织受共产党支配。劳联—产联分裂后，不时出现要求合并的声音。1952年，共和党的德怀特·戴维·艾森豪威尔（Dwight David Eisenhower）总统上台后推行的反工会政策成为合并的一大动力。同时，劳联领导人威廉·格林（William Green）和产联领导人菲利普·默里（Philip Murray）都在1952年病逝，新上台的劳联领导人乔治·米尼（George Meany）和产联领导人沃尔特·鲁瑟（Walter P. Reuther）决定合并，以壮大工人力量。1955年，劳联和产联在纽约召开合并大会，定名为"劳联—产联"，合并后的劳联—产联拥有140多个国际性和全国性的工会，约有会员1 600万人（占工会会员总数的85%～90%，占工人总数的34%），选举乔治·米尼为主席，他担任主席职务

第九章 中国在劳工标准方面与其主要贸易伙伴间所发生的纠纷

直到 1979 年。接任其职务的莱恩·柯克兰（Lane Kirkland）热衷于反共事业，却忽视了国内工人的斗争和问题，对工人困境漠不关心，引起劳联—产联内部不满，1995 年柯克兰被迫下台。

20 世纪 50 年代是劳联—产联发展的黄金期，但是，随着传统制造业的萎缩和自动化的发展，"蓝领工人"不断减少，工会会员人数也相应下降。20 世纪八九十年代，工人运动呈现衰落趋势。工会会员人数普遍下降，1945 年，1/3 以上就业人员为工会会员；1979 年，美国劳动力中工会会员比例跌至 24.1%，而在 1998 年，仅占 13.9%。为了应对工人运动衰落、政治影响下降的严峻挑战，1995 年上台的约翰·斯威尼（John J. Sweeney）采取各种措施，吸收新会员加入，增强工人团结。此时的劳联—产联把发展重点转向吸收服务业雇员和在公共部门任职的雇员，增加妇女、有色人种和少数民族工会成员。2001 年，劳联—产联发起了新联盟倡议（New Alliance Initiative），这是该组织自合并以来的最重要的倡议，目的是使工会组织更有效率、更强大。劳联—产联的会员结构以白种人、受教育水平较高人员和富裕者居多，在斯威尼领导下，黑人和拉美裔人数超过了白人，妇女比例几乎占一半。尽管斯威尼竭力扩大劳联—产联的影响，一些大的附属工会仍对其工作成效不太满意，对斯威尼不满的声音最近也时有出现，最终导致劳联—产联在 2005 年 7 月发生了分裂，共有 7 家工会另组了"变革谋胜利"（Change to Win）工会联合会，这 7 家工会带走了劳联—产联约 40% 的会员。劳联—产联剩下的会员要求该组织进一步精简机构、合并小工会、加强招募新会员工作，并提出了一些设想。

尽管面临种种挑战，劳联—产联仍是美国最大的工会组织，有 1 100 多万名会员，拥有 56 个全国性和国际性的工会组织，是美国政治中一支重要的政治力量。

2. 美国为何频频在经贸问题上向中国发难？

美国劳联—产联近年来对中国贸易政策、劳工标准、人民币汇率等问题提出诸多责难。究其原因，我们认为，这跟它在全球经济方面的两大立场有很大关系。这两大立场是：①劳联—产联反对全球化。如世界银行、国际货币基金组织、世界贸易组织，以及和美国贸易、生产紧密联系的北美自由贸易协议、中美洲自由贸易协议、美洲自由贸易区等，都是劳联—产联反对和谴责的目标。劳联—产联认为，这些组织和协议制造了不公平的贸易环境和

Case study 国际劳工标准案例评析

工作机会。他们认为,世贸组织是跨国公司进行全球扩张的工具,认为在世贸组织的协助下,跨国公司更容易将制造业工序转移到落后国家,利用当地较低的用工条件进行剥削。②关注各国工人(尤其是妇女、儿童)人权和工作福利。谴责大量的美国公司和资本为了寻求更廉价的劳动力和生产成本,把生产部门迁到一些不注重工人福利和权利的国家和地区,从而导致大量美国工人失业。可以看出,劳联—产联关注别国工人的福利人权,其根本出发点还是为了美国工人的就业率。①

近年来,中国的发展举世瞩目。特别是在加入 WTO 后,中国一方面注重产品结构的调整,另一方面利用劳动力成本低廉的比较优势发展对外贸易,进出口贸易额迅猛增长。这样就引起很多国家的不满,频频遭到反倾销调查等,美国就在其中。作为美国主要利益集团之一的劳联—产联把中美贸易间巨大的贸易逆差及美国失业率增长归谬于中国廉价的劳动力。他们认为,正是由于中国低廉的劳动力吸引很多工厂转移,使得工人的权益受损甚至失业,于是频频向中国发难。

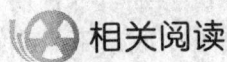 相关阅读

克林顿递交予华永久性正常贸易关系议案
美工会元老批评工会对华贸易立场

克林顿政府于 2000 年 3 月 9 日向国会提交了给予中国永久性正常贸易关系地位的议案,并希望这一议案 4 月底在参院通过,6 月获众议院批准。

由于 2000 年 11 月美国将举行总统大选,白宫希望这项法案尽快获国会通过,以免立法进度受到大选年的政治气氛所延误。

这项议案受到美国工商界的支持。它们发起了一项耗资 1 200 万美元的游说国会的活动,是 1993 年北美贸易协议通过以来最大的一次。

美国最大的工会组织劳联—产联正在发起运动,阻止给予中国永久性正常贸易国地位。而 89 岁的美国工会元老伦纳德·伍德科克(Leonard Woodcock)今天敦促国会给予中国永久性正常贸易国地位,并支持中国加入世界贸易组织。他批评工会组织在这一问题上的立场。伍德科克曾担任联合汽车

---

① 周薇. 劳联—产联与全球经济贸易问题. 工会论坛. 2005,1. 17

第九章 中国在劳工标准方面与其主要贸易伙伴间所发生的纠纷

工会主席,并领导通用汽车公司工人大罢工。他说,"我对于工会在这个协议问题上的激烈负面反应感到吃惊。我的一生大部分时间都是从事劳工运动并仍然深深忠于它的目标。但在这个问题上,我认为我们的工会领导人犯了错误。"他说,美国同中国1999年11月签订的世贸协议将加强对美国市场的保护,同时为更多美国产品打开中国市场。他说,阻止中国加入世贸组织或限制中国产品进入美国市场,并不能减少美国的贸易赤字,相反只会增加美国从其他低工资发展中国家进口廉价产品。

资料来源:作者根据人民日报网络版内容整理,http://web.peopledaily.com.cn/200003/09/20000309191003_news.html (last visited Feb. 16, 2009)。

案例三 从美国总统竞选看中美贸易关系中的劳工标准问题

案例介绍

贸易自由化在20世纪90年代后的发展随着全球化的进程而加速。但即使在美国国内,民主与共和两党对美国究竟要实行一个什么样的贸易政策仍然存在很大分歧。在历届的美国总统大选中,一方面,受到来自于国内的就业问题、制造业的压力,另一方面,面对每年中国对美国巨大的贸易顺差,每位竞选人都积极地将矛头指向中国在环境、人权、劳工权益、货币政策等问题,每一位希望入主白宫的总统候选人都会对此表态,上任后要实施强硬的政策。这已使美国总统竞选陷入了"每选必拿中国大做文章"这一怪圈。

伴随着2004年美国总统大选的硝烟,贸易政策也成为两党争论的焦点,自由贸易、劳工标准成了双方最大的分歧。美国民主党在竞选纲领中提出,如果能赢得2004年总统大选,将在劳工标准和贸易壁垒问题上采取强硬政策,并宣称不仅要重新审议所有已签署的自由贸易协议,还要将实施劳工和环境标准作为今后签署新自由贸易协议(Free Trade Agreement, FTA)的核心原则。民主党在竞选纲领中还提出,其贸易政策的重点是消除所有阻碍自由、公平和公正贸易活动的壁垒,并呼吁立即对中国操纵货币政策及违反工人权益问题展开调查。这份长达36页的竞选纲领指出,劳工和环境标准应纳入FTA正文中,而不应只作为FTA的附件。另一方面,来自共和党的美国总统布什在俄亥俄州发表演说时也表示,为应对许多制造业的工作岗位因生

Case study 国际劳工标准案例评析

产移到海外而流失的问题，上任后将致力于执行公平贸易。

2008年的美国大选如火如荼地进入到最后几个月时，美国失业率却因次贷危机冲击持续攀升至四年来新高。如何在攸关生计的劳工政策上抛出较佳议题，成为两位总统候选人麦凯恩（John McCain）与奥巴马（Barack Obama）争取选票的关键。据台北"中央社"3日报道，虽然在诸多问题上意见相左，共和党人麦凯恩与民主党人奥巴马对于经济减速与物价攀升已直接冲击劳工生活，却有难得共识。而布什政府大力推行、但受劳工团体批评造成美国工作外移的自由贸易政策，无疑成为双方角力的重要战场。奥巴马在此次竞选总统的过程中曾指出，如果中国希望继续保持持久稳定的经济发展，就必须从根本上作出一些调整，其中包括保护环境、推动国内消费、改善社会保障体系、鼓励技术自主创新等。奥巴马将中国对美国的巨额贸易顺差归结为"操纵人民币汇率"的结果，强调"中国必须改变其政策，包括汇率政策"。奥巴马说，中国经济必须减少对出口的依赖，更多地依靠内需实现增长。他还"承诺"会在适当的时候运用国内贸易救济法以及世贸组织的争议解决机制。2008年11月3日，新一届美国总统大选最终尘埃落定，奥巴马——这位美国历史上的首位黑人总统入主白宫。

资料来源：作者根据侨报网美国大选要闻、全景网国际财经频道和新浪网财经频道内容整理，http://www. chinapressusa. com/meiguodaxuanxin/2008-09/02/content_153285. htm；http://www. p5w. net/news/gjcj/200811/t1992826. htm；http://finance. sina. com. cn/roll/20040805/0520926175. shtml (last visited Feb. 25, 2009)。

问题与思考

1. 美国总统竞选的程序是怎样的？
2. 美国大选年中美贸易摩擦增多的原因是什么？
3. 美国总统竞选对中美贸易关系是否产生了实质性影响？

关键概念点评

1. 业务外包（outsourcing）：业务外包也称为资源外包、资源外置，它是指企业整合用其外部最优秀的专业化资源，从而达到降低成本、提高效率、充分发挥自身核心竞争力和增强企业对环境迅速应变能力的一种管理模式。

第九章　中国在劳工标准方面与其主要贸易伙伴间所发生的纠纷

企业为了获得比单纯利用内部资源更多的竞争优势，将其非核心业务交由合作企业完成。

2. 贸易保护主义（trade protectionism）：贸易保护主义是一种为了保护本国制造业免受国外竞争压力而对进口产品设定极高关税、限定进口配额或其他减少进口额的经济政策。它与自由贸易模式正好相反，后者使进口产品免除关税，让外国的产品可以与国内市场接轨，而不使它们负担国内制造厂商背负的重税。

3. 特别保障措施（safeguard measure）：特别保障措施的全称为特定产品过渡性保障措施，源于中国在加入WTO时签署的《入世议定书》第16条，这条规定，中国入世后12年内，如果原产于中国的产品在进口至任何WTO成员领土时，其增长数量或所依据的条件对进口成员生产同类产品或直接竞争产品的国内生产者造成威胁或造成市场扰乱，则受此影响的WTO成员可请求与中国进行磋商，直至采取保障措施。

案例评析

1. 美国总统竞选的程序是怎样的？

美国实行总统制，总统选举每四年举行一次。主要程序包括预选、各党召开全国代表大会确定总统候选人、总统候选人竞选、全国选民投票、选举人团投票表决和当选总统就职。

预选是美国总统选举的第一阶段，通常从选举年的年初开始，到年中结束。其间，各党派竞选人将争夺本党总统候选人提名。预选有两种形式，分别是政党基层会议和直接预选。前者是指两党在各州自下而上，从选举点、县、选区到州逐级召开代表会议，最终选出本党参加全国代表大会的代表。后者在形式上如同普选，一个州的两党选民同一天到投票站投票选出本党参加全国代表大会的代表，这是大多数州目前采用的预选方式。

预选结束后，民主、共和两大政党将分别在第三季度召开全国代表大会。会议的主要任务是最终确定本党总统、副总统候选人，并讨论通过总统竞选纲领。

两党全国代表大会之后，总统竞选活动便正式拉开帷幕。两党总统候选人耗费巨资，在全国各地开展竞选旅行、进行广告大战、发表竞选演说、会

Case study 国际劳工标准案例评析

见选民、召开记者招待会以及公开辩论等。此外,候选人还将通过多种形式阐述对国内外事务的政策主张,以赢得选民信任,争取选票。

全国选民投票在选举年11月份第一个星期一的次日举行,这一天被称为大选日。为避免大选日投票过于拥挤,目前美国大多数州允许选民在大选日前45天内提前投票。

美国总统选举实行选举人团制度,选民投票时,不仅要在总统候选人当中选择,而且要选出代表50个州和首都华盛顿哥伦比亚特区的538名选举人,以组成选举人团。在大选中,美国绝大多数州和首都实行"胜者全得"制度,即在一州或首都获得选民票最多者获得该州或首都所有选举人票。赢得270张或以上选举人票的总统候选人即获得选举胜利。因此,根据各州选举人票归属情况,通常大选日当晚就能决出选举获胜者。

选举人团投票表决在选举年12月第二个星期三之后的第一个星期一举行。选举人在其所在州的首府投票表决。一般情况下,选举人团投票表决只是例行公事。

此外,如果两大党总统候选人各获得269张选举人票或因有第三党候选人"入围"而导致无人获得270张或以上选举人票,则总统人选由国会众议院决定。这种情况在美国历史上也曾发生过。

总统就职典礼是美国总统选举的最后一道程序。直至当选总统于次年1月20日在总统就职典礼上宣誓就职,总统选举过程才宣告最终结束。

2008年美国总统选举是自1952年以来,总统候选人中首次没有在职总统或副总统的总统选举[1]。

2. 美国大选年中美贸易摩擦增多的原因是什么?

在大选年中,中美经贸关系受美国国内政治风向左右。采取什么样的贸易政策在于政党间选举政治的需要,中美经贸问题已被政治化。

以2004年美国总统大选为例。自2003年美国国内拉开大选序幕以来,布什政府在贸易领域的对华政策就明显转强,两国贸易摩擦随之增多。美国国内各种力量拿中美贸易失衡问题做文章,向布什政府施压。一些美国国会议员认为,公司业务外包使美国就业机会减少,极力主张对中国实施贸易保护主义;失业群体则认为,中国廉价产品的大量涌入,对美国就业市场造成

---

[1] 美国的总统选举,http://news.xinhuanet.com/ziliao/2004-11/02/content_2168700.htm(last visited Dec. 29, 2008)

第九章 中国在劳工标准方面与其主要贸易伙伴间所发生的纠纷

负面影响,剥夺了他们的就业机会。在野的民主党则拿失业问题向布什政府发起强攻;为了回击民主党的进攻,讨好制造业和失业者,以赢得大选,布什政府只得拿中美经贸问题开刀。中国作为美国最大贸易逆差来源地,无疑成为再"合适不过"的美国政治牺牲品。另一个鲜明的例子,一向倡导自由贸易的布什政府在 2004 年美国总统竞选时,面对来自于纺织品行业的压力,其政策摇摆不定。针对国际贸易组织将于 2004 年年底全部取消纺织品进口配额,美国纺织业游说团体频频向国会施压,要求采取措施限制中国纺织品的进口。布什政府最终迫于压力,向"选票"低头,于 2004 年 10 月 22 日宣布对中国袜类产品实施"特别保障措施"。

当然,每位总统竞选人又不甘心自己的贸易政策被划入贸易保护主义的行列,因此,他们一面打着自由贸易的旗号,另一方面又拿公平贸易的理论当幌子。

20 世纪 60—70 年代欧共体的出现和日本的经济起飞使得美国开始惧怕国外的竞争,此时公平贸易学派的观点正在美国国内流行。它包含的经济主张认为贸易关系的"竞争场所"需要持平以便国家间公平地竞争,不顾一切地降低劳工标准以减少生产成本和消费物价就不能公平竞争①。公平贸易学派开始主导美国贸易政策,并助其遏制由贸易引起的不断加剧的社会冲突。以此学派为基础,为美国政府更大地干预与贸易相关的领域铺平了道路。然而,这些干预背后的利益却是分散的。对其中的一些,将其自身的经济利益与国外工人的福利相联系,而对另外一些而言,公平贸易学派受到欢迎,即保护主义而非公平性是最重要的动机。不仅利益是分散的,而且政府干预的情形也是处于争议之中。在许多情况下,美国政府采用公平贸易学派的学说来为对外国的威胁和行动作辩护,从而保护美国产业。在另一些情况下,该学派被用来强迫外国加速其贸易自由化努力。另一方面,当时的美国劳联—产联主席柯克兰想通过改变贸易政策来解决贸易赤字问题,他认为这些变化应该包含工人权利的有效条款和抑制其他不公正贸易行为的条款。与此同时,他强调:"贸易中的竞争性优势不应该从如下的情况中衍生出来,即剥夺集会自

---

① Patrick Low, Trading Free. The GATT and US Trade Policy, New York: The Twentieth Century Fund Press, 1993, pp. 27-8, in Gerda van Roozendaal, *Trade Unions and Global Governance—The Debate on a Social Clause*, London: Continuum, 2002, p. 74

case study 国际劳工标准案例评析

由的权利,拒绝确保安全的工作环境,以及其他类似的应该谴责的行为。"①

总的来说,美国主张在全球范围内推行自由贸易,在国际贸易中充当捍卫自由贸易的卫士,但历任总统竞选,竞选人出于政治考量,顾虑到制造业、失业民众、非政府组织、工会等等各方的"情感因素",总会在竞选过程中精心包装,努力迎合选民的要求,争取支持率。正如加州大学伯克利分校经济学教授、前财政部部长助理 J.B. 德隆 (J. Bradford Delong) 所说:"在任何一场美国总统竞选活动中,可以肯定,贸易保护主义的影子必将会一如既往地现身。"

3. 美国总统竞选对中美贸易关系是否产生了实质性影响?

在历届美国总统大选中,中美贸易摩擦被人为地强烈化。随着大选的结束,选举政治因素对中美经贸关系的影响将逐渐减弱。并且当初的竞选人如今已登上美国总统的宝座,那么作为美国总统就要考虑更加实际的问题,如何促进本国经济发展,从而带动就业,提高人民的生活水平。面对中国,这个最大的发展中国家巨大的市场,美国必将出于理性思考,妥善处理中美贸易摩擦。另一方面,中国在国际贸易中具有低廉劳动力的比较优势也是不争的事实,根据资本从低利润向高利润地区流动的客观规律。据此,美国的跨国公司、大企业将业务外包到中国,利用中国的劳动力成本优势,能够赚取更多的利润。因此,笔者认为美国总统竞选对中美贸易关系不会产生过多实质性的影响。

在中国问题上,美国总统候选人通常在竞选中对现任政府的对华政策批评甚多。克林顿当年竞选时就批评老布什"对中国太软弱",自己上台后也把人权问题和最惠国待遇挂钩。但执政后期,他对中国显示出了更多的友好姿态。小布什竞选时也曾抨击民主党的对华政策,其第一任期中还发生了南海撞机事件。到了第二任期,中美两国联手建立了战略经济对话机制,就已经成为中美最主要摩擦点的经贸问题进行了三次对话。

以 2004 年美国总统竞选时期贸易数据为例,中美经贸关系发展相当迅猛。据中国海关统计,2003 年两国贸易额达到 1 263 亿美元,增长 30%,是 1978 年(20 亿美元)的 63 倍。根据美方统计,2004 年美中贸易额高达 1 808 亿美元,其中美方逆差达 1 240 亿美元(中方统计为 586 亿美元),比 2003 年

---

① Lane Kirkland, *Testimony before the Senate Finance Committee on the Goals of US Trade Policy*, 20 January (Washington, DC: AFL-CIO Archives, 1987), p.12, in Gerda van Roozendaal, p.75

第九章　中国在劳工标准方面与其主要贸易伙伴间所发生的纠纷

的 1 031 亿美元增长 20.3%。同时，美国贸易代表办公室也承认，与中国贸易是其发展最快的部分。在 2001—2003 年间，美国对中国的出口增长 76%，同期对其他国家的出口则下降 9%，而美国从中国的进口只增长 52%[①]。

在 2004 年美国总统大选之际，标准普尔首席经济学家大卫·威斯（David Wyss）指出："大选不是美国经济的转折点，无论是谁当政，都不具备改变美国经济乃至世界经济走势的能力，美国现行的贸易政策亦不会有较大改变。不管克里或布什，在贸易保护主义方面都不会走得太远。"《华盛顿邮报》经济专栏资深记者也说："政治家种种高调措施根本就是大选年'作秀'，没有多少实施的可能性。我们必须区分他们的一贯立场和竞选立场。目前，克里不得不走'钢丝'——在贸易保护与自由贸易之间寻求平衡点。如果克里当选了，他能怎么样？将高关税写入法律？制定配额？只对中国产品征收增值税？谁都知道这是不可能的。"

针对 2008 年大选，中国商务部国际贸易经济合作研究院研究员梅新育表示，尽管与麦凯恩相比，奥巴马的自由贸易色彩要淡得多，但在包括对华政策在内的对外经贸政策上，奥巴马的一些竞选主张其实具有空想色彩，可行性不强，对中国的潜在威胁也就相应没有看起来那么大。在人民币汇率问题上，他主张人民币升值以便为美国制造业"创造公平的竞争环境"。但问题是，奥巴马似乎没有意识到他对中国的汇率要求，与他所想要期望达到的经济恢复的目标是背道而驰的。他还认为，由于许多制造企业从美国向中国转移，的确造成了一些美国人失业，但是这种转移也给美国创造了收入更高的就业机会。因此，不管奥巴马在竞选的时候说了些什么，当他坐上总统位置之后，无情的经济逻辑会不断修正其言行。

相关阅读

美国中期选举中美贸易赤字再被做文章

2006 年是美国的中期选举年。中期选举年是在两届美国总统选举之间进行国会选举的年份。近年来，美国对中国的贸易赤字数额巨大。布什政府一直承担着很大的压力。这就给那些一直对中国的贸易竞争力心存不满的美国

[①] 美国选举年 贸易摩擦增，http://news.stock888.net/040527/101,1317,824950,00.shtml (last visited Dec. 28, 2008)。

团体和人士提供了一个很好的向政府施压的机会。

2006年6月,美国最大的劳工团体——劳联—产联和两名国会议员以《1974年贸易法》"301条款"为依据,要求布什政府对中国劳工权益和政策展开为期一年的调查,并把美国对中国的巨额贸易赤字甚至是美国的失业问题都归咎于中国的劳工政策使中国具有不公平的贸易优势,认为中国的劳工标准违反了美国贸易法。

美国贸易代表办公室发言人肖恩·斯派塞(Sean Spicer)在回应这一申请时强调说,虽然中国在劳工权益方面要做的工作还有很多,但是,中国政府正通过各种途径解决中国劳工权益问题,并已取得了一定的进步,这不仅表现在中国劳工的薪资正在明显上涨,而且中国加强了对劳工状况的检查和监督。斯派塞还指出,根据"301条款"开展调查,既不能清楚地说明这一问题,也不会得出解决中国劳工权益和劳动条件问题的有效方案。

资料来源:作者根据腾讯国际财经频道资料整理,http://finance.qq.com/a/20060724/000167.htm (last visited Dec. 28, 2008)。

案例四 中国的市场经济地位与国际劳工标准问题

 案例介绍

市场经济地位问题是中国入世时的一个遗留问题。近年来,中国一直积极争取尽早被世贸组织其他成员承认为市场经济国家,也取得了很大的成就,但美国一直以人民币汇率、劳工标准、政府干预程度等问题为理由拒绝给予中国市场经济地位。中美两国就中国市场经济地位问题已展开谈判。

2004年2月20日,美国商务部部长唐纳德·埃文斯(Donald Louis Evans)访华,标志着中美在"中国市场经济地位"问题的角力完全展开。

2004年4月28日,就在中美第五届商贸联委会举行不久,美国贸易代表佐利克、商务部部长埃文斯以及财政部长斯诺(John Snow)就中美贸易关系联合接受了记者的采访,基本上就中国的市场经济地位问题表达了布什政府的态度,即中国必须满足美国法律的六项标准,尤其是中国的劳工利益和人民币汇率制度的改革将是美国三大经济部门关注的焦点。按照美商务部部长埃文斯的说法:"美国的底线是市场力量,包括劳工标准和货币的自由兑换能够决定经济的走向,否则中国将仍然是一个非市场经济国家。"因此,可以肯

第九章 中国在劳工标准方面与其主要贸易伙伴间所发生的纠纷

定的是美国在今后一段时间内对人民币汇率制度的改革将会施加更大的压力，中国劳工权利问题也将会受到美国劳联—产联更多的指责，SA8000社会道德责任标准很有可能成为美国攻击中国的新型武器。

2004年6月3日美国商务部就是否承认中国的市场经济地位问题举行首轮公共听证会。此次听证会历时7个小时。但最终中国的市场经济地位并没有得到美国听证委员会的认可。

本次听证会主席、负责进口管理的美国助理商务部长詹姆斯·乔切姆（James Jochum）在会上表示，在是否改变中国经济地位的问题上，华盛顿尚处在最初始的考虑阶段。他表示，只要中国在货币政策、劳工权利以及政府的经济参与等领域进行一系列的基本改革，中国也非常可能提前成为市场经济国家。2004年5月底，美国商务部部长唐纳德·埃文斯曾在一份关于美中经贸关系的声明中强调，美国1930年《关税法案》中规定的劳资和汇率两项标准将是美国政府衡量中国市场经济地位重点考虑的问题。他表示，除非由市场主导决定劳资和货币兑换率，否则中国将仍是一个非市场经济国家。

资料来源：作者根据新浪财经和人民网国际金融报内容整理，http://www.people.com.cn/GB/paper66/12205/1098288.html；http://finance.sina.com.cn/g/20040605/0934798156.shtml（last visited Jan. 5, 2009）。

问题与思考

1. 美国在判定一国是否具备市场经济地位时，有哪些标准？
2. 中国市场经济地位问题的由来是什么？发展现状如何？
3. 美国为什么拒绝给予中国市场经济地位？中国是否已具备市场经济的特征？

关键概念点评

1. 美国贸易代表办公室（Office of the United States Trade Representative）：美国贸易代表办公室由美国国会根据1962年的《贸易扩张法案》创建，据肯尼迪总统1963年1月15日签署的11075号总统行政令落实。最初命名为特别贸易代表办公室，该机构经授权负责1930年《关税法案》和1962年《贸易扩张法案》项下的所有贸易协议项目的谈判。作为1974年《贸易法

国际劳工标准案例评析

案》的一部分，美国国会将该办公室确定为总统办公厅内的内阁级机构，并赋予其其他权力和责任，以协调贸易政策。1980年，该办公室更名为美国贸易代表办公室。办公室的首脑为美国贸易代表（United States Trade Representative，USTR），他是大使级内阁官员，直接对总统和国会负责。USTR既指代美国贸易代表，也指代他所负责的机构。

2. 货币兑换率（currency exchange rate）：货币兑换率是指一个国家对另一个国家货币的价格。

案例评析

1. 美国在判定一国是否具备市场经济地位时，有哪些标准？

美国判定一国是否可以获得市场经济地位是依据其修订后的1930年《关税法案》。这6项法定标准在1930年《关税法案》第771节18段，包括：一国货币自由兑换程度，劳资双方进行工资谈判的自由程度，设立合资企业或外资企业的自由程度，政府对生产方式的所有和控制程度，对资源分配、企业的产出和价格决策的控制程度，商务部认为合适的其他判断因素。

其中值得注意的是有关劳工问题的第二条标准，它潜在的涉及有关结社自由、集体谈判方面的核心劳工标准。工资是生产成本和价格的一个主要组成部分，也是衡量一个国家中价格和成本的主要指标。劳资双方自由谈判的程度，既反应了市场影响工资的能力，也反映是否存在劳资双方自由磋商雇佣条件的市场。美国商务部认为，这一标准说明了在多大程度上工资是以市场为基础的，劳动者和用人单位能否自由选择对方并讨价还价，劳动者的权利能否受到保护，工会是否独立于政府等[①]。

2. 中国市场经济地位问题的由来是什么？发展现状如何？

本章案例一已介绍了市场经济地位问题的由来。由于在反倾销中，一个国家是否被承认为市场经济国家关系到"正常价格"的确定。因此，在全球化下，市场经济地位对于每一个国家都十分重要。

中国在2001年12月11日正式加入世界贸易组织。世界贸易组织本是由市场经济国家自愿加入的国际经济组织，由此，加入世贸组织就意味着被其

---

① 徐清海. 参照美国标准审视中国的市场经济地位. 北方经贸. 2007，10. 12

第九章 中国在劳工标准方面与其主要贸易伙伴间所发生的纠纷

他成员承认为"市场经济国家"。但是,中国在入世时并没有取得市场经济地位的认可。中国为了打破入世谈判的僵局,在市场经济地位问题上作了重大让步。在《中美关于中国加入 WTO 双边协议》的条款中,明确规定:"美国和中国同意美方将来碰到反倾销个案时可以维持美方现时的反倾销方法(把中国视为非市场经济国家),而无须遭遇法律挑战。这个条款在中国进入世贸之后 15 年内维持有效。"同时,在中国入世议定书中的第 15 条也做了类似的规定(该条款的内容可参看本章案例二中案例分析的内容)。由此,中国在加入世界贸易组织的时候就遗留下了有关市场经济地位的问题。

截至 2008 年 2 月 28 日,全世界已有 77 个国家承认中国完全市场经济地位[1]。但美国、欧盟这两个中国主要贸易伙伴仍未给予中国市场经济地位。

3. 美国为什么拒绝给予中国市场经济地位?中国是否已具备市场经济的特征?

美国至今拒绝给予中国市场经济地位,究其原因可以归结为两大直接因素,即政治因素和经济因素。

政治上,一方面,在美国大选年,竞选者总会迫于经济和就业等焦点问题的压力,在选民面前表姿态(具体分析请参看本章案例四)。另一方面,中国日益发展成为世界上的强国之一,在国际政治舞台上举足轻重。美国在很多问题,如反恐行动、伊拉克战争、朝核问题等,都需要中国。中国的市场经济地位问题正好成为美国的砝码。世界上许多国家,特别是与我国有众多贸易利益关系的欧美等西方发达国家,已经明显感觉到我国迫切需要解决市场经济地位问题,已经开始利用它来牵制我国,牟取最大的政治经济利益。目前,欧盟和美国拒绝承认我国市场经济地位的理由,已涉及国民经济的国家干预、法治、汇率、劳工标准等许多方面,远远超出了倾销和反倾销的范畴[2]。经济上,面对中国的快速发展,美国决不会轻易放弃反倾销这根大棒,而非市场经济地位是保持这根大棒威力的关键所在。

关于市场经济,WTO 相关规定并没有统一的标准,世界各国也没有统一标准。各个国家都是通过国内法规制定相关标准。非市场经济的概念广泛存在于各国的反倾销条例中,各国对其均有具体的规定条款,但无论是在对它

---

[1] 商务部:已有 77 个国家承认中国完全市场经济地位,http://www.gov.cn/jrzg/2008-02/29/content_905231.htm (last visited Jan. 5, 2009)

[2] 魏景赋. 影响中国市场经济地位的因素及标准质疑. 商业时代. 2006, 33.4

的判定标准上还是在对它的具体反倾销适用标准上,国际上都没有一个统一的规定。从而为非市场经济国家争取市场经济地位以及更好地应对反倾销带来了很大的障碍。这也是对非市场经济国家的一种不公平待遇。

始于1978年的中国改革开放,至今已经整整30年。30年的实践表明,中国已初步建立起了市场经济体制,并紧紧把握住全球化浪潮带给我们的机遇。站在时代的潮头,将市场的疆域成功地推向了全球,即成功地实现了从计划经济到市场经济,从封闭(半封闭)型经济到开放型经济的转变,一个开放型的市场经济体制已经初步建立。①市场正在成为资源配置的主体。目前,中国的生产资料、劳动力、资本、土地、技术等生产要素市场的发展还不平衡,但从总体上看,市场机制已经在资源配置中发挥着主体作用。②商品及居民服务的供求基本上靠市场决定。③多元化的市场主体已经形成。目前,中国已经形成了国有企业、民营企业、私营企业、外资企业、股份制企业、个体工商户等多种所有制形式共存的局面。④政府行政管理体制更符合市场经济的要求。经过多次改革,国家行政管理体制已经逐步从计划经济管理模式过渡到市场经济管理模式。目前,专业经济管理部门已经减少到5个,综合经济管理部门也只剩下1个。而且更重要的是,管理方式已从过去的直接管理,转变为通过制定法律法规和市场规则、维护市场秩序的间接管理。⑤面向全球的开放型经济已经形成。中国正在充分享受一个开放型经济全球化中的好处。中国进出口总额占世界贸易总额的比重由1978年的0.9%上升到7%强,出口总额在世界各国的排名已由第32位上升到第3位。进出口总额与GDP之比,也从1978年的9.7%提高到2007年的66.9%。1979—2007年累计,实际利用外资9 698亿美元,其中,外商直接投资7 754亿美元。①

美国在劳工问题上纠缠中国完全是没有理由的。就连美国前贸易代表佐利克本人都承认:"中国自从1978年改革开放以来,人均年度收入上升了5倍,成人文盲率下降了一半,接近2亿人口通过贸易摆脱贫困,是人类历史上脱贫规模最大、速度最快的国家之一。"根据国家税务总局在2008年12月22日发布的《关于中国改革开放30年的思考》中的统计结果,中国改革开放30年来,经济增长创造了持续30年年均9.8%的世界奇迹;文盲率则从改革开放之初的22.81%(1982年)下降到2000年的6.72%。中国劳工权利保障

---

① 关于中国改革开放30年的思考,http://www.chinatax.gov.cn/n8136506/n8136593/n8137681/n8733545/n8734785/8735666.html (last visited Jan. 5, 2009)

第九章 中国在劳工标准方面与其主要贸易伙伴间所发生的纠纷

和人民生活水平的提高是有目共睹的。

为了更早地被承认为市场经济国家,今后我国应该更加积极地加强对外交流与宣传,使其他国家充分认识和承认我国已经具备市场经济条件。

 **相关阅读**

中美将就中国市场经济地位问题成立联合工作组

尽管近期中国市场经济地位先后得到世界上数个国家的正式承认,并在此问题上与其目前最大贸易伙伴欧盟谈判较为顺利,但美国在此问题上的态度无疑拥有极大的影响力。继2004年6月初美国商务部在本土首次举行中国市场经济地位听证会后,该问题在美商务部部长埃文斯2004年6月访华期间又获进展,中美双方确立在7月上旬成立中国市场经济地位问题联合工作组。

时任中国商务部部长的薄熙来在会见埃文斯时,重申了中国对市场经济地位问题的关注。他说,25年来中国在市场经济体制的建设和完善方面取得了有目共睹的成就,中国企业是在市场经济条件下,按市场经济的规则运作与发展的。他还表示,中国希望美国改变其过时的衡量标准,互为重要贸易伙伴的中美双方,对彼此经济体制的承认是双边经贸关系健康发展的重要基础。

在访华的最后一天即2004年6月24日,埃文斯还会见了中国政府有关官员,向中方解释美国认为要获得市场经济地位必须具备的条件,并具体讨论有关反倾销调查计算方式问题。

资料来源:作者根据新浪财经频道资料整理,http://finance.sina.com.cn/g/20040625/0729833492.shtml (last visited Jan. 5, 2009)。

案例五 《中华人民共和国政府和新西兰政府自由贸易协议》——附加《劳动合作谅解备忘录》的签署

 案例介绍

近年来,中新两国经贸关系保持良好发展势头。2004—2006年,中国同新西兰的进出口总额呈逐年增长态势。2007年中国同新西兰货物贸易总额达到75.5亿新元(约合55.9亿美元),同比增长10.4%,其中2/3是自中国出

Case study 国际劳工标准案例评析

口的商品。中国已成为新西兰第三大贸易伙伴国,是新西兰第四大出口市场和第二大进口来源地。双方在服务和投资领域的合作也日趋密切。这些都为两国达成自贸区协议奠定了良好的基础。

2008年4月7日,中国与新西兰正式签署了《中华人民共和国政府和新西兰政府自由贸易协议》(简称《中新自贸协议》)。《中新自贸协议》共214条,分为18章。根据协议,新方承诺将在2016年1月1日前取消全部自华进口产品关税,其中63.6%的产品从《协议》生效时起即实现零关税;中方承诺将在2019年1月1日前取消97.2%自新进口产品关税,其中24.3%的产品从《协议》生效时起即实现零关税。此外,双方还就服务贸易作出了高于WTO的承诺,并对包括技术工人在内的人员流动作出了具体规定。

在协议的第14章合作中,第177条明确写明中新双方应通过《劳动合作谅解备忘录》和《环境合作协议》加强双方在劳动和环境问题上的交流与合作。因此,作为《中新自贸协议》的"副产品",两国还订立了《环境合作协议》和《劳动合作谅解备忘录》,它们都具有法律约束力。

资料来源:作者根据商务部经贸新闻、《中国4月7日签署首个与发达国家自由贸易区协议》《〈中华人民共和国政府和新西兰政府自由贸易协议〉在京签署》整理,http://www.mofcom.gov.cn/aarticle/i/jyjl/m/200804/20080405469840.html;http://www.mofcom.gov.cn/aarticle/i/jyjl/l/200804/20080405463724.html;http://www.mofcom.gov.cn/aarticle/ae/ai/200804/20080405463891.html(last visited Jan. 5, 2009)。

问题与思考

1. 《中新自贸协议》附加《劳动合作谅解备忘录》的主要内容及特点有哪些?

2. 分析中国签署《中新自贸协议》附加《劳动合作谅解备忘录》的立场。

关键概念点评

1. 劳动合同法(Law on Employment Contracts):中国自2008年1月1日起施行新的《中华人民共和国劳动合同法》,该法是为了完善劳动合同制度,明确劳动合同双方当事人的权利和义务,保护劳动者的合法权益,构建和发展和谐稳定的劳动关系而制定的。

第九章 中国在劳工标准方面与其主要贸易伙伴间所发生的纠纷

2. 贸易顺差/逆差（Favorable/Unfavorable Balance of Trade）：贸易顺差是在一定的单位时间里（通常按年度计算），贸易的双方互相买卖各种货物，互相进口与出口，甲方的出口金额大过乙方的出口金额，或甲方的进口金额少于乙方的进口金额，其中的差额，对甲方来说，就称为贸易顺差，反之，对乙方来说，就称为贸易逆差。

 **案例评析**

1.《中新自贸协议》附加《劳动合作谅解备忘录》的主要内容及特点有哪些？

《劳动合作谅解备忘录》有如下内容及特点：

(1) 明确双方在劳工领域合作的目的

《劳动合作谅解备忘录》的签署将为两国提供一个务实合作的平台，从而推动发展健全的劳动政策和实践，促进双方更密切和更广泛的合作。并通过在劳工领域的合作，最终加强新西兰和中华人民共和国之间的经济增长和政治关系。

(2) 强调双方在遵守国际公认的核心劳工标准方面的义务

在《备忘录》的第一个条款——总规定中特别提出："双方重申他们作为国际劳工组织成员的义务，特别是在国际劳工组织《关于工作中基本原则和权利宣言及其后续措施》中的义务。"该《宣言》是国际劳工组织1998年提出的一项非常著名的宣言，国际劳工组织要求其会员国，即使它们尚未批准公约，也有义务"真诚地并根据《国际劳工组织章程》要求，尊重关于作为这些公约之主题的基本权利的各项原则"。新西兰是国际劳工组织1919年成立时的创始会员国（共40个）。根据国际劳工组织网站数据库的资料统计，截至2009年3月10日，新西兰共批准了60项国际劳工公约，其中有6项核心公约。中国同样也是国际劳工组织的创始会员国，但由于历史的原因，我国在1971年才恢复在国际劳工组织中的席位，并于1983年恢复在该组织中的活动。截至2009年3月10日，中国共批准了25项国际劳工公约，其中有4项核心公约。《备忘录》中的提法与当前发达国家主导之下的双边自由贸易协议涵盖劳工标准条款是一致的，同时也表明中国作为国际劳工组织的成员是愿意遵守国际劳工组织所规定的义务的。

(3) 合作是《劳动合作谅解备忘录》的核心重点

笔者认为,《劳动合作谅解备忘录》的核心是合作。主要通过以下几个方面来体现:

1) 双方决定在共同关注的劳工事务上进行合作,主要包括以下领域(但绝不局限于此):第一,劳动法律、政策和实践,包括社会对话,提高雇员和雇主的法律权利和义务意识,实现体面劳动;第二,遵守和执行机制,劳动监察;第三,健全的劳资关系,包括劳动管理协商、合作和劳资纠纷解决;第四,工作条件;第五,人力资本开发、培训和就业能力;第六,提高和保护移民工人的就业权利和义务。

2) 探讨了双方在劳工领域合作的方式。在备忘录中,提出了双方可以通过多种途径进行合作,例如,最优方法和信息的交流,联合项目,研究,交流访问,参观,双方共同约定工作组的活动和对话,包括有关劳工论坛和事项。还可以适当邀请其工会和雇主及/或其他个人和组织参加潜在的合作领域的合作活动。

3) 强调经验的分享。在备忘录中,中新双方强调将分享有关就业、培训和劳工监察政策领域所获得的知识和经验。在此基础上,将实现双方的共同利益,为加强两国的友好关系做贡献。

(4) 磋商是《劳动合作谅解备忘录》的另一个重点

《备忘录》就磋商方面有一系列的规定,如两国将各指派1名协调员,使两国之间有关劳动问题的沟通更加便捷;在本谅解备忘录生效后第1年内,中新双方将举行1次会晤。此后,每隔两年举行1次会晤。双方将共同完成以下工作:第一,建立一个双方同意的合作活动的工作方案;第二,监督和评估合作活动;第三,就共同关心的事项提供一个对话的渠道;第四,回顾本谅解备忘录的运作情况和结果;第五,提供一个就共同关注的有关劳工问题进行讨论和交换意见的论坛,以期双方就这些问题达成共识[①]。

《备忘录》规定了双方可以向非政府部门或者相关专家进行咨询或者征询建议。公共及非政府部门的成员也可以提交与协议实施相关事务的意见或者建议。

(5) 双方强调劳工领域的合作不能用于贸易保护主义

---

① Labour and Environment, http://chinafta.govt.nz/1-The-agreement/1-Key-outcomes/6-Labour-and-environment-agreements/index.php (last visited May. 29, 2008)

第九章　中国在劳工标准方面与其主要贸易伙伴间所发生的纠纷

由于将劳工标准与国际贸易挂钩是 20 世纪 90 年代以来贸易谈判和贸易政策争论中的一个关键问题，发展中国家担心发达国家借口保护劳工权益而变相地实施贸易保护主义。所以，在《劳动合作谅解备忘录》中，新西兰和中国都承认，通过弱化或者不执行劳动法律的方式来鼓励贸易或者投资的做法是不恰当的，同时认为，出于贸易保护主义的目的而制定或者实施劳动法律、法规、政策或实践也是不恰当的[①]。

2. 分析中国签署《中新自贸协议》附加《劳动合作谅解备忘录》的立场。

《中新自贸协议》是中国与发达国家达成的第一个自由贸易协议，并且附带了劳工领域的合作备忘录，其意义非同小可，此举也将会引起国际社会各界的广泛关注。

第一，中国已经不能完全回避在贸易领域与国际劳工标准相关的一系列问题。

中国作为最大的发展中国家，同时作为世贸组织的一个新成员正在国际经济的发展中发挥着越来越重要的作用。从申请入世到入世以后，中国一直立场明确地反对国际贸易与国际劳工标准挂钩，但现在已经不能完全回避在贸易领域与国际劳工标准相关的一系列问题，如反倾销中的国际劳工标准问题、劳改犯产品问题、童工问题等。其中，某些问题也是发展中国家所遇到的共同问题。此外，根据《中华人民共和国加入世界贸易组织议定书》第 15 条（市场经济地位问题）规定，在中国加入 WTO 后 15 年内，如果中国能证明符合市场经济条件的，则其他 WTO 成员应按照 WTO 正常的规则计算中国产品的正常价值；如果不能成功证明，则其他成员可以用其他适当方法进行计算。这样，便遗留下一个 15 年内中国能否证明自己是市场经济、能否被其他成员承认为市场经济的问题。2004 年 6 月 3 日美国曾就是否承认中国的市场经济地位的问题举行了首轮公共听证会。但是，中国的市场经济地位并没有得到美国听证委员会的认可。目前，摆在中国市场经济地位问题上的两大障碍就是货币的自由兑换和劳工问题。实际上，"劳工标准"问题一直是美国承认"中国市场经济地位"的底线之一。

至今，中国加入世贸组织已 7 年多了，与其他国家和地区的进出口贸易增长势头强劲。2004—2006 年中国同美国及欧洲等主要贸易伙伴的进出口总

---

① Labour and Environment, http://chinafta.govt.nz/1-The-agreement/1-Key-outcomes/6-Labour-and-environment-agreements/index.php (last visited May. 29, 2008)

额持续上升，出口量更迅猛增长。从2005年起，中国顺差每年以700亿美元以上的规模增加①。2007年我国进出口总额首次超过2万亿美元，达到21738亿美元②，顺差可能在2618亿美元上下，首次突破2600亿美元大关，比2006年增长47%左右③。

如此庞大的进出口贸易总额，如此巨大的贸易顺差，使中国在国际社会扮演越来越重要的角色，全世界都将目光投向中国这个强大的发展中国家。面对这样的贸易压力，中国无法再回避与国际贸易相关的国际问题，尤其是目前争论巨大的国际贸易与国际劳工标准挂钩的问题。此次中国与新西兰签署自贸协议附加《劳动合作谅解备忘录》，我们认为，此举是对来自中国最大的贸易伙伴美国以及其他一些发达国家的压力的回应。由此看来，自由贸易协议谈判中直接写入劳工条款或附加劳工协议的自由贸易协议已是大势所趋。

第二，实施核心劳工标准会改善劳动者的地位和状况，同时也是社会发展的趋势。

由于我国目前正处在体制转换、结构调整和社会变革过程中，也是各种政治和社会问题的易发多发期。劳动关系的紧张既会造成普通劳动力供给虚假短缺，也会影响社会的安定和和谐。所以，如何调整劳动关系的紧张，如何维护劳工的权益，是中国需要面对的现实问题。中国正在不断加强这方面的工作，根据本国经济、社会、文化的发展水平，逐渐提高劳工的工作条件和生活水准，保障劳工的合法权益。中国自2008年1月1日起正式施行《中华人民共和国劳动合同法》，受到了广大职工群众的普遍拥护。《劳动合同法》的贯彻实施更切实有效地保护劳动者的合法权益，对于实现劳动关系双方利益的平衡、促进劳动关系规范有序发展、构建和谐稳定的劳动关系，进而促进社会和谐都具有十分重要的意义。中国在《中新自贸协议》中附加《劳动合作谅解备忘录》就是中国在这方面作出巨大努力的证明。

第三，可回应发达国家对中国在劳工权利保护方面的攻击。

近年来，一些发达国家政府、工会及非政府组织等动辄以人权、民主及其他所谓的价值标准指责中国政府和中国工会。美国最大的工会组织劳联——

---

①③ 2007年贸易顺差突破2600亿美元 2008年拐点或现，2008年1月11日，http://news.hexun.com/2008-01-11/102742120.html (last visited May 14, 2008).

② 2007年我国外贸顺差达到2622亿美元，2008年1月11日，http://finance.sina.com.cn/g/20080111/11574394989.shtml (last visited May 14, 2008).

第九章　中国在劳工标准方面与其主要贸易伙伴间所发生的纠纷

产联一直充当排斥中国工会的排头兵，曾在2004年3月和2006年6月两次要求美国政府制裁中国：在两国的贸易往来中对中国施加惩罚性重税（2004年3月提出高达77%的惩罚性关税），原因是中国违反国际劳工标准，因此能够人为地压缩生产成本，同美国工厂进行不公平的竞争，导致超过百万的美国人失去工作。也就是说美国工会组织要求中国必须考虑全球劳工标准，否则中国就将会在两国的贸易往来中受到惩罚。除此之外，美国还要求中国在执行劳工标准方面为发展中国家起一个带头作用，即制定一个国际劳工标准的实施计划。

从国际上看，尤其在全球化背景下，中国的快速发展不但带来了人民群众生活水平的提高，同时也引起了其他国家对中国的关注，劳工权益问题自然成为中国与其他国家贸易往来中受到关注的焦点之一，而是否遵守国际劳工标准在有些国家看来是解决这个问题的一种选择。因此，如何应对中国内部劳动关系调整的需求和外部对国际劳工标准规范的要求，是摆在中国面前的一个挑战。

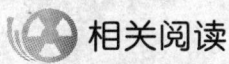
相关阅读

新西兰各界欢迎中新签署自由贸易协议

中新自贸协议签署和两国政府公布协议内容后，新西兰各界反响热烈，纷纷表示出极大的欢迎。新西兰政府网站、主要报刊、电视、电台大量报道相关消息，评价自贸协议的内容。

新西兰《自治领邮报》头版以中新两国总理检阅仪仗队和天安门城楼两幅彩照为背景，用了近整版的篇幅报道中新签署自由贸易协议相关信息。报道大量援引新西兰企业和出口商对协议的签署给予的积极评价。

《新西兰先驱报》在头版主要位置刊登了题为《中国——我们新的最好伙伴》的文章。文章说，温家宝总理希望两国可以在农业之外的新领域达成合作关系，并突出强调了双方应该在气候变化政策方面进行合作，并拓宽在中国市场的环境服务。新西兰商界普遍对此表示欢迎。

报纸报道，新总理克拉克（Helen Elizabeth Clark）指出："这真是一件大事，之前从未有哪个国家与中国签订这样的贸易协议，它将产生巨大的国际影响，并为全球经济发展注入信心。自贸协议为新企业进入中国打开了

Case study 国际劳工标准案例评析

大门。"

新西兰南岛主流报纸《Press》发布文章，引述新西兰国会议员的评论，认为协议规定的新的中国劳工数量和工种有限，不会对新西兰本地劳动力市场造成冲击。

新西兰国家电视台报道，协议将每年为新西兰带来5亿新元的收益，并播发新西兰企业家的评论，对自贸协议表示期待和欢迎。

资料来源：作者根据《新西兰各界欢迎中新签署自由贸易协议》整理，http://www.mofcom.gov.cn/aarticle/i/jyjl/l/200804/20080405468718.html（last visited Feb.17, 2009）。

后 记

　　本书是集体智慧与汗水的结晶。参与本书编写的是中国劳动关系学院公共管理系的几位教师：刘文军、王祎、刘秀琼、汪培。在编写过程中，几位同事通力合作、共同探讨、互相提点、互相帮助，充分体现和感受到了集体的凝聚力。可以说，亲密无间的合作是本书得以成稿的最重要保证。

　　需要特别说明的是，中国劳动关系学院公共管理系副主任佘云霞教授作为本书主审，其工作实际上远不止于书稿的审订。本书从立意、构思、资料搜集与整理、写作、修改直到完稿的两年时间里，在各个环节上，佘教授都发挥了至关重要的作用。此外，作为国际劳工标准问题方面的资深专家，佘教授还是本书匹配教材《国际劳工标准》的主编和相关专著《国际劳工标准：演变与争议》的作者，其卓越的前期研究成果为本书提供了重要的基础性支持。作为编者，我们对此表示特别的感谢。

　　在本书立项和编写过程中，我们还得到了来自各方面的支持、关心和帮助，在此谨向以下组织和个人表示衷心的感谢：

　　感谢中国劳动关系学院领导的支持与关心。学院领导对科研和教学的重视，对教工的关心和爱护，是本书写作得以进行的前提条件。

　　感谢中国劳动关系学院科研处的领导和同事，他们对学术工作一如既往的支持是本书写作得以顺利进行的重要保障。

　　感谢中国劳动关系学院公共管理系的支持与帮助，使我们得以有充足的时间和精力从事书稿编写工作。

　　本书的编写已是我们生命长卷中匆匆翻过的一页，而各方的支持与帮助将继续激励着我们的热情！

刘文军　王祎